KB140924

근본력

根本力

근본력

류룬 지음 ― 최지희 옮김

흐름출판

평범한 사람은 손에 달걀을 쥐고 태어난다. 이 달걀은 얼핏 단단해 보이지만 얇은 껍질로 부드러운 속을 보호하고 있다. 따라서 약간의 압력만 가해져도 쉽게 깨진다. 손에 힘 조절을 잘못해도, 어딘가에 부딪쳐도, 떨어져도 깨지므로 결국 손을 더럽힌다.

비범한 사람은 손에 바위를 쥐고 태어난다. 단단한 광물질 덩어리인 바위는 보기보다 훨씬 더 단단하다. 아무리 꽉 쥐어도 깨지지 않고, 어딘가에 부딪쳐도 깨지지 않으며, 떨어트려도 무사하니 손을 더럽힐 일도 없다.

『묵자』의 「귀의」 편에는 이런 이야기가 나온다. 묵자는 북으로 향하는 길에 점쟁이를 만났다. 점쟁이는 "황제가 북방에서 흑룡을 죽이는 날"이니 북으로 가지 말라고 만류했다. 그러나 묵자는 계속해서 북쪽을 향해 갔다. 하지만 결국 강을 건너지 못하고 왔던 길을 돌아왔다. 그걸 본 점쟁이가 "그러게 가시지 말라고 하지 않았습니까" 말하니, 묵자는 이렇게 답했다. "남쪽 사람에겐 북쪽으로 가면 안 된다고 하고, 북쪽 사람에겐 남쪽으로 가지 말라고 하니 당신의 말대로라면 세상 사람들 모두 오가지 못하는 것 아닌가. 다른 사람의 말로 내 말을 부정하는 것은 계란을 바위에 던지는 것이지. 세상 모든 계란을 던져도 바위는 그 모양 그대로 있지 깨지지 않네."

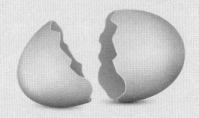

이란격석以卵擊石, '계란으로 바위 치기'다. 즉, 단단하게 잘 만들어진 논리와 기본기를 가진 사람은 바위와 같다. 하지만 대부분은 약하고 여리므로 달걀과 같다.

손에 달걀을 쥐고 싸우는 사람은 달걀이 깨질까 무서워 주먹을 살살 쥐거나, 실수로 세게 쥐었다가 도리어 자신의 달걀에 손을 더럽히고 껍질에 손을 벤다.

그러나 손에 바위를 쥐고 싸우는 사람은 돌이 깨지지 않는다는 사실을 알고 있다. 따라서 가진 힘을 모두 사용해 싸울 수 있고, 그만큼 상대에게 치명적인 타격을 입힌다.

태어날 때부터 비범한 사람은 드물다. 드물다 못해 희귀하다. 그런 이유에서 이 책은 손에 '바위'를 쥔 사람이 아닌 '달걀'을 쥔 사람을 위해 쓰였다.

당신이 쥐고 있는 손안의 달걀.
그것이 바로 당신의 '근본根本'이다.
손안의 달걀을 바위로 만드는 힘.
그것이 바로 '근본력根本力'이다.

근본력은 평범한 사람을 비범하게 변화시킨다. '계란으로 바위치기' 속 '계란'이 아닌, '바위'가 될 수 있게 한다. 근본력을 키워 흔들림 속에서 바로 서고, 가능성을 열어 능력을 극대화하라. 탄탄한 기본기로 1%의 가능성을 99%의 성공 확률로 만들라. 본질을 꿰뚫고 한계를 뛰어넘어라. 성공은 근본력이 있는 자의 자리다.

# 근본력으로
# 세상에 숨겨진 이치를 파악하라

나는 마이크로소프트 전략협력 총괄을 거쳐 텐센트, 바이두, 하이얼 등의 기업의 전략 컨설턴트로 일했다. 그렇게 대단한 기업들이 나를 필요로 했던 이유는 무엇일까? 예상해 보자면 눈앞의 이익보다 더 멀리, 더 오래 나아가는 방법을 알려줬기 때문일 것이다.

위기를 극복하고 다음 단계로 나아가기 위해서는 무엇이 필요한가. 대단한 환경, 타고난 능력일까? 그렇지 않다. 끊임없이 자신을 성장시키는 힘은 '기본기'에 있다. 잘 다진 기본기를 삶에 적용할 수 있다면 누구나 스스로를 컨설팅할 수 있게 된다. 나는 그 방법을 사람들과 나누고 싶다는 바람으로 '5분 비즈니스 스쿨'을 런칭했다.

나의 강의 '5분 비즈니스 스쿨·기초편'을 오픈하기까지의 과정은 정말 파란만장했다. 계획대로라면 10월에 오픈 예정이었던 강의가 9월로 앞당겨졌다는 날벼락 같은 통보를 받은 것이다. 당시 나는 2~3강 정도의 녹음만 마쳤을 뿐, 그 이후의 분량은 손도 못 대고 있었다. 그렇게 '5분 비즈니스 스쿨'은 엉겁결에 전파를 탔다.

9월 25일 자정에 첫 강의가 공개된 후 또다시 문제가 터졌다. 오디오 압축 과정에서 금속성 노이즈가 발생했다. 나는 황급히 휴대용 보이스펜을 꺼내 재녹음하기 시작했고, 그것으로 음성 파일을 대체해 새벽 2시경에 가까스로 문제를 해결했다.

그리고 다음 날인 9월 26일, 7천 명이나 되는 회원이 '5분 비즈니스 스쿨'을 구독했다는 소식을 들었다. 몹시 기뻤으나 한편으로는 황송했다. 나는 강의가 오픈된 2016년 한 해를 숨 돌릴 틈 없이 바쁘게 보냈다. 1년 중 반 이상은 출장으로, 남은 날들 중 하루 14시간을 강의 제작에 쏟아 부었다.

모든 고생에는 보답이 따른다. 그렇게 시작한 강의는 그로부터 1년 후 강의가 끝날 무렵에는 14만 명이 내 강의를 듣고 있었다. 5년이 더 지난 후에는 구독자가 46만 명으로 늘어났다. 즉, 강의가 끝난 후에도 32만 명이 구독 신청을 했다. 이 사실이 내게는 남다른 의미로 다가왔다.

나는 1년 만에 끝나버리는 단기적인 일이 아닌, 장기적으로 이어갈 수 있는 일을 하고 싶었다. 그 과정에서 '근본의 힘'만이 생명력을 가질 수 있다는 생각을 하게 됐다. 변화를 목전에 뒀을 때는 근본력, 즉 근본 논리를 통해 새로운 방법론을 도출할 수 있다.

근본 논리란 무엇인가.

어떤 두 사람 사이에 의견 충돌이 발생한다면, 서로 비슷해서이지 달라서가 아니다. 전혀 다른 사람들에게선 싸움이 일어나지 않는다. 이 유사성과 차이점은 사물 간 공통분모를 말하는데, 그것이 바로 근본 논리다. 근본 논리를 깨달으면 변화하는 환경에 적용해 새롭게 적용하는 방법론을 찾을 수 있다. 그래서 나는 이와 같이 정의한다.

근본 논리 + 환경 변수 = 방법론

다양한 업종에 적용할 수 있는 '꿀팁(방법론)'만 가르쳐 준다면 '물고기를 그냥 주는 것'과 같다. 그러나 환경에 변수라도 발생하면 '꿀팁'은 무용지물이 된다. 이 변수를 상대할 수 있는 힘이 근본 논리에 있다. 근본 논리를 가르치면 '물고기 낚는 법'을 가르쳐 주는 셈이다. 시대와 문화를 막론하고 언제 어디에서나 통용되는 근본 논리를 통해 시대의 변화에 대응할 방법론을 스스로 도출할 수 있다.

근본의 힘을 이해한다면, 변화무쌍한 현대 사회에서 불변의 요소들을 발견할 수 있다면, 사물의 움직임과 본질을 지속적으로 통찰할 수 있다.

이 책은 근본력을 세분화해 사고력, 잠재력, 주도력, 경쟁력, 통찰력의 다섯 가지 분야로 나눠 설명한다. 그로써 세상에 숨겨진 이치를 헤쳐보고자 한다.

'근본 논리'는 다른 점 속의 공통점, 변화 이면에 숨은 불변의 요소에 있다. 또한 이 책에서 설명하고자 하는 논리는 단지 비즈니스 세계에만 국한돼 있지 않다. 빠르게 변화하는 시대를 살아가는 우리 모두에게 필요한 이야기다. 평정심을 잃지 않고 초조함을 떨침으로써 '근본 논리+환경 변수'로 위기 상황마다 새로운 방법론을 도출할 수 있다.

나는 이 책을 읽는 당신이 근본력으로 숨겨진 이치를 파악하고 물 만난 고기처럼 마음껏 유영하며 살아가길 바란다.

# 차 례

## 3장 주도력 타인의 근본력을 이용해 우위를 차지하라

## 4장 경쟁력 사회 협력을 통해 가능성을 열어라

## 5장  통찰력 전체를 아울러 변화를 만들어라

## 1장

# 사고력

## 가치관을 선택하고 논리를 이해하라

# 당신은 어떤 가치관을 선택할 것인가

홍콩 한 갑부의 아들이 납치당했다가 구출된 사건이 있었다. 그 대가로 갑부는 20억 홍콩달러를 아들의 몸값으로 지불했다. 당시 갑부가 납치범에게 건넨 말이 특히 인상적이었다.

"다 내 탓입니다. 얼굴이 알려져 있으면서도 이런 일을 전혀 대비하지 못했어요. 그날도 새벽 5시쯤 운동을 가기 위해 제가 직접 운전을 해 집을 나섰죠. 몇 대의 차가 나를 에워싸는 동안에도 아무런 대비를 못 했어요. 내가 더 조심해야 했습니다."

잠깐! 모든 것이 자신의 잘못이라고? 어째서 갑부는 범법 행위를 저지른 납치범이 아닌 자신의 잘못이라고 말했을까? 갑부의 관점에서 보자면 아들의 납치는 보안 강화 조치를 했다면 피할 수 있는 일이었다. 보안을 강화하지 않았기 때문에 아들은 납치당했고 거액의 돈을 건넨 후에야 구출할 수 있었다. 만에 하나 납치범이 아들을 죽이는 상황에 이르렀다면,

갑부가 받았을 정신적 피해는 상당했을 것이다. 일이 벌어진 후에야 법적으로 납치범을 제재한들 무슨 의미가 있겠는가.

갑부가 납치범에게 '내 탓'이라고 말했던 이유는 그가 겸손해서가 아니다. 정말로 스스로의 잘못이라 여기고 반성했기 때문이다. 갑부의 이런 태도는 심리학의 중요 개념 중 하나인 '과제의 분리'를 보여준다. 과제의 분리는 인간관계의 갈등을 해결하기 위한 개념으로, 무엇이 자신의 과제이고 무엇이 상대의 과제인지를 구분하는 데서 출발한다. 이 사건에서 납치범의 과제는 몸값을 받아내는 것, 갑부의 과제는 납치로 인한 피해를 막는 것이다.

다른 예를 들어보자. 지하철에서 누군가가 내 발을 밟았다면 이것은 누구의 잘못인가? 사업가의 가치관으로 보면 당연히 내 잘못이다. 내 발이 밟혔는데 왜 내 잘못일까? 오히려 내가 사과를 받아야 하지 않나? 물론 사과를 요구할 수 있다. 하지만 무슨 의미가 있겠는가. 사과를 받으려면 내 시간을 투자해야 한다. 만약에라도 상대가 적대적으로 반응해 진상이라도 부린다면 시간은 더 허비된다. 적반하장까지 더해져 "누가 당신더러 그러고 있으랬냐"고 나오기 시작하면 감정 소모까지 더해진다.

이럴 땐 "미안합니다. 내 잘못이에요"라고 말한 뒤 자리를 뜨는 게 상책이다. 실랑이로 낭비되는 시간보다 내 시간이 더 가치 있기 때문이다. 무가치한 논쟁으로 시간을 낭비하면 내 손실만 더 커질 뿐이므로, 사업가의 관점에서는 결론적으로 손실을 입은 사람의 잘못이다.

사람의 마음속에는 총 세 가지의 가치관이 있다. 법학자의 가치관, 경제학자의 가치관, 사업가의 가치관이다.

법학자와 경제학자, 사업가의 가치관을 보다 쉽게 이해할 수 있는 사례를 들어보겠다. 악당 A가 선량한 시민 B를 꾀어 출입 관리가 허술한 C의 공사장으로 유인했고, B가 그곳에서 실족사했다. 누구의 잘못인가?

### ① 법학자의 가치관

법학자는 이런 판결을 내릴 것이다. "당연히 A의 잘못이다. 이는 명명백백한 계획 살인으로, 논의할 여지조차 없다."

그렇다. 명확한 증거만 있으면 법학자의 관점에서는 A의 잘못이다. 법학자의 가치관은 '통쾌한 판결'을 내린다. 하지만 향후 유사한 사건이 일어나지 않는다는 보장은 없다. 오히려 경제학자가 법학자는 미처 생각하지 못한 판결을 내린다.

## ② 경제학자의 가치관

동일한 상황을 놓고 경제학자는 "C의 잘못이다"라는 결론을 낸다. 사람들은 이렇게 되물을 수 있다. "대체 왜죠? 그러면 C가 너무 억울하잖아요."

경제학자의 논리는 다음에 근거한다. 악당 A가 시민 B를 C의 공사장으로 유인하지 못하도록 사회 전체가 지불하게 될 비용보다, 공사장의 출입을 엄격하게 관리했을 때 C가 지불하게 될 비용이 더 적다. 만약 C를 처벌한다면 C로서는 억울할지도 모른다. 하지만 이를 계기로 향후 공사장 관리자가 출입 관리를 더욱 철저히 한다면, 유사한 사건의 재발을 크게 방지할 수 있다.

경제학자는 '사회 총비용'의 관점에서 누구의 잘잘못인지를 가린다. 이러한 잣대가 불합리해 보일 수 있지만, 순수한 도덕적 잣대를 가진 법학자의 관점보다는 훨씬 효과적이다.

## ③ 사업가의 가치관

사업가는 똑같은 상황을 이렇게 해석한다. A의 잘못이든 C의 잘못이든 B는 이미 목숨을 잃었다. 누가 책임을 지든 B는 살아 돌아올 수 없다. 개인 이익의 극대화라는 관점에서 보면 B의 죽음은 결국 자신의 탓이다. 생의 마지막 순간, B는 이렇게 생각했을지도 모른다. "다 내 잘못이야. A의 꾐에 넘어가지 말았어야 했어."

또 다른 예를 들어보자. 한 행인이 건널목을 건너고 있다. 그런데 트럭 한 대가 행인을 향해 질주한다. 이를 지켜보던 사람들이 어서 비키라고 고함을 치지만, 행인은 태연하다. '여기서 나를 치면 교통 법규 위반으로 전부 운전자 과실인데, 설마 나를 치기야 하겠어? 그러니 내가 비켜줄 이유가 없지.' 행인은 결국 트럭에 치여 사망한다.

이 사고의 책임은 누구에게 있을까? 트럭 운전사의 잘못일까? 물론 그렇다. 하지만 이런 판결로 죽은 행인이 살아 돌아올 수는 없다. 행인은 이렇게 생각해야 했다. '피하지 않아서 벌어지는 일은 내 탓이야. 죽으면 나만 손해잖아.'

처음의 예로 돌아가 보자. 법학자는 A, 경제학자는 C, 사업가는 B의 잘못이라고 여긴다. 이들은 세 가지의 각기 다른 '가치관'을 보여준다.

당신이 평론가라면 법학자의 입장을 선택할 것이다. 정책가라면 경제학자의 입장을 선택한다. 실족사를 당할 가능성이 있는 일반인이라면 사업가의 입장에서 선택하기를 권한다. 사업가의 입장이 실질적으로 일반인을 보호할 수 있다. 결론적으로 피해가 가장 큰 사람의 잘못이 되는 이유다. 내 손실이 가장 크니 내 잘못, 결국 전부 내 잘못이다.

손실이 발생한 후 잘잘못을 가려야 한다면, 누구의 손실이 가장 큰지부터 판단해야 한다. 나쁜 결과가 도출됐을 때 책임을 회피하거나 원망과 후회로 시간을 낭비하면 안 된다. 그 어떤 것도 결과를 바꿀 수는 없다. 만약 손실을 입었다면 스스로를 탓해야 한다. 당사자만이 최종 결과를 바꿀 수 있다. 내가 강해져야 모든 걸 이겨낼 수 있다.

# 본능, 도덕, 법의 삼원을 이해하라

다음은 칭화대학교 법학대학원 지도 교수 류한劉晗이 '류한의 법률적 사고 30강'에서 한 이야기다.

영화 〈열일작심〉에서 돤이훙段奕宏이 연기한 경찰관이 이런 말을 했습니다. "법이라는 게 참 귀엽단 말이지. 당신이 얼마나 선한지는 관심 없으면서 끝없이 악해지는 건 막지. 법은 모든 사람의 마음속에 더러운 구석이 있다는 걸 잘 알고 있어. 그러니 상상은 해도 행동으로 옮기지 않는 게 좋겠지. 법은 본능의 마지노선 같은 일종의 강제적 수양이야. 적어도 어떻게 살아야 하는지를 확실하게 알려주거든."

처음 이 말을 들었을 때, 마치 이 경찰관이 법과 본능의 근본적인 관계를 얘기해 주는 것 같아 전율을 느꼈습니다. 하지만 여기에 더해 법에는 규정의 상한선이 없지 않다는 점을 덧붙이고 싶습니다. '모든 사람은 평등하다'라는 주장은 인류 공통의 바람이에요. 다만 여기에 법적 책임을 물어 강제할 수는 없습니다. 좋은 사람이 되라고 강요하며, 그렇지 않으면 참수하겠다는 것과 마찬가지거든요. 이런 식이라면 법은 지나치게 엄격해질 수밖에 없습니다.

따라서 규칙을 구체적으로 제정하는 과정에서 법률가는 더 높은 차원의 추구를 자제해야 합니다. 사회 질서를 수호해야 할 법이 사회의 재앙이 되지 않도록 마지노선에 관심을 더 기울여야 합니다. 그래야만 사람들은 마지노선을 기반으로 더 높은 차원의 목표를 추구할 것입니다.

## 본능

인간의 본성, 즉 본능이란 무엇인가? 본능은 생존과 번식에만 관여한다. 생존과 번식에는 선악이 없다. 어머니가 자신을 희생해 아이를 보호하는 것, 외적인 아름다움을 추구하는 것, 부를 과시하는 이유 또한 궁극적으로는 번식 또는 번식의 기회를 얻기 위해서다.

## 도덕

사람은 무리 지어 살아가는 동물이다. 개인의 생존 및 번식은 집단의

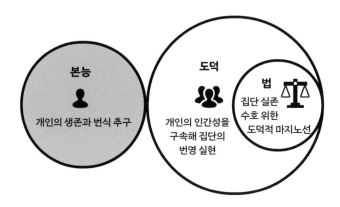

번영 및 쇠퇴와 복잡하게 얽혀 인과 관계를 이룬다. 오랜 세월에 걸친 진화 끝에 인류의 사회적 속성은 점차 사회적 규범이 됐다. 이 규범들을 가리켜 '도덕'이라고 한다. 만약 도덕을 뒤로한 채 모두가 자신의 생존만을 추구한다면 어떻게 되겠는가? '무노동 소득'이 빈번해질 것이다. 아무 노력 없이 동족의 음식을 빼앗고 주저 없이 동족을 죽이게 된다. 집단의 규모는 점차 줄어들 테고, 작은 집단에 속한 개인들은 외부의 적에 대항할 힘이 없어 죽음을 맞는다.

감사感謝와 관용은 도덕에 포함된다. 감사의 본질은 '선불제 교환'이다. 당신이 먼저 나를 도와주면 나도 반드시 당신을 도와주겠다는 뜻이다. 이를 통해 집단 내 협력이 원활해진다. 관용의 본질은 '잘못을 허용해 주는 협력 체계'다. 협력에 따른 예기치 못한 상해는 용서받을 수 있으며, 이를 통해 집단 개개인이 용기 있게 협력하도록 격려한다.

본능은 개인이 생존과 번식을 추구한다. 그렇지만 구속되지 않은 개인의 본능은 상대에게 해를 입힐 수 있다. 도덕은 이러한 개인의 본능을 구속함으로써 집단을 번영하게 한다. 개인이 도덕의 구속을 자발적으로 받아들이는 까닭은, 집단이 번영했을 때 궁극적으로 개인이 누리게 될 혜택 때문이다.

도덕은 대부분 본능의 내재적 요구에 반한다. 인간이 본성에 잡아먹히지 않고 도덕을 받아들이게 하려면 깨우침과 구속이 필요하다. 깨우침의 방법으로는 장기적 효과를 기대할 수 있으나 효과를 내기까지 시간이 걸리는 홍보, 여론 등이 있다. 홍보와 여론은 문화와 가치관을 통해 깨우치게 하는 것이다. 구속의 방법으로는 강력하고 즉각적인 효과를 볼 수 있는 징벌, 추방 등이 있다. 사회 구조와 이익 구조, 법 등이 구속의 범주다.


## 법


사람들은 모두 도덕의 한 종류인 사회 규범에 최후의 선을 그어놓는다. 그 마지노선이 바로 법이다. 법은 도덕의 일부로, 위반하면 처벌을 피할 수 없다.

한 어머니가 자신의 아이를 죽였다고 가정해 보자. 이 경우, 우리는 그 어머니를 가리켜 '인간이 아니다'라고 지적하면서도 '도덕적이지 않다'라고 말하지는 않는다. 누군가가 새치기를 한다면, 그 사람에게 '비도덕적'이라고 말하지만 '비인간적'이라고 하지는 않는다. 전자는 번식이라는 인간의 본성, 즉 인간성에 반했기 때문에 인간성을 논하고 후자는 집단의 이익을 보호하는 도덕에 반했으니 도덕을 논한다.

또 다른 가정을 해보자. 말다툼 끝에 상대를 죽인 사람이 있다. 사람들은 그 살인자에게 '법에 저촉됐으니 반드시 벌을 받아야 한다'라고 말한다. 살인이 일어나기 전에 두 사람이 서로를 비웃고 욕했던 것은 사회에 큰 영향을 끼치지 않는 '비도덕적' 행위다. 그러나 살인 및 그로 인한 결과는 집단 번영에 지대한 영향을 끼치는 '비도덕적' 행위가 된다. 따라서 법은 선을 넘지 않도록 제한함과 동시에 선을 넘은 사람들에게 적용된다.

# 인생과 지혜에는 세 가지 층위가 있다

　사람들은 누구나 잘 살고 싶어 하고, 더 많은 지식을 얻고 싶어 한다. 어떻게 해야 성공한 인생, 행복한 삶을 살 수 있을지 고민한다. 세상은 너무 복잡하고 지나치게 많은 불확실성으로 가득 차 있다. 이런 세상에서 우리는 길을 잃고 헤매게 된다. 이때 우리에게 필요한 것은 방향을 제시해 주는 '지혜'다.

　지혜를 가졌는지, 나아가 어떤 차원의 지혜를 가졌는지에 따라 개개인의 격차가 결정된다. 지혜에는 세 가지 층위가 있다. 가장 낮은 층위에는 '경쟁', 그다음 층위에는 '절제', 가장 높은 층위에는 '선택'이 있다.

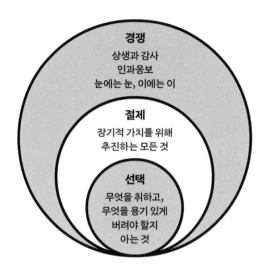

## 경쟁의 지혜

흔히들 '사업의 세계는 전쟁터와 같다' 또는 '전쟁을 방불케 하는 직장 생활'이라고 비유한다. 그렇다. 사는 것 자체가 전쟁이다. 이 전쟁에는 사람이 반드시 포함된다. 사람이 있는 한 경쟁이 일어나고, 경쟁이 있는 한 각축이 벌어진다.

경쟁하며 우리는 상대를 공격하기도 하지만 공격당하기도 한다. 타인의 '수'를 꿰뚫어도 '속셈'까지 알아차릴 수는 없으니 결코 안전하지 않다. 어떻게 해야 내가 원하는 바를 성취함과 동시에 타인의 공격으로부터 나를 안전하게 지킬 수 있을까?

경쟁의 지혜는 곧 인생의 지혜다. 어떻게 경쟁하느냐가 어떻게 살아갈지를 알려준다. 잘 경쟁하기 위해서는 마음가짐(상생과 감사)을 다잡고, 전략을 잘 짜야 한다.

### ① 상생

모든 사람은 하나의 독립된 개체로서 세상과 가치를 교환한다. 상생은 협력을 통해 얻는 가치를 말한다. 경쟁 속에 있다는 이유만으로 상생 대신 상충, 대립을 선택하는 사람들이 있다. 하지만 어떤 마음가짐을 지녔는지에 따라 저마다 다른 세계가 펼쳐진다. 상생을 이해할 수 있는 세 가지 마음가짐을 닭, 참새, 매로 비유해 보겠다.

- 닭의 마음가짐: 내가 이기고 넌 져야만 해. 이기기 위해 수단과 방법을 가리지 않을 거야.
- 참새의 마음가짐: 난 이기고 말 거야. 네가 진다고 해도 날 탓하지는 마. 나 때문에 네가 졌다고 한들 그게 나랑 무슨 상관이야?
- 매의 마음가짐: 내가 이기면서 너도 이겨야지. 상대의 실패를 거름 삼아야만 성공할 수 있다면, 절대 그 길을 선택하지 않겠어.

상생의 길을 걷지 못할 바에는 차라리 처음부터 경쟁하지 않는 편이 낫다.

### ② 감사

당신이 막 창업했을 당시, 당신을 가장 좋아하고 지지해 줬던 고객에게 성심성의껏 최고의 서비스를 제공했는가? 사업 초창기, 무조건적으로 당신을 믿어준 협력 파트너에게 가격 면에서 최고의 혜택을 제공했는가? 당신을 따라 회사에 들어와 동고동락했던 동료에게 최고의 인센티브를 제공했는가?

새로운 단계에 접어들 때마다 우리는 이전 단계에서 우리를 도와줬던 사람, 특히 가장 힘들었던 시기에 우리를 믿어준 이에게 감사해야 한다. 되로 받고 말로 갚아야 한다. 어려울 때 도움을 주는 일은 풍요로울 때 도움을 주는 것보다 훨씬 어렵기 때문이다.

상생과 감사. 두 가지 마음가짐을 바탕으로 기존의 원칙을 고수하면서 변화에 대응해 나가야 한다. 이런 식으로 경쟁에 참여하다 보면 당장은 손해를 보더라도, 장기적으로는 큰 이익을 얻게 된다.

### ③ 전략

전략에는 '눈에는 눈, 이에는 이'가 필요하다. 순하고 착하기만 한 사람은 사기를 당하기 쉽다. 선함에도 반드시 받은 만큼 주겠다는 예리한 구석을 남겨둬야 자신을 보호할 수 있다. 이 전략의 효과는 '게임 이론'의 컴퓨터 모의실험에서 살펴볼 수 있다. 이 실험은 상대가 앞서 했던 동작을 반복했을 때 최고 점수를 얻는 결과를 보여준다. 다시 말해, 상대의 행동을 따라 하는 것이 최고의 생존 전략인 셈이다.

## 절제의 지혜

사냥개 세 마리가 타르바간 한 마리를 쫓고 있었다. 타르바간은 사
냥개들을 피해 나무 구멍으로 들어갔다(나무 구멍엔 출입구가 딱 하나뿐이
었다). 그러자 갑자기 토끼 한 마리가 그 나무 구멍에서 뛰쳐나와 재빨
리 큰 나무 위로 뛰어 올라갔다. 나무 위에서 흔들흔들 매달려 있던 토
끼는 마침 고개를 들고 위를 쳐다보고 있던 사냥개 세 마리에게로 떨
어졌다. 그 사냥개들은 기절했고, 결국 토끼는 탈출에 성공했다.

이 이야기를 듣고 어떤 생각이 드는가?

토끼는 나무를 기어오르지 못한다고 말하는 사람도 있을 것이다. 또는
토끼가 어떻게 사냥개 세 마리를 동시에 기절시킬 수 있냐고 반문할 수도
있다. 다 맞는 말이다. 그런데 왜 타르바간(다람쥐과 포유류)이 어디로 갔는
지 묻는 사람은 없을까?

우리는 종종 타르바간을 놓치는 경험을 한다. 세상은 유혹으로 가득해
서 우리 역시 그것들에 시선을 빼앗기곤 한다.

사람들이 가장 마음을 많이 빼앗기는 대상은 돈이다. 나는 "서른다섯
살이 되기 전까지는 자신의 소득이 얼마인지 신경 쓰지 마라" "성장을 하
는 데 더 큰 관심을 기울이며 살아야 한다"는 말을 자주 한다. 이렇게 말
하는 이유는 사람들이 월급을 조금이라도 더 많이 받기 위해 이 회사에서
저 회사로 이직하는 것이 얼마나 어리석은 일인지를 언젠가는 깨닫기 때
문이다.

저마다 일하면서 기대하는 바가 다르다. 배우고 싶고, 무언가를 얻어가고 싶다면 그것이 당신의 목표가 된다. 돈이라고 답하는 사람도 분명있다. 다만 이 경우, 순간적인 돈의 유혹 앞에서 장기적인 목표를 포기하게 된다.

내가 처음 창업했을 때, 우리 회사의 포지셔닝은 전략적 자문 제공이었다. 창업 초기에 마이크로소프트(MS) 임원에게 소개받은 한 클라이언트가 경영 자문을 요구한 적이 있었다. MS 임원은 선의로 클라이언트를 소개했고 그 호의에 감사했지만, 나는 클라이언트의 요구를 완곡하게 거절했다. 경영 자문은 회사의 포지셔닝과 맞지 않는다는 이유에서였다.

물론 들어온 일을 거절하기란 여간 쉬운 일이 아니다. 그러나 장기적인목표를 위해서 절제는 필수 요소다. 절제는 장기주의다. 일례로 아마존창업자 제프 베이조스Jeff Bezos는 1997년 주주들에게 보내는 편지에 이렇게 쓰기도 했다.

It's all about the long term.
모든 것이 장기적 가치를 위해 추진됩니다.

베이조스는 단기적 수익에는 관심을 두지 않았는데, 이 이념이 바로 아마존의 성공 전략인 '플라이휠Flywheel' 경영이다. 플라이휠은 외부의 에너지에 의존하지 않고 관성만으로 회전 운동하는 자동차 부품이다. 처음에는 추진력이 필요하지만 가속도가 붙기 시작하면 알아서 잘 돌아간다. 상품 가격이 저렴해지면 더 많은 고객이 유입되고, 고객이 많아지면 바이어가 늘어나며, 바이어가 늘어나면 매출 규모와 판매 루트가 확대되고, 매출 규모와 판매 루트의 확대로 공급망이 최적화된다. 그 결과 상품의 가격은 더욱 인하돼 전보다 더 많은 고객이 유입되는 선순환 구조가 만들어진다.

베이조스는 20여 년 동안 '플라이휠'의 운행 속도를 높여가면서 지속적으로 성공 신화를 그려갔다. 이런 결과를 도출하기까지 순조롭지만은 않았을 것이다. 플라이휠이 갖춰지기까지 누군가는 반발했을 테고, 주주로부터 압박을 받기도 했을 것이다. 하지만 베이조스는 보다 먼 미래를 봤으므로 단기적인 유혹에 넘어가지 않았다. 절제는 인생의 지혜다. 시간을 이긴 자, 장기전에서 이긴 사람이 결국 최후의 승자가 된다.


## 선택의 지혜


인생은 객관식 시험과 같다. 어느 대학에 갈지, 어떤 일을 할지, 어떤 배우자를 만나 결혼할지, 매순간 선택의 기로에 선다. 중요한 관문 앞에서 어떤 선택을 하느냐에 따라 인생의 궤적이 달라진다. 그러나 안타깝게도 대부분이 자신에게 선택권이 있다는 사실을 모르고, 알더라도 용기 있게 선택하지 못한다. 그렇다면 왜 사람들은 자신에게 선택권이 있음을 모른 채 살아갈까?

오늘날 우리가 사는 시대는 이전 세대의 사람들이 그토록 꿈꿔왔던 평화롭고 물질적인 시대다. 우리에게는 권리, 즉 선택의 권리가 있다. 다만 그 사실을 알지 못할 뿐이다.

사람들은 지하철로 출퇴근하는 데 2시간, 상자 같은 사무실에서 9시간을 소비한다. 그렇게 아침 9시부터 저녁 6시까지 일하다 보면 하루가 가고 또 하루가 온다. 수많은 직장인이 평일을 아무 생각 없이 흘려보낸다. 심지어 하루에 12시간씩 일주일에 6일을 일하거나, 일주일 내내 11시간씩 일하면서 개인 시간을 찾아볼 수 없는 사람들도 있다.

어떤 사람들은 운 좋게도 일에서 의미를 발견해 그 일을 하는 데 자신의 시간을 다 바치며 삶을 불사르기도 한다. 하지만 어떤 사람들에게 일은 정해진 시간에 정해진 곳에서 정해진 업무를 처리하는 것에 불과하다. 일에서 어떤 의미를 발견하지 못해도 같은 날들이 반복된다. '사는 게 다 그렇지 뭐. 다른 선택지가 있겠어?'라고 생각하며 그 날들을 받아들인다.

남들보다 더 힘든 시간을 겪고도 자신의 선택권을 포기하지 않는 사람들도 있다. 빅터 프랭클Viktor Frankl은 제2차 세계 대전 당시 '인간 지옥'이라고 불리는 아우슈비츠 수용소에 끌려갔다. 그곳에선 실종되거나 쥐도 새도 모르게 세상에서 발자취를 감춘 사람이 부지기수였다. 만일 당신이 그런 환경에 처한다면 어떻게 할 것인가? 절망과 공포에 휩싸여 포기할 것인가, 아니면 고난에 직면해 적극적이고 주동적인 삶을 살아낼 것인가? 빅터는 후자를 선택했다. 극한의 절망 속에서 인간으로서 누릴 수 있는 마지막 자유, 생존 의지를 포기하지 않았다. 소련군이 아우슈비츠 수용소를 공격한 후 빅터는 마침내 자유를 되찾았다. 훗날 그는 전 세계적으로 잘 알려진 책 『죽음의 수용소에서』를 썼다.

어려운 상황 속에서도 자신에게 주어진 선택권을 포기하지 않는 사람들이 도처에 있다. 그들은 감옥에 있으면서 4분의 3박자에 맞춰 잡초를 뽑는 음악가일 수도 있고, "넓은 세상으로 한번 나가보고 싶다"고 말하는 일반인일 수도 있으며, 자신에게 선택권이 있음을 깨달은 당신일 수도 있다.

그렇다면 용감한 선택이란 무엇일까? 사실 우리는 선택권이 있음을 알면서도 무엇을 선택해야 할지 몰라 선택을 포기하곤 한다.

> A: 나는 사업가라는 직업을 선택하고 싶어. 창업이라는 모험을 해보는 거지. 그런데 창업은 불확실성도 크고 너무 고달파.
>
> B: 나는 직장인이라는 직업을 선택하고 싶어. 월급도 많이 주고 복지도 좋은 안정된 회사에 다니는 거지. 그런데 그런 삶은 너무 매여 있고 단조로워서 지루해.

이런 상황에서는 어떻게 해야 할까? '아이들은 선택만 하고 어른들은 다 갖고 싶어 한다'는 말이 있다. 모든 걸 가질 순 없다. 성인이라면 당연히 선택할 줄 알아야 한다. 선택하는 법을 배운다는 것은 포기를 배우는 것과 같다. 하나를 선택하면 다른 하나를 포기해야 한다. 때로는 노력보다 선택이 더 중요하다. 또 때로는 선택보다 포기가 더 중요하다. 어쨌든 우리는 용감하게 선택한 다음, 거기서 좋은 점을 찾고 나쁜 점은 감수해야 한다. 앞을 보고 있으면서 뒤를 생각하면 결국 이도저도 아니어진다. 인생의 비극은 거기에서 비롯된다.

# 둘을 알아야 하나를 제대로 알 수 있다

나는 대학에서 수학을 전공했다. 수학이라는 공리계(증명이 필요 없는 진리) 세상에서는 대가들의 논쟁을 찾아보기 힘들다. 왜일까? 그들이 연구에 몰두해 있고, 속세엔 관심이 없으며, 성격이 좋기 때문일까? 당연히 아니다. 그저 언쟁이 귀찮을 뿐이다. 입씨름보다는 '주먹다짐', 나아가 '결투'를 한다고 보면 된다.

수학은 일종의 무술이다(당신은 새로운 관점을 제시했는가? 그렇다면 내게 그것을 증명해 보라. 증명한다면 기꺼이 나의 패배를 인정하지. 그러나 증명하지 못한다면 네가 진 거야. 싸울 일이 뭐 있어? 간단하게 한판 붙으면 되지!). 언쟁은 인문학계에서나 쓰는 '연구법'이다. 공리계 세상에서는 증명 가능 또는 증명 불가능만 존재한다. 대가들은 IQ에서 차이가 날 뿐, 말재주에는 큰 차이가 없다.

그러나 경제학 같은 대부분의 학문에선 공리계가 성립하지 않는다. 이런 분야는 공리계와 달리 논리적 추론에 의존하므로 반론의 여지없는 결론을 도출하기 힘들다. 그들은 단순한 수학과는 전혀 다른 차원의 도전에 직면한다. 끊임없이 새로운 관점과 모델을 제시해야 하는데, 그러면 꼭 누군가가 그와 반대되는 예를 제시한다. 동시에 언쟁이 시작되고 모두가 이렇게 말한다. "저(상대방의) 경우는 특별(또는 특이) 케이스다."

중국인은 사자성어 '문인상경文人相輕(문인들은 서로를 얕본다)'으로 언쟁을 통한 연구법을 설명한다. 반면 수학자들의 연구법은 서로를 얕보는 게 아니라 죽이려 든다고 덧붙인다. 수학자들은 무인과 같다. '문예에는 1등이 없고, 무예에서 2등이 없다'는 뜻의 '문무제일, 무무제이文無第一, 武無第二'로 설명할 수 있겠다.

『위대한 개츠비』의 저자 스콧 피츠제럴드F. Scott Fitzgerald는 중재자임을 자처했다. 그는 '문무제일'이라는 말을 자신의 언어로 다음과 같이 풀었다.

> 완전히 상반된 두 가지 관념을 동시에 품고 있으면서도 여전히 정상적으로 기능할 수 있는 능력이야말로 최고의 지능을 가졌다는 지표다.

쉽게 말해 "싸우지 마. 너희들 다 맞아. 너희들 다 옳아"라는 뜻이다. 하지만 '모두가 옳다'는 경제학을 배우는 사람들에게는 또 다른 고민이 된다. 모두가 옳다면, 과연 누구의 것을 배우는 게 '더 맞을까'?

이 질문에 대해 나는 세 가지를 제안하고 싶다.

## 1. 이백을 공부하면서 두보도 공부해라

여기 몇 명의 경제학자가 있다. 당신은 이들 중 누구로부터 '더 옳은' 경제학을 배울 수 있다고 생각하는가?

① 애덤 스미스Adam Smith: 경제학의 아버지
② 알프레드 마샬Alfred Marshall: 수요와 공급 이론 도입한 미시경제학의 창시자
③ 존 메이너드 케인스John Maynard Keynes: 20세기 중요 경제 이론 중 하나인 케인스주의 주장
④ 로널드 코스Ronald Coase: 경제학에서 가장 널리 사용되는 '거래비용'의 개념 도입
⑤ 프리드리히 하이에크Friedrich Hayek: 오스트리아 경제학파의 핵심 인물

"당연히 애덤 스미스지! 경제학의 아버지잖아"라고 말하는 사람이 많을 것이다. 보이지 않는 손, 분업 이론 등 그가 경제학 분야에 얼마나 많은 공헌을 했는지 다들 잘 알 테니 말이다. 여기서 잠깐! 애덤 스미스가 창시한 경제학은 오늘날 '고전 경제학'으로 불리며 책꽂이 맨 위 칸을 장식하고 있다. 하지만 그가 제시한 '노동가치설'은 그의 제자나 추종자들에게조차 인정받지 못했다.

알프레드 마샬은 '신고전학파'를 대표하는 학자다. 마샬은 가치란 노동

이 아닌 고객의 수요에 의해 결정된다고 주장했다. 다이아몬드를 주워 오든 인위적으로 만들든 본래 가치는 같다는 것이다. 또한 한 사람의 수요는 가변적이다. 예를 들어 배가 고플 때 맨 처음 먹은 만두의 가치가 두 번째로 먹은 만두보다 크고, 두 번째 먹은 만두가 세 번째로 먹은 만두의 가치보다 크다.

마샬은 수요와 공급의 관계가 가격을 결정한다는 수급 이론을 제시했다는 점에서 더 높은 평가를 받는다. 하지만 이 이론을 접한 로널드 코스는 탄식을 내뱉었다.


**로널드 코스:** 수요와 공급이 가격을 결정한다고 말할 때 '다른 모든 요소들은 불변한다'는 전제 조건을 달았어야지. 그런데 다른 모든 요소들이 불변한다는 게 가능키나 한 일인가? 이런 '칠판 경제학' 같으니라고!

**일부 경제학자들:** 당신이 말한 '거래 비용'이 지나치게 남용되는 건 아닌가? 코스 당신은 거래 비용이 낮으면 사회 복지가 높아지기 때문에 큰 손실을 입은 사람에게 누군가가 그 책임을 져야 한다고 주장하지. 그렇다면 법원에서 재판을 할 때 누구의 손실이 큰지 상품의 시장 가격을 연구하고 조사해야 하는 건가? 시장 가격이 요동친다면 방금 나온 판결도 뒤집혀야 하는 것 아닌가?

**케인스:** '신고전학파' 당신들은 잘난 척 좀 그만하시게. '자유 시장' 논리야말로 문제가 많아. 경제 위기가 닥치면 당연히 국가가 개입을 해야지.

**신고전학파 경제학자:** 말도 안 되는 소리! 자네가 말하는 건 단기적 관

거시 경제학 문제에 대한 각 학파 간 견해

| 학파 | 변동 원인 | 기대 | 가격 조정 | 시장 조정 | 균형적 관련 | 영향 기간 | 규칙적/가변적 | 소득 정책 |
|---|---|---|---|---|---|---|---|---|
| 정통 케인스주의 | 소비 수요의 독립적 변동 | 적응적 | 비교적 유연 | 약함 | 완전 고용 불가능 | 단기 | 가변적 | 일부 찬성 |
| 정통 통화주의 학파 | 통화 공급의 간섭 | 적응적 | 탄력적 | 강함 | 자연 실업률 도달 | 때로는 단기, 때로는 장기 | 규칙적 | 무관, 교란 행위는 회복 과정을 왜곡시킬 수 있음 |
| 신고전학파 | 통화 공급의 간섭 | 이성적 | 극단적으로 탄력적 | 매우 강함 | 자연 실업률 도달 | 장기와 단기 구분 없음 | 규칙적 | 위와 같음 |
| 실물 경기변동 이론 | 공급(기술 측면)의 영향 | 이성적 | 극단적으로 탄력적 | 매우 강함 | 동태적 자연 실업률 도달 | 장기와 단기 구분 없음 | 규칙적 | 위와 같음 |
| 신 케인스학파 | 수요와 공급의 절충 | 이성적 | 가격 경직성 강조(예: 메뉴, 비용) | 둔화 | 비자발적 실업 발생 | 일반적으로 단기 | 이견 분분 | 전반적으로 부정적 입장 |
| 오스트리아학파 | 통화 공급의 간섭 | 이성적 | 탄력적 | 강함 | 균형 | 때로는 단기, 때로는 장기 | 규칙적 | 악영향, 회복 과정 왜곡시킬 수 있음 |
| 포스트 케인스학파 | 소비 수요의 독립적 변동 | 이성적 | 경직 | 매우 약함 | 완전 고용 불가능 | 단기 | 가변적 | 필수, 유익함 |

점이고, 우리가 말하는 건 장기적인 관점일세.

**케인스:** 장기? 우리 다 죽고 난 뒤를 말하는 건가?

**하이에크:** 케인스 당신이 틀렸어. 경제 주기는 필연적인 거야. 내가 그걸 증명해 주지.

**신고전학파 일부 경제학자들:** 오스트리아 경제학파라⋯. 민간 경제학자들이나 좋아하는 당신은 주류 경제학 세계에서 입을 다무시게나.


좋다. 이제 앞서 했던 질문에 다시 답해보자. 당신은 어떤 경제학을 배우고 싶은가? 누구의 관점을 따르고 싶은가? 대답하기 쉽지 않을 것이다. 이 세상에는 단 하나의 경제학만 적용되고 있지 않기 때문이다.

유명 경제학자이자 북경대학교에서 경제학을 가르친 쉐자오펑薛兆豐은 '쉐자오펑의 경제학 수업'에서 '똑똑한 사람은 왜 서로를 인정하지 않는 걸까'라는 주제로 이 문제를 다룬 바 있다. 쉐자오펑은 표(p.39 참고)를 통해 거시 경제학 문제에 대한 각 학파 간 견해를 설명했다.

경제학을 배울 때는 반드시 여러 방면의 의견을 두루두루 들어야 한다. 이백을 공부하면서 두보도 공부해야 하는 것이다.


## 2. 모든 모형의 반대 사례를 찾아라

워런 버핏Warren Buffett의 오랜 사업 파트너이자 투자자, 찰스 멍거Charles Munger의 저서 『가난한 찰리의 연감』에는 이런 이야기가 나온다.

내가 만약 이 관점에 대해 세상에서 가장 똑똑한 사람보다 더 잘 반박하지 못한다면, 난 이 관점을 받아들일 자격이 없다.

이 말이 무슨 뜻인지 이해하지 못하는 사람들이 많다. 왜 자신의 관점에 반박해야 할까? 내가 내 관점을 반박하는 데 성공한다면 그 관점이 틀렸음을 증명한 셈이다. 그렇다면 그럼에도 불구하고 그 관점을 고수할 필요가 있을까?

이유는 명료하다. 경제학 세계에서는 보편적으로 해석될 수 있는 관점이 단 하나도 없다. 모든 관점이 이론적으로 반박 가능하거나, 반례를 들 수 있다.

경제학은 공리계를 기반으로 하는 학문이 아니다. 모든 경제 현상을 설명할 수 있는 이론은 존재하지 않는다. 만약 그런 이론이 있더라도, 이론을 제시할 당시에는 새로운 경제 현상이 출현하지 않았으나 후에 나타날 수 있다. 따라서 이론 제시자가 새로운 가능성에 주의를 기울이지 않았을 가능성이 크다.

애덤 스미스는 개개인의 이기심이 사회 전체의 부를 형성하는 원동력이 된다고 했다. 식당을 하는 사람은 손님이 배고플까 봐 조식 식당에서 더우장豆漿(중국식 콩국)이나 유탸오油條(중국식 꽈배기)를 팔까? 아니다. 그들은 자신이 배고플까 봐 장사를 한다. 손님에게 아침 식사를 팔아 돈을 벌면 자신들의 배를 채울 수 있다. 그래서 유탸오를 파는 것이다. 하지만 이들의 지극히 이기적인 행위 덕분에 누군가는 아침밥을 하는 데 필요한 시간을 절약했고, 그 시간을 더 중요한 일에 쓸 수 있게 됐다. 그 결과 '유탸오'를 더 많이 살 수 있는 돈을 벌 수 있었고, 이는 전체 사회의 부를 늘리는 데 일조했다. 이것이 바로 그 유명한 "인간 개개인의 이기심이 사회 전체의 부를 형성하는 원동력이 된다"는 애덤 스미스의 주장, '보이지 않는 손'이다.

그런데 이 말이 정말 옳을까? 저명한 수학자 앨버트 터커Albert W. Tucker는 애덤 스미스의 주장에 반론을 제기했다. 그 이름도 유명한 '죄수의 딜레마'다.

두 명의 용의자 A와 B가 따로 취조를 받는다. 만약 두 사람이 서로를 배신해 범행 사실을 솔직하게 털어놓으면 형량이 8년으로 감형된다. 또 만약 한 명만 사실을 털어놓으면 폭로한 사람은 바로 석방되고, 그렇지 않은 사람은 15년 형을 받게 된다. 그런데 만약 두 사람 모두 범행 사실을 숨긴다면? 증거 부족으로 둘 다 1년 형만 받게 된다.

용의자들은 어떻게 해야 할까? 당연히 '모두 함구'가 최상의 전략으로, 이 경우 두 사람 모두 가장 가벼운 형량을 받는다. 그러나 '모두 함구'는 시험을 이겨내지 못한다. 만약 한 명의 용의자가 단독으로 배신을 선택하면 그 사람은 바로 석방되니 유혹이 크다. 게다가 입을 다물고 있다가 상대의 배신으로 혼자 15년 형을 선고받을 수 있으니 위험 부담이 상당하다. '모두 함구'는 인간성에 대한 엄청난 시험이다.

그럼 '모두 고백'의 경우는 어떨까? 둘 다 범죄 사실을 고백하면 두 사람은 8년 형을 받게 된다. 그런데 만일 용의자 한 명이 단독으로 입을 다물기로 결정하면, 그의 형량은 8년에서 15년으로 늘어나고 다른 한쪽은 석방된다.

**죄수의 딜레마**

| 범죄의 딜레마 | | A | |
| --- | --- | --- | --- |
| | | 협력<br>(범행 사실 함구) | 배신<br>(범행 사실 고백) |
| B | 협력<br>(범행 사실 함구) | A : 1년 형<br>B : 1년 형 | A : 0년 형<br>B : 15년 형 |
| | 배신<br>(범행 사실 고백) | A : 15년 형<br>B : 0년 형 | A : 8년 형<br>B : 8년 형 |

'모두 고백'이야말로 가장 이성적인 선택이다. 그러나 이렇게 하면 개인의 이익을 추구하는 행위가 집단 이익의 최대화를 끌어내지 못한다. 그렇다고 애덤 스미스가 틀렸다고 말할 수 있는가? 애덤 스미스의 가설은 여전히 많은 경우에 효력을 발한다. 그럼에도 자신을 위한 일이 반드시 이타적이지만은 않다는 반론의 여지가 있을 뿐이다.

소설가 로맹 롤랑Romain Rolland은 "이 세상에는 진정한 영웅주의가 있다. 그건 바로 삶의 진면목을 확실히 인식한 후에도 여전히 삶을 사랑하는 것"이라고 말했다. 스스로 경제학의 한 관점을 정말 이해하고 있는지 검증하고자 할 때 우선 이를 입증하는 관점(또는 사례, 주장)에 동의해야 한다. 또한 동시에 그 관점을 뒤집는 반례를 알고 있는지 살펴봐야 한다.

## 3. 모든 이론에는 전제가 뒤따른다

'가격이 비용을 결정하는 것이지, 비용이 가격을 결정하는 것이 아니다'라는 말이 있다. 가정해 보자. 가격이 100위안 정도로 보이는 볼펜을 사려고 한다. 그런데 판매자는 그 볼펜을 만드는 데 180위안의 비용이 들었으므로 200위안에 팔아도 비싸게 파는 게 아니라고 말한다. 그럼 난 이렇게 말할 수밖에 없다. "설명해 주셔서 감사합니다. 그런데 100위안 정도밖에 안 돼 보이네요. 그보다 비싸면 사지 않을래요." 결국 판매자는 제작 비용을 90위안으로 낮춰 소비자가 원하는 가격인 100위안에 팔아야 한다. 이런 경우를 가리켜 '가격이 비용을 결정하는 것이지, 비용이 가격을 결정하는 것이 아니다'라고 한다.

하지만 이 말에도 '다른 기타 요소는 불변한다'는 전제 조건이 뒤따른다. 사람들은 종종 이 전제를 놓친다. 여기서 말하는 '기타 요소'는 과학 기술일 수도, 정책 등과 같은 것일 수도 있다. 과학 기술이 진보했거나 공정이 발전했다면 모든 것이 달라진다.

예컨대 자동차 회사 포드 모터 컴퍼니가 볼펜 생산 라인을 개발해 자동차 만들 듯 볼펜을 만든다면 볼펜 생산 비용은 90위안에서 50위안으로 크게 절감된다. 이럴 경우 볼펜 판매 이윤이 10위안에서 50위안으로 대폭 상승하고, 그 결과 볼펜 산업은 순식간에 폭리를 취할 수 있는 업종이 된다. 이때 많은 기업가가 앞다퉈 볼펜 생산 업종에 뛰어들어 폭리를 나눠 가진다.

볼펜 산업에 새로 진입한 기업은 어떻게 해야 경쟁 우위를 차지할 수 있을까? 방법은 하나, 가격을 낮추는 것이다. 따라서 볼펜 가격은 100위안에서 90위안, 80위안, 70위안, 심지어 60위안으로까지 떨어진다. 이렇게 되면 볼펜의 판매 이윤은 다시 균형 상태인 10위안이 된다. 하지만 결과적으로 볼펜 가격은 100위안에서 60위안으로 하락한다. 비용 절감이 가격 인하를 가져온 것이다.

실제로 1차 산업 혁명 이후, 전 세계의 물가가 점점 떨어졌다. 이는 모두 산업 혁명에 따른 비용 절감의 결과다. 그렇다면 '가격이 비용을 결정하는 것이지, 비용이 가격을 결정하는 것이 아니다'라는 말에도 허점이 있을까?

이 말에는 문제가 없다. 그러나 단일 시장의 생산자와 소비자 간의 힘겨루기만 고려했을 뿐, 다른 시장 간 그리고 생산자와 생산자 간 경쟁은 고려하지 않았다. 이 문장이 성립되려면 전제 조건이 필요한데, 그 사실을 망각한 채 모든 상황에 대입하는 사람들이 많다.

쉐자오펑은 강의 중 '코스의 정리Coase theorem'를 설명한 적이 있다.

거래 비용이 0(제로)이거나 충분히 낮은 상황에서는 최초 자원의 소유주가 누구든 간에 자원은 최고의 가치를 실현하는 용도로 쓰입니다. 다시 말해 자원은 그것을 잘 쓸 수 있는 사람에게 가요. 이런 관점에서 보자면 돈 역시 자원의 일종으로, 누군가가 돈을 잘 쓰면 돈은 그 사람에게로 가는 거죠.

많은 사람이 쉐자오펑의 말을 듣고 흥분했다. 그들의 머릿속에는 '거래 비용이 0이거나 충분히 낮은 상황'이라는 전제 조건은 사라진 지 오래였다. 쉐자오펑은 말을 이어갔다.

하지만 현실 세계에서는 거래 비용이 0이 될 수 없고, 오히려 더 커집니다. 반론이 끊임없이 제기돼서 코스는 말년에 이에 관해 해명하는 글을 쓰기도 했어요.

쉐자오펑은 사람들에게 추후 추론 과정이 반드시 뒤따르는 것은 아님을 알려준다. 하지만 안타깝게도 사람들은 추론만 기억할 뿐 전제 조건은 잊어버린 지 오래다.

모든 이론의 전제 조건을 기억하는 것이 경제학 공부의 기본 소양이다.

2장

---

# 잠재력

## 개인의 역량을 극대화하라

---

# 인생 비즈니스 모델 = 능력 × 효율 × 레버리지

〈모나리자〉를 그린 레오나르도 다 빈치Leonardo da Vinci는 위대한 화가다. 하지만 다 빈치는 화가였을 뿐만 아니라 조각가, 건축가, 음악가, 수학자, 엔지니어, 발명가, 해부학자, 지도 제작자, 식물학자, 작가 등 매우 다양한 직업을 가진 사람이기도 했다.

허버트 사이먼Herbert Simon은 의사 결정 이론의 아버지로, 1978년 노벨경제학상을 수상했다. 그는 시카고대학교 정치학 박사이자 예일대학교 과학 박사, 법학 박사, 맥길대학교 법학 박사, 스웨덴 룬드대학교 철학 박사, 네덜란드 로테르담에라스무스대학교 경제학 박사, 미시간대학교 법학 박사, 피츠버그대학교 법학 박사다. 사이먼이 이룬 성과는 보통 사람이라면 단 하나도 제대로 이루기 힘들다.

밥 딜런Bob Dylan은 대단한 음악가 중 한 명으로, 음악계에서 가장 유명한 그래미상을 수상했다. 동시에 그는 영화계 골든 글로브와 아카데미상,

언론계 퓰리처상을 비롯해 노벨 문학상까지 받았다. 밥 딜런 역시 분야를 넘나드는 전천후 천재로 일컬어진다.

이 세계에는 한 분야에서 성공을 거두면 다른 분야에서도 웬만큼 성공하는 사람들이 존재한다. 어떻게 이런 사람들이 존재할 수 있을까? 그 뒤엔 비즈니스 논리가 자리한다.

인생은 일종의 비즈니스 모델이라고 할 수 있다. 이를 하나의 공식으로 정리할 수 있다.

$$인생\ 비즈니스\ 모델 = 능력 \times 효율 \times 레버리지$$

어떤 사람은 능력, 효율, 레버리지를 통해 전 세계를 바꾼 반면, 어떤 사람은 단 하나의 성과도 내지 못한다.

## 1. 능력

먼저 한 가지 질문을 던져보겠다. 가장 가치 있는 능력은 어떤 것일까? 연설 능력, 학습 능력, 소통 능력, 아니면 돈 버는 능력?

모두 아니다. 가장 중요한 능력은 능력을 키우는 능력이다. 일종의 초능력과 같다. 알라딘의 램프를 찾은 당신에게 세 가지 소원이 무엇이냐고 물었을 때, "내 소원은 세 가지 소원을 다시 빌 수 있는 것"이라고 답하는 것과 마찬가지다.

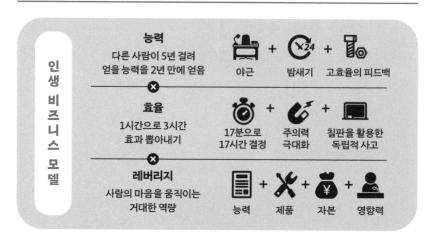

능력을 키우는 능력을 좀 더 구체적으로 표현하면 남들이 5년 걸려 얻을 능력을 2년 만에 얻는 것이라고 할 수 있다. 그것이 어떻게 가능할까? 나는 이 문제를 두고 수많은 고민과 연구를 거듭했고 74개의 수학 모델을 그리는 수학적 접근까지도 불사했다. 그 결과 '추가 근무'라는 결론을 도출할 수 있었다. 다른 사람이 하루에 8시간 일할 때 16시간 일하면 2년 만에 다른 사람의 5년 치 능력을 가져갈 수 있다. 즉, 더 많은 시간을 투자하는 '노력'이다.

현재 많은 IT 기업이 오전 9시부터 오후 9시까지 주 6일 근무하는 '996' 근무제를 시행하고 있다. 내가 MS에서 근무할 당시에도 10여 년 동안 변함없이 '996'이었으며, 오후 9시 전에 퇴근한 경우는 드물었다.

MS는 매일 무료로 저녁을 제공해 주고 오후 9시 이후에 퇴근할 경우 택시비를 증빙으로 처리할 수 있다. 그래서 늦게 퇴근하는 경우, 많은 직원이 '저녁이나 먹고 가야겠다'라고 생각한다. 저녁을 먹고 나서 시계를 보면 오후 8시가 가까워져 있다. 그럼 '택시비 증빙 처리도 되니 그냥 9시까지 기다렸다 가야지'라고 생각하게 된다.

나중에 많은 회사, 특히 IT 기업이 MS의 근무 제도를 따라 했다. 심지어 일부 스타트업은 극단적으로 오전 7시부터 오후 11시까지 연중무휴로 일하는 '711' 제도를 도입했다. 직접 컨설팅 업체를 창업한 나는 직원들에게 '996'을 요구하지 않는다. 회사 규모가 작기 때문이기도 하지만 '996'은 직원 개인의 선택으로 둬야 하기 때문이다. 동시에 나 자신에게도 '996'을 강요하지 않는다. 711 인생을 사는 나에게는 996도 휴가처럼 느껴지지만, 내가 그렇게 일한다는 이유로 남들에게 강요할 수는 없다.

다만 이것이 바로 노력이다. 그렇다면 노력만으로 충분할까? 당연히 매우 불충분하다.

테슬라의 CEO 일론 머스크Elon Musk는 '지구상 가장 매력적인 인물'로 손꼽힌다. 머스크가 아주 똑똑한 사람이라는 건 다들 잘 알고 있다. 하지만 그가 노력의 귀재라는 사실을 아는 사람은 별로 없다. 과거에 머스크가 대학에서 강연을 했을 때 한 학생이 이렇게 질문했다. "어떻게 성공할 수 있었나요?" 머스크의 대답은 명료했다.

Work super hard.
정말 열심히 일했습니다.

매우 중요한 진리였다. 즉, '가공할 만한 노력'이다.

나는 1999년부터 2001년까지 MS에서 엔지니어로 일했다. MS는 직원들로부터 굉장한 노력을 요구하는 회사다. 실제로 MS에서 일할 땐 반드시 'Work super hard', 즉 가공할 만한 노력을 해야만 했다.

오후 9시까지 일하는 건 당연했고, 새벽까지 일하는 경우도 허다했다. 그런데 새벽이 돼도 집에 가기가 쉽지 않았다. 다른 직원들은 여전히 일하고 있었으므로, 뒤처지기 싫다면 나도 계속 일하는 수밖에 없었다.

직원들이 가공할 만한 노력을 할 수 있도록 회사에서는 층마다 2개의 방을 별도로 마련해 놨다. 그리고 각 방마다 침대 2개를 설치했다. 일하다 시간이 너무 늦어지면 회사에서 잘 수 있는 시스템을 마련했다. 사무실에 침대를 설치했다고 해서 MS가 직원들에게 야근을 강요한 것은 아니다. 하지만 밤샘 근무를 위해, 매일 아침 많은 동료가 회사에 오자마자 사원증을 침대에 던져놓고 수면실의 자리를 선점했다. 만약 아침에 조금이라도 늦게 출근하면 침대를 차지할 수 없었다. 당시 MS는 5개 층을 사무실로 사용했다. 그리고 5개 층 전부를 합해도 침대가 20개밖에 없었으니, 정말 일찍 오지 않는 한 자리를 차지하는 건 힘들었다.

그렇다면 침대를 차지하지 못한 사람은 어떻게 했을까? 침대가 없으면 바닥에 누워서 잤다. 탕비실에도 침낭이 많이 구비돼 있어서, 나 역시 종종 침낭을 들고 회의실 바닥에서 자곤 했다. 다음 날 청소 아주머니가 나를 툭 치면 그제야 날이 밝았음을 알아차렸다. 그럼 일어나 세수하고 양치질한 다음, 다시 일하러 갔다. 나를 포함해 MS 직원 모두가 이렇게 일했다. 이것이 바로 가공할 만한 노력이다.

창업자라면 있는 지혜, 없는 지혜 모두 끌어다 쓴 다음 가공할 만한 노력을 해야 한다. 가공할 만한 노력을 해도 역시 매우 불충분하다. 가공할 만한 노력은 어쩌면 효율이 낮은 노력일 수 있다. 따라서 여기에 한 가지 전제를 달고자 한다. 바로 '고효율'의 가공할 만한 노력이다.

2016년, 알파고AlphaGo가 이세돌을 이겨 세계가 한바탕 떠들썩했던 적이 있다. 2017년 알파고 다음 버전인 알파고 마스터가 커제柯潔를 이김으로써 또 한 번 세상을 놀라게 했다. 사실 여기까지도 별거 아니다. 커제를 이긴 바로 그해 알파고의 새로운 버전인 알파고 제로가 앞서 커제를 이긴 알파고 마스터를 89:11의 성적으로 격파한 것이다.

알파고 제로가 등장하자 사람들은 슬슬 두려움을 느끼기 시작했다. 이전 버전까지는 아무리 대단하다고 한들 인간이 입력한 기보(바둑 두는 법을 기록한 책)를 연구해 바둑 두는 법을 익히는 식이었다. 궁극적으로 인간과 어깨를 나란히 하지만, 기보를 바탕으로 하고 있으니 인간을 크게 뛰어넘을 수는 없었다.

하지만 알파고 제로는 기보를 배운 적이 없었다. 대신, 이기고 지는 과정에서 얻은 피드백을 바탕으로 자기 자신과 대결함으로써, 인간이 그간 생각해 내지 못한 수를 찾고 전례 없이 높은 경지에 도달했다. 그 결과 최상급 바둑 기사들까지도 '지금까지 인류가 진짜 바둑이 무엇인지 몰랐구나' 하고 생각하기에 이르렀다.

알파고 제로는 고효율의 피드백 메커니즘을 통해 훈련이 이뤄진다. 업무 중 어느 부분이 효과적이고 효과적이지 않았는지에 관한 피드백은 고효율의 가공할 만한 노력에서 가장 중요하다. 피드백을 통한 '의도적 연습'은 다소 어려운 임무를 반복적으로 훈련함으로써 효율을 최고 수준까지 끌어올린다.

결론적으로 능력을 키우는 능력을 얻고 싶다면 노력해야 한다. 노력에서 그치지 않고 가공할 만한 노력을 기울여야 한다. 가공할 만한 노력을 기울일 뿐만 아니라 고효율의 가공할 만한 노력을 쏟아야 한다. 물론 이 모든 것에는 전제 조건이 뒤따른다.

첫 번째, 당신이 정말로 능력을 키우는 능력을 얻고 싶어 해야 한다.

두 번째, 당신 몸과 가정이 감당할 수 있는 수준에서 모든 노력을 기울여야 한다.


## 2. 효율

'능력'을 지니게 됐다면 일의 '효율'을 높여야 한다. 어떻게 해야 1시간으로 3시간의 효과를 낼 수 있을까? 여기에도 선택, 방법, 도구로 이어지는 시스템적 방법론이 등장한다.

효율을 높인다는 것은 17분에서 17초를 아끼는 것이 아니라, 17분으로 17시간을 절약하는 것이다. 즉, 17시간 동안 하게 될 일이 그만 한 가치가 있는지를 17분 만에 판단하는 게 바로 '선택'이다. 선택을 할 때 반드시 고려해야 할 사항들이 있다.

① 인생 목표를 실현하기 위해 반드시 해야 할 일은 무엇인가?
② 인생 목표 실현에 큰 도움이 되지 않는 일은 무엇인가?

③ 현재의 상황이 유지되지 않더라도 반드시 달성해야 할 일은 무엇인가?

선택은 효율을 높이기 위해 가장 우선시돼야 한다. 고효율의 가공할 만한 노력을 기울이고, 자신만의 선택을 한 후엔 어떻게 해야 실제로 일의 효율을 높일 수 있을지 고민하게 된다. 이때는 방법과 도구의 도움을 받아야 한다.

일례로 2017년 6월, 왕쥔저王俊哲라는 이름의 남자아이가 실종된 적이 있었다. 애가 탄 부모는 어떻게 했을까? 문 앞에 사람 찾는 전단지를 붙였을까? 아니면 위챗에 실종 신고를 올려 여기저기 전달해 달라고 부탁했을까? 왕쥔저의 부모는 '실종 아동 발송을 위한 공안부 긴급 플랫폼'\*이라는 웨이보 계정에 실종 신고를 냈다.

물론 이 방법이 일반적이다. 그런데 이상하게도 부모는 왕쥔저가 비키니를 입은 사진을 업로드했다. 비키니를 입은 남학생? 웨이보가 일순간 들썩였다. 네티즌들은 잇달아 댓글을 남기며 여기저기 포스팅을 전달했다. '이런 사진으로 아이 얼굴을 정확히 확인할 수 있을까?' '아이야, 어서 집에 돌아와라. 돌아와야 그 사진을 지울 수 있다!' '검객이 되어 천하를 둘러보는 것을 꿈꿨건만, 친부모에 의해 여장 사진이 공개돼 원래의 계획이 무산돼 버렸구나!' '더 많은 사람들에게 전달될 목적으로 이런 방식을 취했으니, 이 부모의 기지가 매우 뛰어나다고 해야 하지 않을까?' 등등 포

---

\* 중국의 포털 사이트 시나닷컴에서 제공하는 소셜 네트워크 서비스.

스팅에는 다양한 댓글이 달렸다.

왕쥔저의 부모가 의도했는지 아닌지는 정확히 알 수 없다. 하지만 의도한 바였다면 기지가 넘쳤다고 볼 수 있다. 그 포스팅이 대중들로부터 뜨거운 관심을 받았으니 말이다. 부모는 수많은 선택지를 살펴보고 더 효율적인 방법을 취한 것이다.

효율을 높이기 위해서는 '화이트보드' 같은 도구를 활용할 수도 있다. 나는 일할 때 주로 커다란 화이트보드(호수) 앞에 서서 아이디어(조약돌)를 던지고, 거기서 발생된 파도 또는 잔잔한 물결을 재빨리 기록한다. 그다음, 한 발 물러서서 이 아이디어가 펼쳐져 연결되고 구조화되는 과정을 가만히 바라보며 창조에 따른 희열과 성취감을 즐긴다.

화이트보드는 사고화 과정에서 맞닥뜨리는 실제적인 문제들을 해결할 수 있게 한다. Word, Excel, PPT보다 '구조화된 사고'에서 벗어나 마음 내키는 대로 생각을 뻗어나갈 수 있다. 지면의 제약이 큰 A4 용지의 한계로부터 벗어나 광활한 공간에서 생각을 발전시키고 연결 지을 수 있다. 페이지를 넘기며 쓰는 노트와 달리 '틀리면 안 될 것 같은' 강박에서 벗어나 생각나는 대로 쓰고, 잘못 쓰면 지우고 다시 쓰는 작업을 반복할 수 있다.

화이트보드를 사용하면 구조화된 사고, 경계가 있는 사고, 틀리면 안 되는 사고 등의 제약에서 벗어난다. 따라서 마음 가는 대로 무한한 상상력을 발휘해 생각의 갈래를 뻗어나갈 수 있다. 좋은 도구는 일의 수고를 덜고 효과를 높여준다.

결론적으로 일의 효율을 높이기 위해선 자신에게 가장 중요한 일이 무엇인지를 선택한 다음, 보다 효율적인 방법을 사용하고 그에 맞는 도구를 활용해야 한다.


## 3. 레버리지

능력을 갖추고 효율을 높였으니 충분할 거라는 생각은 접어라. 당신이 능력과 효율을 어떻게 향상시켰든 하루는 24시간에 불과하다. 당신이 할 수 있는 일은 언제나 제한돼 있고, 자신의 한계를 영원히 벗어날 수 없다. 따라서 큰 성공을 거두고 싶다면 레버리지*라는 신기한 방식의 도움을 빌려야 한다.

따라서 4가지 레버리지를 소개하고자 한다.


### ① 팀 레버리지

내가 창업한 룬미潤米 컨설팅은 컨설팅 업계에 속해 있다. 이 업계엔 작은 기업들이 무수히 많지만, 대규모 기업은 찾아보기 힘들다. 컨설팅 업종은 컨설턴트의 전문적 역량에 대한 의존도가 몹시 높고, 전문적 역량이 뛰어난 컨설턴트를 만나기 쉽지 않기 때문이다. 따라서 컨설팅 업체는 규모가 커지면 사용 빈도의 증가로 성능이 떨어지는 인재 병목 현상이 나타나 복제가 힘들어진다. 하지만 이렇게 복제가 힘들고 규모를 키우기 힘든

---

\* 비싼 자본금을 저렴한 차입금으로 대체해 자기 자본을 높이는 것.

업종에서 어느 한 기업이 매우 잘해낸다면, 그 기업은 전 세계를 무대로 자기 복제를 계속할 수 있다. 맥킨지 앤 컴퍼니가 대표적 기업이다.

현재 맥킨지의 연간 글로벌 매출 규모는 100억 달러를 웃돈다. 컨설팅 회사가 어떻게 이게 가능했을까? 우선 맥킨지는 자신만의 경쟁력을 쌓아갔다. 이것이 자기 복제를 거듭할 수 있는 역량의 핵심이 되었다.

맥킨지에선 서비스를 받은 클라이언트 사례 전체가 지식 데이터베이스에 저장된다. A 기업은 이렇게 해서 성공했다, B 기업은 저렇게 해서 실패했다 등과 관련한 모든 노하우와 교훈이 지식 데이터베이스에 있다. 동시에 맥킨지는 MECE(미시)*, 7단계 문제 해결법 등 다양한 컨설팅 방법을 발명하고 디자인했다. '지식 데이터베이스+방법론'은 맥킨지가 가장 경험 많은 자문 컨설턴트로부터 '역량의 핵심'을 추출하는 방법으로, 회사의 경쟁력이다.

역량의 핵심을 갖추고 난 뒤 맥킨지는 자신만의 레버리지를 찾기 시작했다. 매년 맥킨지는 하버드, 스탠퍼드, MIT 등 세계적으로 저명한 대학교의 경영대를 갓 졸업한 청년들을 대거 채용한다. 최상의 스마트함을 갖춘 청년들은 맥킨지에 강력한 '팀 레버리지'를 형성한다. 그들은 과학적인 방법론과 검증된 지식 데이터베이스를 활용해 자신들보다 적게는 20~30살, 많게는 50살 넘게 차이 나는 풍부한 경험의 기업가들에게 전략적 자문을 제공한다.

---

\* Mutually Exclusive Collectively Exhaustive. 어떤 문제에 대해 정리하거나 종합할 때 상호 중복이나 누락 없이 전체 정보를 포괄해야 한다는 논리적 개념.

팀을 활용해 자기 복제를 해나가는 것은 가장 기본적인 레버리지이므로 반드시 숙달해야 한다.

### ② 제품 레버리지

15세기 유럽에선 성경 필사가가 하나의 전문적인 직업이었다. 필사가 한 명은 1년에 성경 한 권을 베껴 쓸 수 있었다. 만일 15세기에 성경 한 권을 샀다면, 필사가 한 명의 1년의 시간을 산 것과 같다. 즉, 성경을 사기 위해 지불한 돈은 사실상 필사가의 연봉인 셈이다. 그런데 필사가는 이 연봉을 가지고 자신뿐만 아니라 그의 가족 모두를 먹여 살려야 한다. 따라서 15세기에는 부유층만 성경을 살 수 있었다.

성경 한 권을 만들려면 한 사람의 1년이 필요한데 어떻게 성경을 널리 전파할 수 있겠는가? 그래서 유럽 교황청에서는 '팀 레버리지' 모델을 도입해 약 1만 명의 필사가를 채용했고, 대규모 복제를 시도했다. 하지만 그래도 전파 효율은 낮았다.

1450년 독일, 요하네스 구텐베르크Johannes Gutenberg가 활자 인쇄소를 만들었다. 이때부터 '제품 레버리지'를 이용한 성경 인쇄가 시작됐다. 활자 인쇄술의 발명으로 성경 복제 비용은 대폭 감소했고, 속도는 눈에 띄게 빨라졌으며, 대량 생산이 가능해졌다. 하지만 당시 교황은 너무 화가 난 나머지 필사가라는 세계에서 가장 아름다운 직업이 인쇄술 때문에 사라지게 됐다는 내용의 글을 남기기도 했다. 아이러니하게도 당시 교황의 글 역시 인쇄술을 통해 전 세계에 전해졌다.

구텐베르크의 성경 복제 사건은 제품 생산이 인간의 노동 시간에 지나치게 의존했던 방식에서 기술과 도구에 더 의존하고 노동 시간 소요를 낮추는 방식으로 전환시키는 계기가 됐다.

세계 500대 기업 중 제조업이 서비스업보다 더 많은 까닭은 무엇일까? 노동 시간에 대한 의존에서 최대한 벗어나야 그 기업에 제약 없는 발전의 여지가 열리기 때문이다. 이것이 바로 제품 레버리지의 위력이다.

### ③ 자본 레버리지

컨설팅 업무 속 역량의 핵심은 '지식 데이터베이스 + 방법론'이다. 사람들 중에는 "어째서 컨설턴트 당신네들은 구구절절 옳은 말만 하면서 정작 본인은 못 하나요? 왜 남을 위한 방책을 마련한 뒤 얼마 안 되는 자문료만 받아 갑니까?"라는 의문을 품는 경우도 있다.

기업인이자 정치인인 밋 롬니Willard Mitt Romney는 그 질문에 "맞습니다. 우리가 이렇게 가치 있는 제안을 해주고도 이 정도 돈밖에 못 받고 있는데, 아직도 이러쿵저러쿵 말들이 많군요"라고 반박했다. 그리고 그는 컨설팅 역량의 핵심을 크게 복제할 수 있는 특수한 방법인 '베인 모델'을 발명했다.

먼저 롬니는 어느 정도 자리는 잡았지만 경영 과정에서 문제에 봉착한 회사를 엄선해 그들에게 집중했다. 그다음 애널리스트 팀을 파견해 그 회사들에 대해 몇 달간 연구를 진행하면서 구제책이 있는지 알아봤다. 구제가 가능하다는 판단이 들면 해당 회사에 인수 합병 제의를 했는데, 합병의 조건은 롬니가 회사의 경영권을 갖는 것이었다.

회사가 인수 합병 제안을 받아들이면 그는 수십 명의 컨설턴트를 상대

회사로 보내 모든 자문 서비스를 제공했다. 이후 회사의 가치가 크게 오르면 회사를 되팔아 이익을 챙겼다.

'베인 모델'을 간단하게 정리하면 다음과 같다. '나에게 모두 주고 가세요. 이 기업은 내가 사겠습니다. 어떻게 해야 좋은 기업을 만들 수 있는지 내가 직접 보여주죠.'

베인 모델 덕분에 베인 캐피털은 '파산 수확기'라는 별명을 갖게 됐다. 롬니가 수장을 맡았던 14년 동안 베인 캐피털의 연 투자회수율(ROI)은 113%였다. 이로써 베인 캐피털은 컨설팅 업계 또는 컨설팅 투자 업계의 전설이 됐다.

베인 모델의 본질은 '지식 데이터베이스+방법론'이라는 컨설팅 업 역량의 핵심을 자본 레버리지를 통해 복제하고 키워 자문료를 훌쩍 뛰어넘는 수익을 달성하는 데 있다. 이것이 바로 자본 레버리지의 위력이다.

### ④ 영향력 레버리지

영향력은 매우 위력적인 레버리지다. 가장 가치 있는 제품을 접했는가? 가장 좋은 팀을 만났는가? 당신이 투자할 만한 가치가 있다는 확신을 다른 사람에게 줬는가? 이 모든 것이 영향력과 관련 있다.

영향력을 키우기 위해서는 연설, 작문, 인맥 관리의 세 가지 능력이 필요하다. 연설과 작문은 대량 살상 무기다. 자신의 영향력을 키우고 싶다면 이 분야에 대한 훈련을 계속해야 한다. 또한 인맥 관리를 위해서는 한 가지를 명심해야 한다. 인맥은 당신을 도와줄 사람이 아닌, 당신이 도와줄 사람이라는 점이다.

레버리지를 통하면 큰 성공을 거둘 수 있다. 하지만 레버리지를 사용하려면 역량의 핵심을 강화해야 한다.

팀, 제품, 자본, 영향력과 관계없이 모든 레버리지는 복제해 규모를 키운다. 물론 복제해 규모를 키웠다고 반드시 성공으로 이어지는 건 아니다. 역량의 핵심을 강화시켰다면 레버리지를 통해 더 빨리 성공을 거둘 수 있을 것이다. 하지만 역량의 핵심이 취약하다면 실패로 가는 길만 앞당겨질 뿐이다.

인생은 일종의 비즈니스 모델이다. 성공하고 싶다면 스스로 어느 정도의 역량을 지녔는지, 얼마나 효율을 높일 수 있는지, 어떤 레버리지를 사용할 수 있는지 살펴봐야 한다. 레버리지를 활용해 세계를 바꾸는 사람이 있는가 하면, 아무런 소득도 기대할 수 없는 사람도 있다. 빈손으로 허탕만 치는 사람은 아마도 레버리지 없이, 강점도 찾지 못한 채 그저 세계를 뒤흔들 상상만 하는 사람일 수 있다. 그러니 명심하라.

가장 강력한 능력은 능력을 키우는 능력이다.

가장 강력한 효율은 시간을 단축할 수 있는 효율이다.

가장 강력한 레버리지는 사람의 마음을 움직이는 레버리지다.

가장 강력한 능력을 지니고 가장 무서운 효율에 도달해 가장 무서운 레버리지를 구사하는 사람이 되길 바란다. 이것을 통해 당신에게 속한 모든 세계를 변화시켜라.

# 일을 놀이로 삼아라

매년 생일 때마다 함께 마추픽추, 아마존 밀림에 가는 친구가 생일 축하 인사를 건넸다. "생일 축하해"라는 말이 끝나기가 무섭게 친구가 말했다.

"그렇게 죽자 살자 일만 하지 말고 좀 쉬어가며 해."

"내가 어디 죽자 살자 일만 하냐? 난 매일 놀면서 일해. 탈모도 없잖아."

"컨설팅하면서 강의도 하고, 칼럼도 쓰고, 사교 모임에도 나가잖아. 그렇게 많은 걸 하면서 피곤하지 않은 게 말이 돼? 하나같이 공이 좀 들어가?"

하지만 난 정말 피곤하지 않았고, 재밌게 놀고 있었다.

## 일은 소모가 아니라 창조다

나는 오전 7시에 일어나 운동하고, 독서하고, 행사에 참여하고, 강연하고, 클라이언트와 프로젝트 추진 문제를 놓고 토론하고, 전화 회의를 진행하고, 수년째 만나지 못한 친한 친구와 옛날 얘기를 하면서 수다 떤다. 그러다 보면 밤 11시가 되는데, 15분간 빗물이 창문을 두드리는 백색 소음을 듣다 잠든다.

사실 누군가에게는 이런 무미건조하고 기계 같은 업무 스타일이 숨 막히게 느껴질 수 있다. 하지만 스위스 시계와 같은 생활 양식 속엔 규율과 질서의 아름다움이 있다. 이 또한 삶을 즐기는 방식 중 하나다. 당신의 주변에도 분명 나 같은 사람이 꼭 있을 것이다.

규칙적이고 촘촘한 생활을 하는 사람들은 접대를 하고 난 뒤 다시 회사로 돌아와 보고서를 쓰거나, 새벽에 전화 소리에 잠을 깨 이불 속에서 기어 나와 클라이언트의 문제를 해결해 주기도 한다. 또 휴일에도 한밤중까지 일하기도 한다.

그들의 근면함과 노력은 인센티브 등의 물질적 보상을 얻기 위해서가 아니다. SNS에 인증샷을 올리기 위함도 아니다. 혼자 오버한 것도, 다른 사람의 설득이나 강요에 의한 것도 아니다. 그들이 스스로 그렇게 일한 까닭은 그 시간들이 '소모'가 아닌 '창조'라 생각했기 때문이다. 즉, 일을 대하는 태도가 바로 탁월함과 평범함을 가르는 경계선이다.

## 놀이와 일의 사분면

누군가가 내게 이런 질문을 던졌다. "놀이와 일을 어떻게 정의하시나요? 놀이는 재밌어서 멈출 수 없는데, 일은 지루한 데다 반복적이기까지 해서 하고 싶지 않거든요. 그런데도 해야 하나요?"

사람들은 일과 놀이가 극단에 존재한다고 생각한다. 하지만 일과 놀이는 일직선상의 끝점에 존재하지 않으며 대립하지도 않는다. 오히려 이 두 가지가 대척점에 있다고 여기는 게 편견이다.

놀이와 일은 과학적으로 구분하고 조합할 수 있다. 이들은 '2차원 사분면'의 두 축을 이룬다(p.66 그림 참조). 놀이는 '재미'라는 이름의 가로축으로 마이너스 방향은 '지루', 플러스 방향은 '놀이'가 된다. 일은 '가치'라는 이름의 세로축으로 마이너스 방향은 '소모', 플러스 방향은 '일'이다. '재미'와 '가치' 두 축을 가지고 당신의 시간을 사분면으로 분할할 수 있다. 당신이 몇 사분면에 해당하느냐에 따라 당신 삶의 좌표점이 결정된다.

시간에는 완전히 상반된 두 가지의 힘이 존재한다. 하나는 우리에게 성취를 안겨주고, 다른 하나는 우리를 소모시킨다. 전자는 의미를 부여하고, 후자는 생명을 갉아먹는다.

제3사분면(좌측 하단)은 가로와 세로 모두 마이너스 값으로, 지루하게 소모하는 것이다. 할 일 없이 어슬렁거리고, 아무런 목적 없이 허튼 생각만 하고, 밥을 먹자마자 침대로 가서 자고…. 이런 생활 방식은 무료하고 따분할 뿐만 아니라 가치를 창출하지 못한다. 절대적으로 지양해야 하는 삶이다. 매일 떠오르는 태양을 뒤로한 채 시간을 낭비하고만 있다면 슬픈

일이다. 생명과 시간이야말로 가장 귀한 사치품이라는 사실을 절대 잊으면 안 된다.

제4사분면(우측 하단)은 소모적으로 노는 것이다. 노래방에서 노래 부르고, 쇼핑 중독에 빠지고, 거리를 쏘다니다 영화 한 편 보는 식의 삶이다. 이런 유희는 재미는 있으나 가치를 창출하지 못한다. 단기적 만족감을 안겨줄 수는 있지만, 많은 자원을 소모하고 심지어 장기적 공허에 빠질 수 있다.

그래서 당신은 늘 죄책감을 느끼며 변화를 갈망하지만, 종국에는 열정과 고루함 사이에서 오가며 살아간다. 소모적으로 놀다 보면 돈을 많이 쓰고 또 공허해진다. 그럼 어떻게 할까? 제2사분면(좌측 상단) '지루하게 일하기'로 대체하면 된다. 지루하게 일하면 돈이라도 벌 수 있다. 돈을 번

다음엔 무엇을 할까? 돈을 벌면 또 소모적으로 놀 수 있다.

지루하게 일하기가 쉽지는 않다. 이 유형의 사람들은 열정이 있지만 뒷심이 부족하다. 이를 테면 지식이 부족한 사람은 독서를 즐기는 사람을 두려워한다. 그들과 자신을 비교했을 때 자신의 부족함이 확연이 드러나기 때문이다. 그래서 책을 한가득 사서 쌓아두지만 가뭄에 콩 나듯 책을 읽으니 거금을 들인 '마음의 양식'을 몇 입 맛보지도 못 한다. 어떤 사람은 술 배가 나오고 군살이 많아져 살을 빼겠다고 결심하고, 앞으로 5kg을 감량할 때까지 프로필 사진을 바꾸지 않기로 한다. 헬스 PT까지 신청하지만 나중에 보면 SNS에 며칠 포스팅을 올린 게 전부다. 또 어떤 사람은 동료가 승진한 게 질투 나서 그 동료를 능가하겠다고 결심한다. 그래서 퇴근 후 들을 수 있는 강의를 등록하지만 영상이 재생된 지 30분도 채 안 돼 잠든다.

아마도 많은 사람이 이럴 것이다. 간헐적으로 투지를 불사르지만 지속성이란 눈 뜨고 찾아봐도 없다. 이들에게 변화란 너무 어렵다. 닭을 먹거나 왕자영요王者荣耀*를 하는 게 더 쉽다.

만약 당신이 게으름, 무미건조, 불평불만에서 벗어날 수 있는 힘을 갖게 된다면 제1사분면, '일이 곧 놀이'인 단계로 넘어갈 수 있다. 일이 노는 것처럼 쉽고 재밌으니 돈은 저절로 따라온다.

---

* 텐센트가 2015년 출시한 RPG 게임으로, 중국 1위 모바일 게임이다.

## 놀이에서 거둔 성과

이 세상엔 일을 놀이로 승화시켜 성공을 거둔 사람이 있다. 그들은 지금도 다양한 언어로 그 비결을 조용히 알려주고 있다. 다만 당신이 그 소리를 듣지 못할 뿐이다.

아이작 뉴턴Isaac Newton은 일에 너무 집중한 나머지 시계가 달걀인 줄 알고 냄비에 넣고 끓인 적도 있다. 일 때문이 아니라 노느라 정신이 팔려 생긴 일이다. BBO그룹 회장 돤융핑段永平은 "나에겐 추가 근무의 개념이 없다"고 말했다. 아침 일찍 일어나 밤 10시까지 일하다 퇴근하고, 다음 날 새벽부터 또 회의를 하고 보고서를 읽지만, 일이 재밌어서 '노느라' 잠도 안 자고 밥 먹는 것까지 잊어버렸다. 샤오미 회장 레이쥔雷軍은 잘 알려진 모범 기업인이지만, 그보다 더 일이라는 '놀이'에 진심인 삼성의 임원들을 보고 충격받았다. 삼성 부사장들은 수십 년째 매일같이 새벽 6시에 회사에 도착해 밤 10시쯤 집에 갔다. 새벽의 고요함과 서울의 아름다운 야경이 그들의 삶에 함께했다. 출퇴근길의 러시아워는 그들과 아무런 관련이 없었다. 하지만 진심으로 일을 즐기고 있었다.

그렇다면 이 세상에서 가장 불쌍한 사람은 누구일까? 낮에는 무미건조하게 일하다 밤이 되면 소모적으로 노는 사람이다. 이들은 균형 잡힌 듯 보이는 일상의 반복 속에서 점차 생기를 잃어간다.

밤낮 가리지 않고 계속 일하면서 즐기고 있는 사람들이 바로 일이 곧 놀이인 사람들이다. 그럼 의문이 들 수 있다. '그들은 성공했기 때문에 일을 놀이처럼 즐길 수 있는 것 아닌가? 나는 성공하지 못해서 그렇게 할

수 없는 거고.'

　이럴 땐 각도를 달리해 생각하길 바란다. 그들이 열정을 가지고 일하고, 일에 숭고한 의미와 무한한 재미를 적극적으로 부여했기 때문에 뛰어난 성과를 거둘 수 있었다고 말이다.

# 시간 관리하는 법

나에게 이런 질문을 하는 사람이 꼭 있다.

"1년에 100일 넘게 강의하고, 기업에 가서 자문을 해주고, 유료 강의 준비를 하고, 매일 위챗 포스팅을 업데이트하고, 또 유료 커뮤니티 진화섬을 운영하고, 그래도 시간이 나서 1년에 두 차례 해외에 놀러 가는데, 어떻게 1년 동안 이렇게 많은 일을 할 수 있는 건가? 도대체 시간 관리를 어떻게 하는 거지?"

이제 여러분과 시간 관리에 대한 이야기를 나눠볼까 한다.

## 시간 단위

2016년 12월, 온라인상에서 완다그룹의 회장 왕젠린王健林의 하루 일과

표가 퍼졌다. 당시 62세였던 이 중국 거부는 새벽 4시에 일어나 6천 km를 비행해 2개 국가의 3개 도시를 돌고 저녁 7시에 사무실에 돌아와 업무를 이어갔다.

이 일과표를 본 네티즌들은 "진짜 무서운 건, 나보다 성공 확률이 n배나 더 높은 사람이 나보다 훨씬 더 열심히 노력하며 산다는 잔인한 사실!" "이 세상은 도대체 나 같은 청년들에게 기회를 줄 생각이 있는 건지 모르겠다"며 한탄하기도 했다.

하지만 사실 전혀 놀랄 일이 아니다. 성공한 사람들의 노력은 일반인들이 상상조차 못 할, 심지어 상상조차 하기 싫은 수준인 경우가 많다. 나는 왕젠린의 일과를 보고 한편으론 전문적이라는 생각이 들었다.

한 사람의 시간 단위를 보면 전문화 수준을 파악할 수 있다. 시간 단위란, 시간을 안배할 때의 기본적 단위다.

왕젠린의 일과표에서 그의 시간은 약 15분 단위로 세분화됐다. 아주 중요하다 할 수 있는 성省* 지도자와의 만남에도 15분이 배정됐다. 시간 단위가 세분화된 또 다른 인물로는 세계 최대 부호인 빌 게이츠Bill Gates가 있다. 빌 게이츠의 일정은 미국 대통령에 버금갈 정도인데, 5분 단위로 시간을 안배해 뒀다. 짧게 회의를 진행하거나 누군가와 악수하는 시간은 초 단위로 짜여 있다. 시간을 세분화한 정도를 넘어 거의 가루로 만들어 쓰는 수준이다.

---

* 중국 중앙정부 직속 관할 1급 행정구를 성이라고 한다. 한국으로 치환하면 경기도 등의 '도' 개념이다.

빌 게이츠가 '초 단위로 시간을 안배한다'는 사실을 나는 직접 목격했다. 2003년, 중국을 방문한 빌 게이츠는 베이징 샹그릴라 호텔에서 중요한 만남을 가졌다. MS 차이나 직원들은 그의 방문을 대비해 엘리베이터에서 회의실 문 앞까지 몇 걸음인지, 몇 분이 소요되는지를 몇 번이고 테스트했다. 당시 현장에 있던 나는 중요한 손님들이 각 회의실마다 앉아서 그가 오기를 기다렸다가 그와 악수한 후 서명하는 과정을 지켜봤다. 빌 게이츠가 도착한 후 각 회의실에 순차적으로 들어가 손님들과 악수하고 서명하고 사진을 찍고 자리를 뜨기까지 걸렸던 시간은 계획에서 1분 1초도 틀어지지 않았다.

사람마다 자신만의 시간 안배 단위가 있다. 왕젠린의 시간 단위는 15분이고, 빌 게이츠는 5분이다. 그런데 대부분의 시간 단위는 1시간 혹은 반나절이고, 심한 경우에는 하루에 이른다.

시간 엄수는 전문화의 기본 조건이다. 그런데도 시간을 엄수하지 않는 사람들이 많다. 그들은 시간을 지나치게 대략적으로 나눠 사용한다.

왕젠린을 인터뷰하기로 한 CCTV 아나운서가 실수로 3분 지각한 적이 있었다. 그러자 왕젠린은 그 아나운서 앞에서 차를 타고 쌩하니 가버렸다. 아나운서는 "1분도 안 기다려 주고 얼굴조차 제대로 보여주지 않다니, 정말 성격 대단하시다"고 불평했다.

사실 왕젠린의 행동은 결코 그가 거만해서가 아니다. 시간을 1시간 단위로 나눠 사용하는 사람은 시간을 15분 단위로 나눠 쓰는 사람에게 3분이 무엇을 의미하는지 전혀 이해하지 못한다.

비즈니스 세계에서 상대방이 전문성을 갖춘 사람인지를 가늠할 때, 시간 엄수는 가장 기본적인 지표다. '시간 단위'의 개념을 이해한다면, 시간 엄수는 다른 사람의 시간 단위를 이해하고 존중하는 태도임을 알 수 있다.

### ① 다른 사람의 시간 단위를 이해하라.

이해는 존중의 전제 조건이다. 시간 단위가 1시간인 사람이 15분 단위인 사람의 행동 방식을 평가할 때 "꼭 그렇게까지 할 필요가 있나요? 얼마나 대단한 일을 하신다고"라는 반응을 보일 수 있다.

시간을 하루 단위로 안배하는 사람은 "베이징에 왔다고? 그럼 톈진에 들러 나를 만나고 가는 게 어때?"와 같은 발언을 많이 한다. 또 시간을 반나절 단위로 쓰는 사람은 "오후에 사무실에 있어? 그때쯤 사무실로 가서 너랑 이야기 좀 나눌까 해"라고 말한다. 시간을 1시간 단위로 쓰는 사람은 "길이 엄청 막히네. 곧 도착하니 조금만 기다려 줘"라고 종종 말하고, 시간을 30분 단위로 쓰는 사람은 "위챗에서 한 말이 정확하지 않네. 전화할게"라고 말한다. 무엇이 잘못됐다고 지적하는 것은 아니다. 다만 상대가 톈진에 들러 당신을 만나지 않아도, 당신의 깜짝 방문을 거절해도, 지각을 양해해 주지 않아도, 또는 전화를 받지 않더라도 이해해야 한다는 것이다. 그의 시간 단위는 당신의 시간 단위와 다르기 때문이다.

### ② 자신의 시간 단위를 보다 세분화하라.

먼저 자신의 시간 단위를 확인해라. 확인 방법은 간단하다. 당신이 사람들과 약속을 잡고 만나는 데 대략 어느 정도의 시간이 소요되는지 살펴보면 된다. 만약 약속을 잡고 어울리는 시간이 반나절 정도라면 당신의 시간 단위는 반나절이다. 만약 시간 단위로 사람들과 만난다면 당신의 시간 단위는 1시간이다.

시간 단위가 2시간이라고 해서 스스로를 자책할 필요는 없다. 성공을 향해 나아가다 보면 시간을 대하는 가치가 더 높아지므로 더 세분화해 사용하게 된다. 따라서 시간 세분화는 자연스러운 발전 과정으로, 억지로 할 수 있는 일이 아니다.

하지만 다른 사람과 교류할 때, 예를 들면 보다 전문적 소양을 갖춘 사업가를 만날 때 그들이 30분 단위로 시간을 안배하는 것, 혹은 1분 단위로 시간을 엄수하는 것을 이해해야 한다. 매몰차 보일 수 있겠지만 전문적인 것이다.

### ③ 달력을 잘 활용해 시간 단위를 관리하라.

요즘은 스마트폰 속 캘린더 앱의 활성화로, 누구든 간편하게 자신의 일정을 관리할 수 있다. 애써 외우지 않아도 기록만 해두면 된다. 도구의 도움을 받으며 세분화된 시간 단위를 제대로 관리할 수 있어야 한다.


## 시간 관리의 세 가지 차원

시간을 잘 관리하고 싶다면 시간의 차원을 나눠 관리할 수 있어야 한다. 연 단위, 일 단위, 시간 단위의 세 가지 차원으로 나눠 시간을 관리하기를 제안한다.

## 첫 번째 차원, 연 단위의 시간 관리

나는 매년 1월이 되면 새해 계획을 세우고 지난해를 돌아본다. 새해 계획에는 다음의 내용이 포함된다.

① 직업·생활 목표

② 나의 강점·약점

③ 구체적 지원 활동

1년 계획을 세우고 나면 친구들이 노래방에 가자고 할 때 거절해야 하는지, 밤에 예능 프로그램 시청을 포기하고 논리를 연구해야 하는지, 정기적으로 책을 사서 평생 공부해야 하는지에 대한 결정을 내릴 수 있다. 연 단위로 '목표를 세워' 시간을 관리하면 몇 개월의 시간을 절약할 수 있다.

## 두 번째 차원, 일 단위의 시간 관리

모든 사람에게는 공평하게 세 번의 8시간이 존재한다. 첫 번째 8시간엔 모두가 일하고, 두 번째 8시간엔 모두가 수면을 취한다. 사람 간의 차이는 세 번째 8시간을 어떻게 만드는지에 달려 있다.

당신이 3시간 동안 출퇴근하고 2시간 동안 세 끼를 먹고 1시간 동안 텔레비전을 본다면 남은 2시간은 마음대로 쓸 수 있다. 그 시간을 잘 아껴서 연인과 영화를 보고, 운동을 하고, 노래방에 가고, 게임도 할 수 있다. 하지만 이동, 수면, 식사 등의 영역에서 조금씩 시간을 절약해 공부를 한다면 놀라운 속도로 발전할 수 있다. 만일 이 시간을 교제 영역 넓히기,

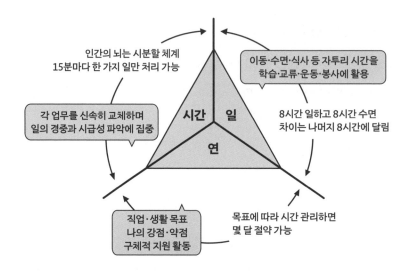

운동, 자원 봉사 참여 등에 활용한다며 인맥이 놀라운 속도로 확장된다.


### 세 번째 차원, 시간 단위의 시간 관리

인간은 CPU와 마찬가지로 시분할 체계다. 다만 사람은 1시간을 4~5분할해 사용한다.

각 시간마다 우리는 한 가지 일만 할 수 있다. 만약 하던 일을 중단했다가 다시 시작하려면 내가 어디까지 했고 뭘 하고 있었는지를 곱씹느라 일정 시간을 낭비한다. 따라서 이 일에서 저 일로 빠르게 넘어갈 수 있는 전환 능력을 훈련해야 한다. 전환이 빨라지면 각 1시간을 더욱 효과적으로 활용함으로써 매시간 100% 집중할 수 있다. 이때 도구(앱이나 노트 등)의 힘을 빌려 일의 '경중'과 '완급'을 나누고 규율에 따라 순차적으로 처리해야 한다.

연 단위로 시간을 관리할 수 없다면 시간을 헛되이 낭비하게 된다. 따라서 일, 시간 단위로 시간을 관리하는 것이 무의미해진다. 매일, 매시간의 시간을 절약하지 못한다면 매해의 시간 역시 제대로 관리할 수 없다. 이 세 가지 차원 중 단 하나라도 없어서는 안 된다.


## 시간 관리는 일종의 습관이다


한 친구는 내 시간 관리 이론을 듣고는 이맛살을 찌푸리더니 "모두가 이렇게 시간 관리하면 사는 게 너무 재미없지 않아?"라고 물었다. 그럴 때마다 나는 자연스럽게 답했다.

"실험을 한번 해보자. 두 손을 깍지 낀 다음 풀지 말고 꼭 쥐고 있어. 지금 손을 봐봐. 어느 손의 엄지손가락이 위에 있어? 오른손? 아니면 왼손? 그다음 동료들에게도 한번 해보라고 해봐. 응? 그들 중 당신과 다른 손가락이 맨 위로 올라온 사람이 있다고? 그럼 다시 바꿔서 일부러 반대쪽 엄지를 위로 가게 해봐. 어때? 되게 어색하지? 나는 이렇게 어색한데 그는 자연스럽게 되지? 그리고 내가 자연스러운 쪽으로 깍지를 끼면 그는 어색하다고 느끼겠지?"

그렇다. 이것이 바로 '습관'이다. 습관은 다른 사람이 하면 어색하고 불편할 일을 당신은 매우 자연스럽게 해내는 것이다.

당신이 5일간 하와이 여행을 가게 된다면 당신은 일정을 어떻게 짤 것인가? 여기 두 가지 선택지가 있다.

① 상세한 일정표를 짠다. 아침엔 어디에 가고 낮엔 어디서 밥을 먹고 오후엔 또 어디를 갈지 상세히 나열한다. 잘 살펴서 중요한 관광지를 하나도 놓치지 않고 다 둘러본 후 다음 일정을 향해 출발한다.

② 일정을 짜지 않고 필름만 넉넉히 챙겨 5일간 발길 닿는 대로 여행을 다닌다. 마음에 드는 곳을 발견하면 그곳에 좀 더 체류하거나 5일 내내 머문다. 만약 마음에 안 드는 곳에 가게 되면 바로 떠난다. 세심하게 계획을 짜면 오히려 여행하는 기분이 안 난다.

당신은 분명 "고민할 게 뭐 있어? 그야 당연히…" 하고 한 가지를 선택할 것이다. 그렇다면 당신의 계획을 다섯 명의 친구에게 한번 이야기해보라. "정말? 어떻게 그런 식의 여행을 좋아할 수 있지?"라는 탄식이 터져 나올 수 있다.

그렇다. 성격에 따라 다른 사람에겐 결코 이해될 수 없는 행동이 당신에겐 지극히 당연하고 자연스럽다.

어릴 적, 자전거 타는 법을 배우면서 나는 수없이 넘어졌다. 당시엔 자전거를 발명한 사람에 대한 경이로움, 나아가 자전거를 잘 타는 사람에 대한 감탄이 끊이지 않았다. 하지만 자전거 타는 법을 완벽히 익힌 뒤에는 자전거로 등하교를 했다. 내가 어떻게 페달을 굴려 집까지 왔는지도

인지하지 못했다. 자전거 타기가 습관화됐기 때문이다. 자전거 타는 능력이 미숙했을 때 내가 자전거를 타는 게 아니라 자전거가 나를 타는 것 같았다. 후에 성인이 된 후에는 운전이 그랬다. 처음에는 핸들을 잡거나 액셀을 밟는 게 두렵지만 운전이 익숙해지면 내가 어떻게 핸들을 돌리고 있는지도 인지하지 못한다.

시간 관리를 일종의 규칙으로 준수하려고 하면 고통스럽다. 이럴 때 시간이 우리를 조종하는 것만 같다. 하지만 시간 관리가 습관이 되면 모든 행동이 자연스러워지면서 비로소 우리가 시간을 관리할 수 있게 된다.

당장은 시간 관리가 재미없을 수 있다. 재미에는 습관, 성격이 작용한다. 말이 유창한 사람은 말주변이 없는 사람을 재미없다고 생각한다. 말을 잘 못하는 사람은 말이 유창한 사람이 시끄럽다고 생각한다. 꼼꼼하게 계획을 짜는 사람은 마음 내키는 대로 하는 사람을 신중하지 못하다고 생각하지만, 마음 내키는 대로 하는 사람은 꼼꼼히 계획을 세우는 사람을 융통성 없다고 생각한다. 당연한 이치다. 습관이 되면 힘들지 않다. 습관을 만드는 과정이 힘들 뿐이다.

저명한 경영학자인 스티븐 코비Stephen Covey는 "생각은 행동을 낳고 행동은 습관을 기르며 습관은 성격이 되고 성격은 운명을 결정한다"고 말했다. 우리는 중요한 습관들을 기른 후 그다음은 운명에 맡겨야 한다. 어떤 습관을 기르고 어떤 방식으로 살지는 자신의 선택일 뿐, 다른 사람이 결정할 문제가 아니다. 무엇보다 그 모든 것을 즐기는 게 가장 중요하다.

# 기하급수적 성장, 정상 분포와 멱법칙

올해 고등학교를 졸업하는 사람이 있다고 가정해 보자. 그는 머리가 비상하고 그림과 피아노에도 천부적 재능이 있다. 만약 이 사람이 미래 발전 방향을 놓고 고민하고 있다면, 그림과 피아노 중 어떤 선택을 해야 할까?

질문에 답하기 위해서는 '시간의 한계 효용'을 알아야 한다. 시간의 한계 효용이란, 서비스나 제품을 하나 더 제공할 때 드는 시간의 증가분이다.

그림 한 장을 그리려면 일정 시간이 소요된다. 만약 3시간 동안 한 장의 그림을 그려 누군가에게 판매한다면 다시는 그 그림을 다른 사람에게 팔 수 없다. 그다음 또 한 장의 그림을 그릴 때도 3시간이 소요된다. 그렇다면 시간의 한계 효용이 매우 큰 셈이다.

피아니스트는 콘서트 연주로 돈을 번다. 하지만 주요 수입원은 음반,

음원, 저작권 등이다. 피아니스트가 시간을 들여 한 곡을 연주하고 이것을 CD로 제작해 판매할 때, 몇 장을 팔든 연주에 들인 시간은 변하지 않는다. 그렇다면 시간의 한계 효용은 제로다.

하지만 화가의 경우에는 아무리 그림을 잘 그려도 시간의 제약이 있다. 한 사람이 시장의 모든 수요를 만족시키기란 불가능하다. 이에 따라 무수히 많은 화가가 분산된 시장을 나눠 먹고 있다. 그림을 특별히 잘 그리는 사람의 소득이 좀 더 높을 테지만, 그렇다고 전체 시장을 독점할 수는 없다. 연 소득이 5만 위안 이하인 화가는 극소수이고, 연 소득이 30만 위안 이상인 화가 역시 소수다. 하지만 연 소득이 5~30만 위안 사이인 화가는 매우 많은데, 이를 가리켜 정상 분포라고 한다.

피아노는 확실히 그림과 다르다. 음악의 복제 가능성 때문에 모든 중국인이 피아노 연주를 들을 수 있다. 그렇다면 소비자들은 당연히 최고의 피아니스트 연주를 선택한다. 나 또한 유명 피아니스트 한 사람만 알 뿐, 다른 피아니스트는 이름조차 모른다. 피아노 시장은 멱법칙*에 부합해 상층부 시장이 존재한다. 특정 한 사람이 성공을 거두면, 전체 시장을 독점할 수 있다.

그렇다면 그림과 피아노에 재능을 보이는 사람은 어떤 선택을 해야 할까? 이론상 두 가지 모두 선택할 수 있다. 그렇지만 그 사람이 어떤 길을 선택하느냐에 따라 미래 경쟁 구도가 완전히 달라진다.

---

* 선형이 아닌 기하급수적으로 증가하는 현상으로, 극소수가 큰 성공을 거둬 막대한 이익을 낳는다. 극소수의 상위 소득자가 전체 소득의 80%를 차지한다는 법칙.

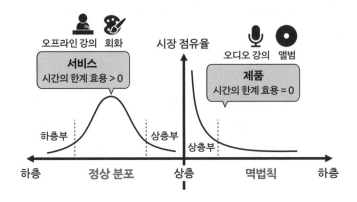

정상 분포의 그림을 선택한다면 엄청난 성공을 거두지는 못하더라도 누군가의 시장 독점으로 설 곳이 없어지는 상황은 발생하지 않을 것이다.

멱법칙의 피아노를 선택한다면 성공 가능성은 매우 낮다. 하지만 성공하기만 하면 그야말로 대성공이다. 대성공의 전제는 몇몇을 제외한 대부분의 사람이 이 시장에서 그저 그런 수준이어야 한다는 것이다. 따라서 극도의 리스크를 감당해야 한다. 절대 모든 사람이 정상에 오를 순 없다. 하지만 정상에 올랐을 때 누리게 될 효과와 이익은 오로지 한 사람의 몫이다.

정상 분포 시장에는 어떤 힘이 존재한다. 이 힘은 잘하지 못하는 사람을 가운데로 열심히 미는 동시에, 성공한 사람 또한 가운데로 민다. 즉, 이 힘은 모든 사람을 가운데로 밀기 때문에 시장의 상층부와 하층부에는 사람 수가 적지만 가운데에는 사람이 많다.

멱법칙 시장은 정반대다. 가운데에 있는 사람은 위로 밀려 가장 성공한 사람이 되거나 아래로 밀려 이도저도 아닌 사람이 된다. 그래서 멱법칙 시장에는 중간층에 사람이 적고, 상층부와 하층부에 사람이 많다.

비즈니스 세계에서 대부분의 비즈니스 모델은 정상 분포와 멱법칙, 이 두 가지 수학 모델에 의해 좌우된다.

## 지수적 성장 정확하게 이해하기

정상 분포와 멱법칙, 이 두 가지 모델을 이해하면 지수적(기하급수적) 성장 같은 각종 비즈니스 논리를 이성적으로 이해할 수 있다. 또 어떤 사업을 추진해야 지수적 성장의 기회를 얻을 수 있을지, 지수적 성장을 이룰 것으로 추정하고 있지만 실제로는 지수적 성장이 불가능한 업종은 무엇인지 판단할 수 있다.

이발소를 오픈하면 지수적 성장을 실현할 수 있을까? 혼자 이발소를 오픈했다면 지수적 성장은 불가능할 것이다. 이발사 한 사람이 이발하는데 1시간이 소요된다면 하루에 머리를 깎아줄 수 있는 사람은 몇 안 된다. 이발은 시간의 한계 효용이 높은 일이므로, 그 결과 중국 전체 이발 시장은 모래처럼 극도로 분산될 수밖에 없다. 따라서 이 시장은 필연적으로 정상 분포 시장이 될 수밖에 없다.

프랜차이즈 이발소는 중간층에서 상층부로 살짝 올라갈 수도 있다. 하지만 프랜차이즈 업체가 많아질수록 사람도 많아지므로 그에 따른 관리상의 어려움도 급격히 증가한다. 관리상의 어려움은 사업의 점유율을 중간층으로 몰아간다. 따라서 규모를 키우기에는 저항이 몹시 거세다. 이발소의 프랜차이즈화 역시 나쁜 선택은 아니다. 하지만 아직까지 중국 이발시장에서 50~70% 이상의 점유율을 가져간 이발소는 존재하지 않는다.

인터넷은 또 다르다. 예매, 공동 구매 분야에서 1등과 2등이 전체 시장의 70% 이상 점유율을 차지한다. 따라서 예매 사이트는 항공사나 호텔을 경영할 필요가 없고, 공동 구매 사이트 역시 식당이나 관광지를 직접 운영할 필요가 없다. 상황에 잘 매칭해 주기만 하면 시간의 한계 효용은 제로가 된다.

모든 업계, 모든 업종에서 지수적 성장을 실현할 수는 없다. 지수적 성장을 실현하고 싶다면 한 가지를 명심해야 한다. 자신이 속한 업종에 시간의 한계 효용이 있다면 그것이 제로가 되지 못하게 만드는 부분을 도려내라.

일례로 음식점 운영은 지수적 성장이 힘들다. 음식점은 식사를 하러 온 개개인에게 각각의 요리를 내야 하기 때문에 시간의 한계 효용이 높다. 이를 도시락으로 제작해 마트에서 판매하는 경우에는 지수적 성장이 가능하지만, 식당 운영만으론 불가능에 가깝다.

하지만 지수적 성장을 최대한 낮추면 이야기가 달라진다. 맥도날드의 경우가 그렇다. 맥도날드 그룹은 시스템, 레시피, 브랜딩 등의 경영 방식을 표준화시켰다. 반대로 어떻게 해도 시간의 한계 효용이 제로가 되지 않는 부분이 있다면, 떼어내 다른 사람(파트너)이 처리하도록 맡겼다. 맥도날드는 그렇게 고속 성장을 실현했다.

지수적 성장을 실현하고 싶다면 각기 다른 비즈니스 분야에서, 각기 다른 모델 사이에서 정확한 선택을 해야 한다. 한 명의 소비자에게 하나의 서비스를 제공하는 시간이 길어지면, 지수적 성장을 거두기 어려워진다. 시간의 한계 효용이 제로가 됐을 때 비로소 지수적 성장이 가능하다. 물론 맥도날드처럼 지수적 성장이 힘든 업종에서도 성공을 거둘 수 있다. 단, 이런 경우엔 시간의 한계 효용이 제로가 되지 않는 서비스 영역을 덜어내 다른 파트너에게 맡기고, 나머지 영영에서 시간의 한계 효용을 제로로 만들어야 한다.

## 변혁의 시대에 필요한 업종 선택

지수적 성장의 논리를 이해하는 게 무슨 득이 있냐고 생각할 수도 있다. 하지만 지수 성장의 비즈니스 논리를 이해하면 창업 혹은 업종 선택에 큰 도움이 된다.

지수적 성장이 가능한 업종(시간의 한계 효용 제로)을 피하는 사람도 있다. 이 업종은 경쟁이 치열해 극소수가 큰 성공을 거둘 뿐, 대다수는 분산 법칙에 의해 양끝으로 밀려난다. 즉, 지수적 성장형 업종에 종사하는 사람들은 큰 성공을 거둘 수 있지만, 큰 실패를 경험할 수도 있다. 이런 점을 고려하면 오히려 시간의 한계 효용이 제로가 되지 않는 업종을 선택하는 편이 안전하다. 다만, 당신이 그런 업종을 선택한다면 IT 대기업일지라도 그 분야를 독점할 수 없다.

업계에 대변혁이 일고 비즈니스 모델에 거센 변화가 생기는 오늘날에는 3대 산업 중 개발 가치가 매우 높은 산업으로 서비스업을 꼽는다. 서비스업을 이야기하려면 '상품'과 '서비스'를 정의할 수 있어야 한다. 상품은 시간의 한계 효용이 제로가 되는 것을 말한다. 시간의 한계 효용이 높을수록 서비스에 가깝다.

내가 오프라인으로 대기업에 전략 자문을 제공했다면 이것은 서비스의 대표적 사례다. 공개 강연을 하거나 기업에서 연수를 진행하는 것 역시 시간의 한계 효용이 크기 때문에 서비스에 속한다. 중국에서 가장 몸값이 비싼 비즈니스 컨설턴트일지라도 그들이 서비스 제공자임에는 변함이 없다.

나는 5~7시간을 들여 강의를 녹화하고, '5분 비즈니스 스쿨'이라는 이름으로 온라인에 배포했다. 영상이 배포되면 3천 명이 듣든, 10만 명이 듣든, 100만 명이 듣든 내가 들인 시간에는 변화가 없다. 이 경우, 시간의 한계 효용이 제로이므로 내가 제공한 '5분 비즈니스 스쿨'은 상품이된다.

강의 녹화 외에 회원들이 남긴 질문에 댓글을 달아주는 데에도 매일 2시간이 소요된다. 이는 서비스처럼 보이지만 실제로는 상품이다. 내가 답변을 남기는 시간은 고정돼 있기 때문이다. 그 댓글을 몇 명이 보든 내가 사용하는 시간은 달라지지 않으니 시간의 한계 효용이 제로다. 바로 이러한 점 때문에 콘텐츠를 판매하는 시장에서 먹법칙의 상층부에 자리할 수 있다. 즉, 소수의 사람만이 이에 따른 거대 이익을 집중적으로 가져갈 수 있다.

현재 비즈니스 환경에는 거대한 변화의 물결이 일고 있다. 오늘날 경제에서 서비스업은 매우 중요한 역할을 차지한다. 구직자의 입장에서 서비스업은 '취업 풀'이다. 서비스는 시간을 들여 제공되는 영역인 만큼 이 자리를 기계나 알고리즘에 내주면 안 된다. 서비스업은 멱법칙에 속하는 사업보다 실패 확률이 낮기 때문에 중간층에 수많은 기업을 수용할 수 있다. 그런 의미에서 창업자에게 서비스업은 일종의 '피난처'다. 하지만 그 피난처에 들어서면 기업의 규모를 키울 수 있는 확률이 거의 없다. 물론 많은 사람이 일정 수준의 성공을 거둔다. 그러나 막대한 부를 누릴 거대한 성공을 기대하기는 어렵다.

따라서 변혁의 시대에 서비스업에 진출하는 것은 나름대로 괜찮은 선택이다.

# 제대로 해내면
# 10배의 가치를 창출할 수 있다

## 상대보다 10%가 아니라 1000% 월등해야 한다

A가 한 커뮤니티에 자신의 고민을 털어놓았다. 브랜드를 만드는 과정에서 경쟁 업체로부터 고의성 역바이럴을 당했다는 것이다. 경쟁 업체는 댓글 알바를 써서 평점 테러는 물론이고, A가 개발한 제품 라벨에 다른 무허가 라벨을 단 다음 사진을 찍어 짝퉁이라는 비방 글을 올리기까지 했다. 그래도 팔로워들이 요동치 않자, 고객인 척 팔로워만 들어올 수 있는 A의 업체 위챗에 가입해 더 많은 정보를 빼 갔다. 팔로워들에게 메시지를 보내 'A의 제품 품질이 별로다' 'A/S가 별로다' 등 부정적인 루머를 퍼뜨리기도 했다. 나중에 악의적 댓글을 단 사람을 찾았으나 '그저 돈을 받고 일을 했을 뿐'이라는 대답이 돌아왔다. A를 향한 동종 업계 사람들의 공격이 끊이지 않자, A는 절망감에 사로잡혔다.

나는 A에게 이렇게 말했다. "당신이 상대보다 조금 잘난 것 같으면 그들은 당신을 질투하거나 공격하고 심지어 중상모략을 꾀할 수 있습니다. 그런데 당신이 정말 잘났거나 상대를 월등히 능가했을 땐 질투할 용기마저 사라집니다. 그저 당신을 우러러보거나 진심으로 동경하는 마음만 남게 되죠. 결국 상대는 당신을 좋아하면서도 또 두려워하는 경외의 대상으로 바라볼 겁니다."

이와 관련해 일론 머스크는 다음과 같이 말했다.

처음 창업했을 때 모든 게 술술 풀리면 행복 지수가 높아지겠죠. 하지만 온갖 문제에 부딪치면서 행복 지수는 낮아지고, 세상 모든 고통을 다 경험하게 될 겁니다. 어떤 시장이든 진출하면 강력한 경쟁 상대를 만나게 돼요. 이때 당신의 제품이나 서비스는 다른 사람보다 훨씬 좋아야 합니다. 단순히 조금 나은 수준에 그쳐서는 안 돼요. 소비자 입장에서는 이 제품에 엄청난 차이가 있지 않는 한 신뢰할 수 있는 기존 브랜드를 구매하게 되니까요. 따라서, 비슷하지만 살짝 더 나은 것을 만드는 게 아니라, 혁신적인 아이디어가 있어야 합니다. 아이팟이 어떻게 워크맨을 대체했는지, 아이폰이 어떻게 블랙베리를 대체했는지, 또 아이패드가 어떻게 팜파일럿을 대체했는지 곰곰이 생각해 보세요.

당신이 어떤 일을 할 때는 10%의 성장을 기대할 것이 아니라, 10배의 성장을 만들어야 한다. 2배 성장도 힘든 마당에 10배라니, 기함할 수도 있다. 그러나 사실 창업 시에 10배 성장시키기가 10% 성장보다 쉽다.

10%의 성장은 기존의 루트에서 자연 성장을 이루는 것과 같다. 논리가 달라지지 않는 상태에서 격전을 치르며 앞으로 나아가기란 결코 쉽지 않다. 하지만 10배 성장을 실현하고 싶다면 기존의 길이 아닌 완전히 새로운 길을 개척해야 한다. 고심하며 끊임없이 시도하다 최적화된 전략을 찾으면 10배 성장은 순식간이다.

따라서 창업할 때는 노력보다 선택이 더 중요하다. 또 실천보다 사고가 중요하다. 상대보다 10%가 아니라 1000% 월등해야 한다. 조금 앞서간다면 아무런 소용이 없다. 다른 사람을 훨씬 앞서야 진정한 의미가 있다. 태산의 정상에서만 주위의 작은 산들을 내려다볼 수 있듯이 말이다.


## 자신이 달라져야 주변에 좋은 사람들만 남는다

살다 보면 힘을 빼놓는 사람이나 귀찮은 일들을 만난다. 하지만 우리가 정말 도망치고 싶은 대상은 힘을 빼놓는 사람이나 귀찮은 일이 아니라, 계속해서 그런 상황을 대면하는 나 자신이다.

한 기자가 영화배우 황보黃渤*를 인터뷰했을 당시 나눴던 대화 내용을 커뮤니티에 공유한 적이 있다. 황보는 "전에 대중으로부터 냉대를 경험한 적이 있습니까?"라는 질문에 이렇게 답했다.

---

* 코미디의 귀재로 불리는 중국 배우이자 감독. 대표작으로 〈서유기〉 〈바보들의 기적〉 등이 있다.

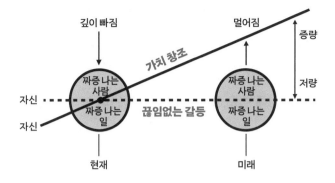

물론 있죠. 어떻게 없을 수 있겠습니까? 예전에 노래를 부를 땐 매일이 냉대의 연속이었습니다. 돈도 못 받고 사기를 당할 때도 많았고요. 촬영이 끝나고 집으로 돌아갈 교통편이 없었지만 아무도 절 신경 쓰지 않았습니다. 어쩔 수 없이 온갖 음식 냄새로 가득한 밥차를 타고 가야만 했죠. 그 당시엔 정말이지 온갖 종류의 사람을 만나 꼼수란 꼼수는 다 경험해 본 것 같습니다. 그런데 이젠 주변에 좋은 사람들만 있습니다. 그들은 모두 만면에 웃음을 띠고 제가 가는 곳마다 '황 선생님, 힘드신가요? 좀 쉬시겠습니까? 시장하세요? 뭐 좀 드실래요? 뭘 좀 가져다드릴까요? 정말 고생하셨어요' 같은 말들만 해주더군요.

유명해지기 전에는 주변에 온통 나쁜 사람들뿐이다. 유명해지고 나니 주변에 좋은 사람들뿐이다. 왜 그럴까? 당신의 주변 환경이 달라졌기 때문이다.

'시간 축'에 서서 보면 당신이 피하고 싶었던 것은 '짜증 나는 사람', 혹은 '짜증 나는 일'이 아니라 끊임없이 그런 사람과 상황에 부딪치게 되는 자신이다. 내가 달라져야 주변에 좋은 사람들만 남는다.


## 성심성의껏 가치를 창조하는 사람에겐 시간이 약이다


한번은 유제품 판매 업체 광밍유업의 왕자펀王佳芬 전 회장의 초청으로, 그녀가 이끄는 교육 워크숍에서 작업장 리더들을 만났다. 나는 그곳에서 인터넷 시대로 구조 전환되면서 생긴 기회를 어떻게 포착할 수 있는지에 대한 생각을 나눴다.

한 기업인은 올해 경제가 전반적으로 하락세를 보였음에도 본인의 회사는 오히려 성장했다고 말했다. 내가 그 이유에 대해 묻자, 그는 "서비스가 좋고 품질도 좋기 때문"이라고 덤덤히 말했다. 역시 내가 예상한 대로였다.

기본으로 돌아가 단순화를 추구하고 비즈니스 상식을 따라야 한다. 지금 시대는 가치를 창조하는 사람에게는 천국과도 같다. 만약 경쟁 상대가 당신을 공격하고 알량한 속셈으로 치졸하게 군다면, 경쟁 상대와 소통할 때 비겁한 술수를 썼다는 증거를 이실직고할 수 있도록 유도해야 한다. 그다음, 이 증거를 반격의 수단으로 활용할 수 있는지 변호사에게 자문을 구하라.

증거가 불충분해 법적인 도움을 받을 수 없어도 증거 자료들을 최대한 잘 보관해야 한다. 이렇게 해야 팔로워 앞에서 자신의 결백을 조리 있게 증명함으로써 최악의 상황을 면할 수 있다.

대량의 증거를 확보한 뒤에 팔로워들에게 자신의 억울함을 토로하라. 그러면 팔로워들로부터 동정심과 인정을 유발해 그들이 당신의 편에 서서 함께 방해 공작에 맞설 것이다.

증거를 확보한 뒤에 진술한 태도를 유지하며 진실을 밝히는 것은 매우 중요하다. 하지만 그보다 더 중요한 것은 고객에게 최상의 서비스를 제공하고 가치를 창조하는 데 있다. 어떤 악성 루머도 좋은 제품과 좋은 서비스를 누린 고객의 진실한 목소리를 당할 수 없다. 당신의 고객이 직접 체험한 바를 표현하도록 장려하라. 지지의 목소리, 인정의 목소리가 들려온다면 사방에서 날아드는 악플 정도는 거뜬히 막아낼 수 있다.

마음을 다해 서비스를 제공하고 진심으로 제품을 만들면, 상대가 어떤 계략을 써도 대응할 수 있다. 성심성의껏 가치를 창조하는 사람에겐 시간이 약이다.

기업인 잭 트라우트Jack Trout는 가격 전쟁에 대응하는 최상의 방법이 가격 인상이라고 말했다. 가격 인상은 소비자에게 '프리미엄 하이 퀄리티' 브랜드라는 인상을 심어줄 수 있다. 가격을 인상하면 총수익이 증가한다. 그럼 더 좋은 공정과 기술을 도입해 브랜드를 제작할 수 있을뿐더러 더 좋은 판촉 루트와 광고 기회를 활용할 수 있다. 이렇게 되면 '프리미엄 하이 퀄리티'라는 고객의 인식이 더욱 견고해지므로 선순환이 만들어진다.

일상 여기저기에 '짜증 나는 인간'이 도사리고 있다고 느껴질 때는 '짜증 나는 인간'을 바꾸려 하면 안 된다. 그 사람보다 더 짜증 나는 인간이 되는 건 더욱 안 된다. 트라우트의 가르침대로 자신의 '몸값'을 끊임없이 높임으로써 더 나은 환경 속으로 자신을 이끌어야 한다. 이것이 바로 정도正道의 길이다.

가치관과 생각이 정립되지 않으면 끊임없이 고통받는다. 눈에 보이는 것, 귀에 들리는 것 모두 문제투성이기 때문이다. 깊고 넓게 생각하지 못하면 작은 일에 전전긍긍하게 되고 자질구레한 것에 사사건건 따지게 되므로, 결국 더 넓은 세계를 보지 못한다.

누가 당신을 욕할 때 당신이 1층에 있다면 그 소리를 듣고 화가 난다. 10층에 있다면 누군가가 당신을 욕해도 뭐라고 하는지 잘 들리지 않는다. 오히려 누군가가 당신에게 인사하는 것처럼 들릴 수도 있다. 100층에 있으면 누군가가 당신을 아무리 욕해도 그 사람이 보이지도, 들리지도 않는다.

개미와 용은 교집합이 없다. 민들레 씨앗과 구름은 만날 일이 없다. 이들은 각자 다른 세계에 있으므로 영원히 서로의 존재를 모른다. 이처럼 모든 사람이 당신의 적수가 될 만한 자격을 갖추고 있진 않다. 가치가 없는 사람에겐 시간을 낭비할 필요가 없다.

남들이 당신의 그림자조차 볼 수 없을 때까지 계속 달려가라. 1%의 생활로 99%의 프로 불편러를 찍어 누르면 된다.

# 인맥은 가치를 부여해
# 평등하게 교환하는 것이다

나에게 "평소 업계 유명 인사들을 많이 알고 지내는데, 어떻게 인맥 관리를 하느냐"고 묻는 사람들이 많다. 그럴 때마다 나는 "가치 창조"라고 대답한다. 당신이 어떤 가치를 창조할 수 있느냐에 따라 인맥이 달라진다.

솔직히 말해서, 나는 인맥을 관리하는 데 시간을 거의 쓰지 않는다. 좋은 인간관계란, 매일 같이 밥을 먹거나 명절마다 선물을 보내야만 유지되는 관계가 아니다. 실제로 많은 사람이 다른 사람의 환심을 사거나 인맥을 관리하기 위해 수단과 방법을 가리지 않는다. 정성을 쏟으면 언젠가 그 상대에게 도움을 받을 수 있을 거라 기대하기 때문이다. 그러나 이런 방식은 옳지 않다.

유명 인사와 안면을 트려고 함께 사진을 찍거나 메시지를 남기는 등 안달복달한다고 해서 상대가 진짜 당신의 인맥이라고 할 수 있을까? 그

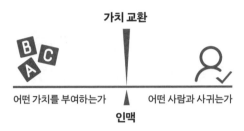

지 않다. 상대에게 당신이 아무런 가치가 없다면 상대가 당신을 도와줄 이유가 있을까? 당신이 그를 도와줄 수 있어야만 그 역시 당신을 도와줄 수 있다. 이것이 바로 Win-Win이다.

인맥 관리를 위해선 반드시 기본 마음가짐을 지켜야 한다. 즉, 당신의 가치를 아낌없이 다른 사람에게 증명하고 건네야 한다. 가능한 한 모든 방법을 강구해 아무런 목적 없이 다른 사람을 도와야 한다. 만약 당신이 오랜 노력 끝에 한 분야의 전문가가 되어 영향력 있는 상품을 보유하게 되면, 유의미한 인맥이 몰려들 것이다. 훌륭한 가치를 지닌 사람은 또 다른 훌륭한 사람들의 인정과 도움을 자연스럽게 끌어낸다.

우수한 사람을 더 많이 알고 싶고, 더 많은 사람의 인정을 받고 싶다면 자신이 먼저 우수한 사람이 돼야 한다. 인맥은 얼마나 많은 사람을 아느냐가 아니라 어떤 사람을 아느냐에 달려 있다.

돈, 자원, 배경이 없는 어려운 상황에서는 오로지 실력, 업적, 작품만이 당신을 돋보이게 하는 최고의 무기가 된다. 능력이 없으면 다른 사람을 도와줄 수 없다. 당신이 아무리 많은 사람을 알아도 그들은 당신의 인맥이 될 수 없다. 인맥의 본질은 평등한 교환 관계다.


## 다른 사람에게 얼마의 가치를 주느냐가 당신의 가치가 결정한다

한 사람의 부는 기본적으로 두 가지로 구성된다. 첫 번째는 자신의 능력이고, 두 번째는 자신을 다른 사람과 연결하는 능력이다. 전자는 1, 후자는 1 뒤의 0이다. 또한 후자는 전자의 증폭기다.

배운 것은 다시 가르치고, 번 돈은 다른 사람에게 주라는 말이 있다. 누군가를 가르치거나 누군가에게 무언가를 주는 과정의 이면에 반드시 어떤 사업적 바람이나 목적이 있진 않다. 그저 마음에서 우러나 이뤄지는 자연스러운 일이다. 협력 관계가 시작될 때 의도성과 공리성이 다분할수록, 노골적이고 조급할수록 원래의 취지에서 벗어나게 된다. 모든 협력은 이해와 신뢰를 기반으로 이뤄져야 한다. 그다음 끊임없이 자신의 가치를 높임으로써 주변 사람들에게도 가치 창출을 불러일으킬 때 비로소 협력이 실현된다.

2005년, 나는 친구들과 함께 자원봉사의 수요와 공급을 매칭시키는 공익 사이트 '시간 기부'를 공동 설립했다. 사이트 개설 1년 만에 4천 명 이상이 자원봉사자로 등록했다. 그중 564명은 61개 기관에서 조직한 자원봉사 활동에 227회 참여해 자신의 소중한 시간 3,071시간을 기부함으로써 모두 2만 1,822명을 도왔다. 다시 말해 우리의 '시간 기부'를 통해 3시간마다 자원봉사자 한 명이 자신의 1시간을 기부한 셈이다. 또 24분마다

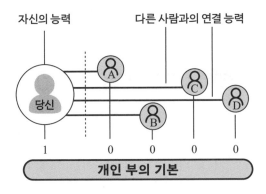

1명이 이들의 도움을 받았다.

나는 공익 분야를 활성화하는 인터넷의 위력을 느꼈다. 덕분에 수많은 언론에서 앞다퉈 '시간 기부'를 보도했다. 이후 CCTV 방송국은 우리와 공익사업 협력을 추진하기 위해 기자를 상하이로 파견 보냈고, 2007년 '시간 기부'는 CCTV와 손잡고 '자선 1+1' 계획을 개시했다.

나는 CCTV와 협력하면서 감독 한 명을 알게 됐다. 어느 날 이 감독은 업무와 관련해 '제1회 미스 차이니스 코스모스'에서 1등을 한 장신룽江欣榮을 나에게 소개해 줬다. 장신룽은 나에게 홍콩에도 공익사업을 하고 싶어 하는 기업이 있다며 그 기업가를 소개해 줬다.

직접 만나기 전까지도 나는 상대방이 누군지 잘 몰랐다. 장신룽은 이름만 대면 알 사람이라 당연히 나도 알고 있을 것이라 생각하고 자세히 소개하지 않았다고 한다. 같이 식사를 마치고 집으로 돌아와 그에 대해 검색해보니, 당시 홍콩 부동산 대기업 헨더슨 랜드의 리자제李家杰 집행이사 겸 부회장('아시아의 주식 신'이라고 불리는 리자오지李兆基의 장남)이었다.

2008년, 리자제의 주도하에 바이런 기금이라는 공익 기관이 설립됐다. 바이런 기금 설립자는 모두 43명이었는데, 나를 제외한 나머지 42명이 홍콩의 재벌 2세들이었다. 이들 모두가 사회에 기여하기 위해 한자리에 모였다.

그로부터 몇 년 후, 나는 MS를 퇴사하고 룬미 컨설팅을 설립했다. 헨더슨 랜드는 내 회사의 클라이언트였고, 동시에 나는 리자제의 개인 비즈니스 컨설턴트가 됐다. 리자제가 나의 첫 컨설팅 클라이언트가 된 이후부터 나는 정식 비즈니스 컨설턴트로서의 인생을 시작했다.

무릇 큰일은 아주 소소한 부분에서 시작된다. 그 안의 모든 고리를 거슬러 올라가면 그 처음에는 미약했던 선의가 나올 수 있다. 그러한 각 고리가 서로 연결돼 하나의 인과 관계를 이룬다. 우선 난 운이 좋았다. 하지만 그 외에도 어떤 비즈니스적 목적을 추구하지 않았기 때문에 가능한 일들이었다.

나는 한 번도 특정 목적을 가지고 사람을 알아가려 노력하지 않았다. 그저 성실히 일을 진행하며 다른 사람에게 가치를 나누고 또 가치를 창출하고자 노력했을 뿐이다.

다른 사람이 나를 기억할 때 비로소 관계가 형성되고 협력의 기회가 열린다. 진정한 인맥의 본질은 가치를 부여하고 그것을 평등하게 교환하는 데 있다. 다른 사람에게 얼마만큼의 가치를 주느냐가 결국 당신의 가치를 결정하는 셈이다.

## 당신이 도울 수 있는 사람이 바로 당신의 인맥이다

종종 인맥을 만들게 다리를 놔달라는 부탁이 들어온다. 내가 그런 부탁을 한 사람에 대해 조금이라도 알고 있고, 그 사람이 믿을 만하다고 판단하면 관련 내용을 글로 정리해 가져오면 대신 전해주겠다고 한다.

그런데 만약 A가 글로 정리하는 건 좀 그렇고 B를 소개해 주면 사례하겠다고 말한다면? 나는 A를 상대하지 않는다. 협력은 기본적으로 쌍방 모두에게 가치가 있다는 전제로 이뤄진다. A는 B가 자신에게 가치가 있다고 생각하기 때문에 B를 알고 싶어 한다. 내가 두 사람을 서로에게 소개시켜 줄 경우는 그들이 서로에게 긍정적인 상호 작용을 할 거라는 판단을 내릴 때다. 그런데 A가 B에게 가치 있는지를 내가 판단하기 어려울 수도 있다. 그때는 B가 알아서 판단하게 해야 한다.

따라서 A에게 관련 내용을 글로 정리하게 한 다음, B에게 대신 전달해주는 것이 나로서는 최선이다. 만일 사례를 받을 생각으로 믿지 못할 사람을 내 친구에게 소개해 준다면, 고작 '사례' 하나 때문에 내 '신용'을 팔아치운 셈이 된다. 당신이 어떤 사람과 안면을 트고 싶을 수는 있다. 하지만 결정권은 상대방에게 있다. 인맥을 쌓고 싶다면 자신의 가치를 끊임없이 키워나가야 한다. 자신의 가치를 계속 팔아치워선 안 된다.

능력 있는 사람들을 많이 도와줄수록 당신의 인맥 풀은 점점 넓어지고, 인맥의 질 또한 나날이 좋아진다. 당신을 도울 수 있는 사람들은 당신의 인맥이 아니다. 당신이 도울 수 있는 사람들이 바로 당신의 인맥이다.

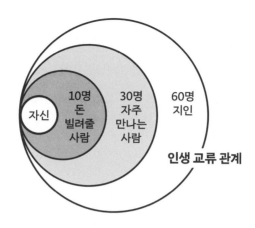

## 진정한 인맥은 10-30-60이다

인맥에 관해 완통그룹 회장 평룬馮侖은 "정상적인 상황을 바탕으로 한 사람의 평생 교류 관계는 10-30-60"이라고 말했다. 당신이 위기에 처했을 때 돈을 빌릴 수 있는 대상은 10명이 안 된다. 가족, 친척, 친구를 모두 합해도 돈을 빌려달라고 말할 수 있는 사람은 10명 미만이다.

관계의 범위를 좀 더 확장해 친한 친구, 자주 만나는 사람 등을 모두 합치면 대략 30명 미만이다. 여기엔 앞서 얘기한 10명이 포함된다. 따라서 연락처에 등록된 사람은 많지만, 사실상 대부분은 기억 못 하고 살고 있거나 때로는 아예 잊어버린 채 산다.

보다 관계를 확장하면 소위 '지인'이다. 다시 말해 이 사람을 기억하고 어떻게 지내는지도 대충 알고 있지만 오랫동안 만나지 못한 애매한 사이다. 이런 사람들은 최대 60명 정도다. 여기엔 역시나 앞서 얘기한 30명이 포함된다.

사람은 인생을 살면서 그렇게 많은 관계를 이어나가지 않고도 그럭저럭 산다. 마음을 들여 알아가야 할 사람은 실제로 60명도 안 되는 소수다. 이 60명과의 관계만 잘 맺고 살아도 한평생 충분하다.

# 지식, 기술 그리고 태도

전에 모 대학에서 강연할 때 한 학생이 내게 이런 질문을 던졌다. "선생님, 대학에서 배웠던 지식이 현재 일하시는 데 얼마나 도움이 되고 있다고 생각합니까?" 좋은 질문이었다. 난 잠시 망설인 후 "10% 미만"이라고 답했다.

이렇게 대답한 이유는 무엇일까? 나는 지금껏 살면서 세 가지를 배웠다. 지식, 기술, 태도다.

## 지식

지식은 발견됐거나 증명된 규칙이다. 이미 확정된 것으로 당신 스스로 성공이나 좌절, 실패를 통해 검증한 후 큰 깨달음을 얻을 필요가 없다.

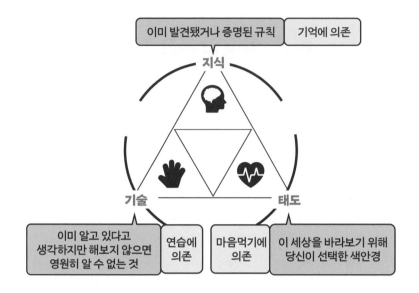

예를 들어 '1 + 1 = 2'는 이미 확정된 것이므로 절대로 3이 될 수 없다. 지식을 학습하는 방법은 간단하고 또 직접적이다. 즉, '기억'을 통해 지식을 '뇌 저장고'의 특정 '서랍'에 분류해 보관한다.

학창 시절 전반에 걸쳐 배웠던 수학, 물리, 화학, 지리, 역사, 생물, 보건 등은 대부분 지식이다. 따라서 누군가가 이것을 잘 배웠는지를 평가하기 위해서는 구체적인 문제를 내고 시험을 보는 방법을 택한다.

그러나 지식을 적용하는 데에는 한계가 있고, 때론 유효 기간이 있다. 살면서 지식의 총량이 가장 많은 시기는 아마도 대입 시험 당일일 것이다. 다음 날만 돼도 지식의 절반 이상을 잊어버릴 수도 있다. 나는 대학에서 많은 지식을 배웠지만, 지금은 그 많았던 지식의 가치나 시효를 상실

했다. 현재 내게 가장 중요한 지식은 이메일을 쓰는 지식과 회의를 진행하는 지식이다.

내가 하는 업무가 계속 달라지고, 클라이언트의 요구 조건도 계속 높아지기 때문에 나 역시 계속 공부하고 나만의 지식을 업데이트하고 있다. 공부하지 않으면 도태된다. 지식을 배우려면 '머리'를 써야 한다.

## 기술

지식을 배우는 것보다 더 중요한 것이 기술 습득이다. 기술은 당신이 이미 알고 있다고 생각하지만 경험하지 않으면 절대 제대로 알 수 없다.

예전에 누군가가 내게 귤 3개를 동시에 던지는 법을 알려줬다. 첫 번째, 왼손으로 귤을 높이 던진다. 두 번째, 오른손에 있던 귤을 바로 왼손으로 옮긴 후 던진 귤이 떨어지길 기다린다. 셋째, 던진 귤이 최고점에 다다르길 기다렸다 다음 귤을 던져 올린다. 요령은 간단해 금세 외울 수 있었다. 하지만 지금까지도 나는 귤 3개를 동시에 던지지 못한다. 왜일까? 연습 부족이다. 귤 던지기가 '기술'인 까닭은 '배워서' 할 수 있는 일이 아니라, '배움'에 의존해 '손'을 사용해야 하기 때문이다.

자전거 타기도 기술이다. 자전거 타기는 배우기만 해서는 영원히 습득할 수 없다. '연습'에 의존해서만, 심지어 온몸에 멍이 들도록 연습해야만 자전거 타기의 기술을 익힐 수 있다. 연설도 기술이다. 연설하는 법에 관한 책을 아무리 많이 읽어도 관중 앞에 서보지 않으면, 평생 연설하는 법을 배우지 못한다. 연애 역시 기술이다. 하지만 안타깝게도 당신은 평생 동안 연애를 몇 번 못 한다. 따라서 예로부터 지구인들은 모두 연애에 서투를 수밖에 없다. 그런데 당신이 진짜로 연애 능력을 '습득'하게 되었다면 그때는 이미 그 능력이 쓸모없어진 후일 것이다.

곰곰이 생각해 보면 우리는 의사소통의 '기술', 협상의 '기술', 연설의 '기술', 경영의 '기술'에 대해서는 이야기하면서, 의사소통의 '지식', 협상의 '지식', 연설의 '지식', 경영의 '지식'에 대해서는 이야기하지 않는다. 이것들 모두 연습에 의존해서만 조건반사가 돼 당신의 '뇌 반사'로 저장되기 때문이다.


## 태도


태도란 가장 배우기 힘든 것으로, 당신이 이 세상을 바라보기 위해 선택한 색안경이다.

당신은 이 세상이 우호적이라고 생각하는가, 악의로 가득 차 있다고 생각하는가? 당신 생각에 성실한 사람은 협력할 가치가 있는 똑똑한 사람인가, 쉽게 속일 수 있는 바보인가? 당신은 상업적 이익이 클라이언트를 만족시키는 부수적인 결과라고 생각하는가, 클라이언트를 만족시키는 것이 상업적 이익을 얻는 수단이라고 생각하는가?

모든 사람의 마음속에는 각자의 문이 있다. 외부인이 문 밖에서 아무리 고함을 지르고 문을 거세게 두드려도 문은 항상 안에서만 열 수 있다. 태도는 사람이 가르칠 수 없는 영역이다. '마음'의 선택이다.

역사적으로도 처칠, 히틀러 등 지식과 기술이 극도의 수준에 달했던 사람은 많다. 하지만 그들은 전혀 다른 태도를 선택했다. 이들의 태도는 세계에 완전히 다른 영향력을 행사했다.

태도는 마음에서 비롯된다. 그래서 누군가는 태도가 모든 것을 결정한다고도 한다.

내가 받은 도움 가운데 태도가 50% 이상의 영향을 미쳤고, 기술은 약 30%, 지식은 20% 미만이었다. 그중 대학 강의실에서 배운 지식은 절반에도 못 미친다. 지식, 기술, 태도에 관해 나는 당신에게 몇 가지 제언을 하고자 한다.

첫 번째, 지식을 기술처럼 배워서는 안 된다. 일부 '실전주의자'는 본인이 아는 바만 믿고 "많은 이치를 들었음에도 여전히 인생을 잘 살지 못한다"고 말한다. 그래서 이들은 선인들의 사고를 종합한 객관적 법칙 배우기를 거절한다. 자신이 직접 곳곳에서 난관에 부딪치며 지식을 기술처럼 배우고 그럴듯한 경험을 총합한다. 이것이 바로 '바퀴의 재발명'*이다. 하지만 이렇게 깨달은 지식은 그저 다른 사람의 기본기에 불과할 수 있다. 선인의 어깨 위에 섰을 때에만 인간은 끊임없이 발전한다.

두 번째, 기술을 지식처럼 배우면 안 된다. 일부 '이론주의자'는 책을 통해 배우는 것만 좋아한다. 연설을 배우고 싶을 때도 책을 사서 보고, 협상을 배우고 싶을 때도 책을 사서 본다. 하지만 책에서는 기술을 연습하

---

* 과거 다른 사람들에 의해 이미 만들어졌거나 최적화된 기초적인 방식을 복제하는 것을 뜻함.

는 단계를 알려줄 뿐, 기술 자체를 알려주지 않는다. 송나라 시인 육유陸游는 "종이로부터 얻은 지식은 얕은 것이므로 몸소 행하여 아는 것이 중요하다"고 말하기도 했다.

머리를 써서 지식을 배우고, 손을 써서 기술을 배우며, 마음가짐을 달리해 태도를 배워야 한다. 배운 지식을 실제로 활용하고 단련한 기술을 예술로 승화시킨다면 당신이 진심으로 믿는 바를 반드시 실현할 수 있다.

# 마음가짐은 높이되 몸가짐은 낮춰라

한 기업가 모임에서 셀프 디스, 약점 보이기, 담담히 대하기 등 세 가지 개념에 대해 이야기한 적이 있다. 이 세 가지는 자칫 자신을 땅바닥으로 내던지고 짓밟는 것처럼 보일 수 있다. 그럼에도 왜 이 개념이 필요할까?

## 셀프 디스

나는 SNS에서 스스로를 '고급스럽고 당당하며 품위 있는' 사람으로 이미지 메이킹해 본 적 없다. 오히려 흑역사 사진을 공개하는 등 셀프 디스를 일삼는다.

군자는 스스로를 더럽힌다. 머리부터 발끝까지 온통 눈처럼 하얀 상태로 집을 나서면, 누군가는 당신에게 더러운 것을 묻히려는 악의를 품을

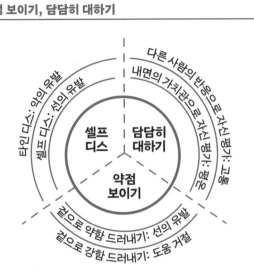

수 있다. 사람들은 한 치의 오점도 없는 깨끗함을 믿지 않는다. 혹은 그런 꼴을 가만히 보고 있지 못한다.

문을 나서기 전, 스스로 자기 몸에 더러운 것을 묻히는 것도 하나의 방법이다. 이렇게 하면 다른 사람들이 당신을 보고 웃음을 터뜨릴 수는 있어도 악의를 품지는 않는다. 남이 더럽히나, 자신이 더럽히나 결과는 마찬가지 아니냐고?

사실 '더러움'은 중요하지 않다. 이 세상에 100% 깨끗한 것은 존재하지 않는다. 중요한 것은 '타인 디스'를 통해 악의를 유발하느냐, '셀프 디스'를 통해 선의를 유발하느냐에 있다.

## 약점 보이기

기업가들이라면 외부에 자신의 강한 면모를 드러내고자 힘쓸 것이다. 그러나 사실상 그들의 내면세계는 때때로 매우 취약하다. 이것은 그들에게 극심한 고통을 자아낸다. 겉으로 강해 보임으로써 외부 세계로부터의 도움과 역량을 거절하는 결과를 가져오기 때문이다.

"이 일엔 뛰어난 방안이 세 가지 있습니다. 하지만 당신에게 자신의 생각을 말할 수 있는 기회를 한번 드리죠. 그렇다고 제가 반드시 당신 말대로 하겠다는 건 아닙니다." 이런 태도는 겉은 강해 보이지만 내면은 약한 경우다. 차라리 약함을 드러내 "당신의 도움이 필요합니다"라고 솔직하게 털어놓는 편이 낫다.

"이 일을 놓고 며칠을 고민했지만 아직도 잘 모르겠습니다. 그러니 당신의 의견을 듣고 싶습니다. 저에게 도움을 주실 수 있겠습니까?" 이것은 겉으론 약해 보이지만 내면이 튼튼한 경우다. 내면이 튼튼해야만 약함을 드러낼 수 있다. 약함을 드러내면 역량을 불러 모으고 선의를 유발하며 도움을 요청할 수 있다.

## 담담히 대하기

과거에 내가 썼던 글이 큰 화제가 된 적이 있다. 그 글을 두고 갑론을박이 벌어졌다. '지어낸 말이다' '무지하다' '다른 속셈이 있는 거다'라고 말하거나 '글은 잘 썼지만 상식이 부족하다' '거짓말투성이다' 등의 반응도 있었다. 여론의 소용돌이 속에서 어느 방향으로 보든 다 오해뿐이었다. 즉, 한 사람의 자기 평가 시스템에 엄청난 시련이 닥친 것이다.

이와 같은 경우, 다른 사람의 반응을 통해 자신을 평가한다면 너무나 고통스러울 것이다. 다른 사람에게 어떻게 해명할지에 대해서만 계속 생각하게 되기 때문이다. 만약 한두 사람만 당신에게 의문을 제기했다면 상황 설명이 가능할 수 있다. 하지만 수십만, 수백만 명이 당신을 오해한다면 어떻게 일일이 해명할 수 있겠는가?

이때 내면세계에 구축한 자신만의 가치관으로 스스로를 평가하면 모든 오해를 담담하게 넘길 수 있다. 그들이 당신을 어떻게 평가하는지는 그들 몫이라고 생각하는 것이다. 내가 나 자신을 어떻게 보는지는 스스로 세운 가치관과 밀접한 관련이 있다. 물론 쉬운 일은 아니다. 하지만 계속 갈고닦으며 수련해 나간다면 정말로 담담해질 날이 오지 않을까?

# 사람들은 각자 스스로의 CEO가 되어야 한다

우리 모두는 자기 자신의 CEO로서 한평생 스스로를 경영하며 성공을 추구한다. 즉, 무한한 책임을 짊어진 '나'라는 회사로서 세상과 가치를 교환한다.

갓 졸업한 대학생이나 사회 초년생은 첫 발을 내디딘 스타트업처럼 전도유망하다. 그렇다고 미래로 가는 길이 평탄하지는 않다. 울퉁불퉁해 자칫 잘못하다가는 넘어지기 십상이다.

당신은 자신이라는 회사의 1년 수입이 얼마인지, 얼마나 성장할 수 있을지, 언제까지 저녁 한 끼를 고민하며 지옥철을 견뎌야 하는지, 개미굴처럼 비좁은 쪽방에서 몇 년을 더 꿋꿋이 버텨야 하는지 등에 가장 관심을 가진다. 손에 쥔 것 하나 없는 초년생에서 벗어나 홀로서기에 성공할 방법을 고민하는 것이다.

## 당신과 회사는 본질적으로 파트너 관계다

회사에서 연봉을 높이고 한층 더 성장하고 싶다면, 자신과 회사의 관계에 대해 잘 알아야 한다. 모든 회사와 직원은 본질적으로 파트너 관계다. 파트너라는 단어에 반감을 느꼈는가? 직원은 사장을 위해 일해주고 쥐꼬리만 한 월급을 받는 엄연한 고용 관겐데 어떻게 파트너냐고? 선후 관계가 정해진 '구조화 펀드' 이야기를 해볼 수 있겠다.

내가 1천만 위안을 내고 당신이 3천 만 위안을 내서 공동 펀드를 설립한 후 함께 경영한다고 치자. 적자가 발생하면 내가 투자한 1천만 위안부터 사라진다. 내 돈을 다 잃게 되면 펀드를 폐쇄하고 3천만 위안을 당신에게 돌려줌으로써 당신의 손실을 막는다.

이런 좋은 일이 과연 있을 수 있을까? 물론 있을 수 있다. 하지만 수익이 발생하면 그에 대한 이익은 내가 더 많이 가져간다. 즉, 8% 이내의 수익은 당신에게 주고 8% 이상의 수익은 모두 내가 가진다. 당신은 리스크를 감당하지 않으니 수익 역시 당연히 제한된다. 나는 리스크를 감당하니 리스크에 따른 수익도 누리게 된다. 당신이 먼저이고, 나는 나중이다. 이것이 우리의 파트너 관계다.

따라서 고용 관계 역시 본질적으로는 파트너 관계다. 당신이 한 회사에 입사했다면 회사와 당신이 함께 구조화 펀드를 설립한 것이다. 당신이 먼저이고 회사가 나중인 셈이다.

당신과 회사는 파트너로서 회사에 적자가 나더라도 문을 닫는 그날까지 직원인 당신은 월급을 수령할 수 있다. 반면, 사장은 집도 팔고 차도 팔고, 심지어 자신이 가진 모든 것을 잃을 수 있다. 사장이 더 큰 리스크와 스트레스를 감당하기 때문에 회사가 성공하면 당연히 사장이 더 많은 이익을 가지게 된다.

자신과 회사의 관계를 명확히 깨달았을 때, 비로소 보다 성실하고 올바른 태도로 업무를 행하고 자신의 가치를 실현할 수 있다.


## 임금, 인센티브, 지분, 가치관

회사와 직원 사이의 본질적인 파트너 관계를 이해하게 되면 이런 질문을 할 수 있다.

'회사와 직원 사이의 이익은 어떻게 분배되는가?'

자본과 인재 관계 속에서 이익 분배 방식은 크게 네 가지로 나뉜다. 여기에는 공헌도와 리스크 감당 수준에 따른 차이가 생긴다.


### ① 임금

첫 번째 이익 분배 방식은 임금이다. 사회 초년생의 수입은 주로 자신의 시간을 팔아 얻는 임금에서 창출된다. 고용주는 직원의 하루, 한 달, 일 년의 시간을 통일된 가격 기준에 따라 한 번에 산다. 적자가 나더라도 그 기준에 따라 직원에게 임금을 지급해야 한다. 하지만 흑자가 났을 땐 얼마를 나눠줄지 고민할 필요가 없다. 직원의 시간에 대한 보상은 이미 일회적으로 지불을 마쳤기 때문이다.

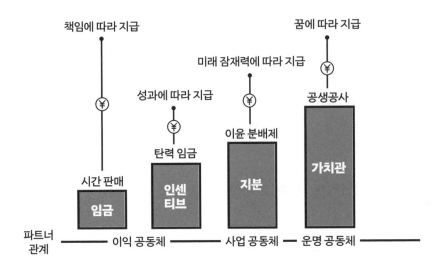

임금은 책임에 따라 지급된다. 만일 임금을 인상하고 싶다면 자신의 능력을 키워 더 많은 책임을 져야 한다. 따라서 자신의 무기를 잘 갈고닦아야 비로소 더 많은 '일'을 따낼 수 있다. 일을 잘해내면 돈은 자연히 뒤따라온다.

② **인센티브**

두 번째 이익 분배 방식인 인센티브는 본래 탄력 임금으로, 초과 실적에 따라 지급된다. 사장이 올해 당신에게 200만 위안의 매출을 달성하라고 지시했다고 하자. 그런데 당신이 목표치를 초과 달성해 250만 위안의 매출을 실현했다. 그렇다면 당신은 별도의 인센티브를 받음으로써 더 많은 이윤을 배당받는다. 사장은 당신의 수고를 칭찬하고 공로를 치하한다.

당신이 열심히 일해서 실적을 초과 달성했을 때 월급뿐만 아니라 인센티브도 받을 수 있다. 당신이라는 회사가 작은 스타트업에서 출발해 규모를 더 키워간 것이다.

### ③ 지분

세 번째 이익 분배 방식은 지분이다. 임금은 책임에 따라 지급하고 인센티브는 초과 실적에 따라 지급한다면, 지분은 어떤 기준에 따라 지급될까? 지분에는 배당권, 옵션, 주식 등 여러 가지 방식이 있다. 어쨌든 지분의 본질은 '이익 분배 제도'로, 미래 잠재력에 따라 지급한다는 데 있다. 이 회사, 이 업무가 앞으로 어떻게 발전해 나갈지는 아무도 알 수 없다. 외부 환경이 위태로워 앞날을 예측할 수 없고, 경쟁 상대가 호시탐탐 기회를 노리고 있음에도 회사는 매월 직원들에게 임금을 지급해야 하니 부담이 크다. 이때 사장은 당신과 상의해 더 장기적 관점에서 현재 임금이나 인센티브를 살짝 덜 받는 대신 20%의 주식을 주겠다며, 이후 회사가 돈을 벌면 당신도 배당을 받을 거라고 설득할 수 있다.

그럼 당신과 회사의 파트너 관계에 변화가 발생한다. 시작은 이익 공동체였지만 주식을 배당받으면서 사업 공동체가 된다. 이로써 당신이 맡고 있는 책임은 더욱 커지고 리스크 역시 높아진다. 사장에게 노동력을 제공하는 입장에서 사장과 함께 창업한 입장으로 당신의 위치가 달라진 것이다.

④ **가치관**

마지막 이익 분배 방식은 가치관이다. 가치관은 공동의 꿈을 위해 일하는 것이다. 회사가 당신에게 어떤 월급이나 인센티브를 주지 않아도, 세상 사람들 모두가 당신을 방해해도 당신은 이 일을 꼭 해내야만 한다. 이때 당신과 회사는 이익 공동체나 사업 공동체가 아닌, 고락을 함께하고 생사를 함께하는 운명 공동체가 된다.

당신은 현재 어느 방식에 속해 있는가? 그리고 어떤 방식으로 나아가고 있는가?

## 노동력 제공자에서 창업자로, 평사원에서 CEO로

직원과 회사의 본질적 관계를 깨닫고, 네 가지의 이익 분배 방식을 알고 난 후에도 혼란은 가시지 않는다. 그 혼란은 내가 어떻게 성장해야 하는가에 대한 의문이다.

간단한 예를 들어보자. 당신은 이제 막 대학이라는 울타리에서 벗어난 졸업생이다. 부푼 기대감을 안고 한 기업의 영업 파트 직원으로 일하게 됐다. 2년 정도는 영업 보조로 일하며 매월 고정된 월급을 받는다. 당신은 이른 새벽부터 야심한 시각까지 자질구레하고 복잡한 업무를 처리하느라 매우 고생하고 있다.

하지만 내심 고정 월급으로는 만족이 되지 않는다. 더 많은 소득 창출을 갈망하는 동시에 누군가의 '보조'가 아닌 독자적으로 한 부분을 담당할 수 있기를 바란다. 꿈이 있기에 죽어라 공부하고 열심히 성장해 이듬해에는 혼자 영업을 뛸 수 있을 만큼 홀로서기에 성공했다. 실적 초과 달성에 따른 인센티브를 받을 수 있는 기회까지 확보한다.

이후 몇 년 동안 당신은 지속적으로 역량을 키우고, 그 과정에서 많은 난관을 극복해 '영업 실적 1위' '영업왕' 등의 명예를 얻게 된다. 동시에 많은 인센티브도 뒤따른다. 그러나 당신은 만족하지 않는다. 당신이 속한 지역의 실적은 이미 포화 상태로 3년 연속 매출액이 1천만 위안 정도를 오갈 뿐, 갖은 노력을 해도 더는 실적이 오르지 않는다. 그래서 당신은 더 넓은 시장을 개척하고 더 큰 무대로 나아갈 고민을 하기에 이르렀다.

당신은 사장에게 동업을 제안한다. 당신이 사업 자본의 40%를, 사장이 60%를 부담한 새로운 자회사를 설립한다. 당신과 사장은 리스크를 분담하고 수익을 공유한다. 이제 당신은 직원이 아니라 사장의 파트너로서 새로운 공동체를 형성하게 됐다. 계속해서 당신은 꿋꿋이 앞으로 나아간다. 무명의 노동력 제공자가 명실상부 CEO로 성장한다. 당신이라는 작디작은 스타트업이 환골탈태해 유니콘 기업이 된 것이다.


다람쥐가 강을 건너려면 전략이 필요하지만, 거인은 그냥 물을 밟고 가면 된다. 작디작은 다람쥐가 강을 건너려면 돌 위로 뛰어오른 다음, 이리저리 두리번거리며 다음 걸음을 내디딜 돌이 어디 있는지 찾느라 정신없다. 그렇게 두려움과 갈등 속에서 가까스로 강을 건넌다. 나 또한 새끼 다람쥐 시절엔 '미래와 무지'의 거센 물살 속에서 무엇을 어떻게 해야 할지 몰라 겁내기도 했다.

반면 거인이 강을 건널 땐 물살이 얼마나 깊고 강한지 살필 필요가 없다. 돌이 어디에 있는지는 신경조차 안 쓴다. 그저 여유롭게 물을 밟고 건너간다.

사회 초년생들은 겁을 잔뜩 먹은 다람쥐처럼 겨울철 한 끼 밥을 놓고 고민하는 것에서 시작한다. 하지만 끊임없이 성장하고 세월과 경력이 쌓이면서 스스로를 자신이 꿈꿔왔던 모습으로 만들어 간다. 이렇게 살다 보면 언젠가는 여유가 넘치는 거인으로 성장할 수 있다.

왜냐하면 우리 모두는 각자 스스로의 CEO이기 때문이다.

# 예술가가 인류에게 선사하는 자유

우리는 예술가에게 고마워해야 한다. 그들은 인류에게 자유를 선사했다. 그렇다면 예술가란 무엇인가? 예술가는 해커, 예술 작품은 해커의 코드다.

## 인체 내 '보상 메커니즘'

사람의 몸엔 '보상 메커니즘'이 장착돼 있다. 이 보상 메커니즘은 번식을 위한 DNA, 연속적으로 창조되는 생명이다. 종교는 이렇게 '설계됐다'라고 말하지만, 진화론에선 '적자생존'을 통해 환경에 적응하는 생물만 살아남고 그렇지 못한 것은 도태되어 멸망했다고 말한다.

여기서 말하는 보상 메커니즘이란 무엇을 뜻하는가?

당신이 종과 번식에 유리한 일을 하면 인체는 그에 대한 보상으로 당신을 행복하게 만드는 화학 물질을 분비한다. 그런데 당신이 그 행동을 하지 않는다면 인체는 또 다른 물질을 분비해 당신을 고통스럽게 만든다. 이러한 관점에서 인체는 DNA의 숙주다.

## 예술가는 인류를 DNA의 속박에서 해방시킨다

상벌 시스템은 아무리 정교하게 디자인해도 허점이 생긴다.

똑똑한 인류는 아름다운 그림을 보거나 고운 노랫가락을 들으며 행복해질 수도, 슬픔에 젖어 눈물을 흘리거나 가슴이 벅차오를 수도 있음을 깨달았다. 이러한 것들이 생존이나 번식에 하등의 도움이 되지 않음에도 말이다.

예술가는 무의식중에 특수한 자극제를 찾아낸다. 그들은 이 자극을 인체의 감각 기관을 통해 사람의 몸속으로 집어넣고 상벌 시스템의 코드를 막아 사람의 몸에서 직접 화학 물질을 분비하게 만든다. DNA는 이를 되돌리고 싶어 하지만 이 시스템의 코드 규모가 실제로 너무 방대해서 수십 년, 심지어 수천 년이 걸리더라도 회복이 불가능하다. 또한 예술품을 통해 상벌 시스템으로 침투해 분비되는 화학 물질은 그 양이 미미해서 재생시킬 가치가 없다.

따라서 수천 년 동안 인류는 이와 같은 허점과 DNA의 묵인을 이용해 예술로 자신의 마음을 달랬다. 힘든 삶 속에서 나름대로의 기쁨을 찾아간

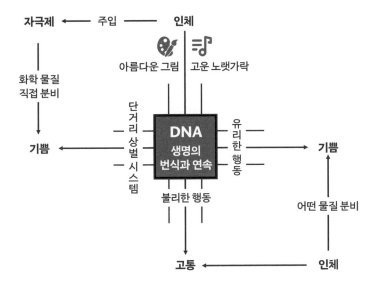

것이다.

　예술가는 해커와도 같다. 그들은 인류를 위해 화학 물질 분비를 통제할 수 있는 방법을 찾았다. 그 결과 인류는 DNA에 의해 완전히 좌지우지되는 삶에서 벗어날 수 있었다. 예술가가 인류에게 자유를 안겨준 셈이다. 우리는 이 자유를 즐기고 누려야 한다.

3장

# 주도력

## 타인의 근본력을 이용해 우위를 차지하라

# What, Why, How를 통한 지행합일

비즈니스 컨설턴트로서 나는 기업가들을 대상으로 한 모임을 자주 운영한다. 모임을 진행할 때마다 자신이 기업을 경영하는 과정에서 맞닥뜨린 문제를 털어놓고 다른 사람의 조언을 구하는 회원이 꼭 있다.

이런 모임들이 잦다 보니, 한 가지 재밌는 현상을 발견했다. 도움을 청하는 사람이 언급하는 문제 속에 답이 있는 경우가 많다는 점이다.

한번은 어떤 회원이 임원들의 연봉을 삭감할 수 있는 방법에 대해 물었다. 이 문제를 듣고 난 뒤, 사람들은 이와 관련한 질문을 던지기 시작했다. 예를 들면 "연봉을 깎으면 임원이 회사를 떠나지 않겠는가? 그럼 당신은 임원이 회사를 떠나길 원하는가?" 등의 질문을 통해 문제를 해결할 수 있는 방안을 찾으려고 했다. 그러나 결국 실행 가능한 방법을 도출하지 못했다. 내가 "왜 임원 임금 삭감을 고민하나요?"라고 묻자 그는 이렇게 답했다.

"회사 상장을 앞두고 임원 면담을 진행했어요. 다섯 명의 임원들에게 회사의 비전, 가치관, 전략적 목표, 향후 기대하는 바에 대해 물었습니다. 그런데 이 다섯 사람 모두 다른 답을 내놓은 거예요. 저는 그게 너무 화가 나요. 다들 제가 큰 비용을 들여서 스카웃한 사람들인데, 실적도 기대치에 훨씬 못 미치거든요. 그런데 회사에 대한 인식마저 하나로 통일되지 않으니… 연봉 삭감을 마음먹게 된 거죠."

그는 자신의 회사 임원들이 몸값의 가치를 제대로 못한다고 생각했다. 전후 맥락을 이해하면 '임원들의 연봉 삭감'이 문제였던 게 아니라, 어떤 문제에 대한 해결책으로 '임원들의 연봉 삭감'을 찾았다는 사실을 알 수 있다. 현재 그가 운영하는 기업의 실적이 좋지 않고, 임원들이 공통된 인식을 갖지 못했음이 그를 고민하게 하는 근본적인 문제였다.

그런데 임원들의 연봉을 삭감한다고 해서 진짜 문제를 해결할 수 있을까? 만약 모임의 회원들이 임원 임금을 삭감하는 방법에 대한 문제 해결만을 돕는다면, 진정한 도움을 주지 못한 셈이다. 도리어 회사에 더 큰 불안을 초래하는 결과를 유발할 수도 있다.

즉, 임원 연봉 삭감은 문제를 해결하기 위한 수많은 시도 중 하나에 불과하다. 그의 사고만을 따라 문제에 답하기보단, 왜 이런 질문을 하게 됐는지부터 이해할 필요가 있다.

이럴 땐, 어떤 일이든 다음의 세 가지 관점에서 이야기를 풀어가야 한다. 'What(무엇), Why(왜), How(어떻게)'의 관점이다. 이 세 가지는 매우 신기한 단어로, 많은 사람이 혼동해 사용한다. 나는 매우 정확하게 표현했다고 생각하는데, 상대는 전혀 못 알아듣는 상황이 연출될 수 있다.

What의 질문이 Why로 받아들여지는 것이다.

'어떻게 임원의 연봉을 삭감할 것인가'에서 임원 연봉 삭감은 What에 속한다. 어떻게 연봉을 삭감할지는 How다. What(임원 연봉 삭감)이 Why(좋지 않은 회사 실적)의 답이 된 것이다. 그리고 How(연봉 삭감 방법)가 What의 답이 됐다.

What을 이해하고 How를 해결하기 전에 Why를 먼저 이해해야 한다. Why를 이해했을 때 그가 직면한 근본적인 문제를 볼 수 있다. 문제의 본질을 새롭게 정의한 후에 다시 What, How를 강구해야 비로소 Why의 해결책이 드러난다. 그렇지 않으면 상황만 더 악화될 수 있다.

만약 한 가지 사안을 놓고 What, Why, How를 명확히 구분해 이야기할 수 있다면 그 사람은 엄청난 성장을 이룬 셈이다.

## What, Why, How의 혼용으로 인한 동문서답

기업인 모임에서 나는 한 회원에게 "무슨 일을 하는 회사입니까?"라고 질문했다. 그는 잠시 생각하는 듯하더니 "우리 회사는 파트너가 가장 빠른 속도로 더 많은 돈을 벌 수 있도록 돕습니다"라고 답했다. 이 한마디로 회사의 가치 설명은 끝났다. 그는 자신이 상대방이 이해하기 쉽도록 간결하고 명확하게 이야기를 전달했다고 생각했다. 하지만 다른 회원들은 얼떨떨한 표정을 지었다. 왜일까? 그들이 듣고 싶었던 것은 'Why'가 아니라 'What'이었기 때문이다.

나는 그 회원에게 '무슨 일을 하는 회사'냐고 물었다. 이 질문은 What, Why, How 중 어디에 속할까? What이다. What, Why, How에 대한 질문에는 미세한 차이가 있다.

- What: 무슨 일을 합니까?
- Why: 왜 이런 일을 합니까?
- How: 어떻게 이런 일을 합니까?

What에 대한 질문에 대해 그는 자신의 회사가 구체적으로 무슨 일을 하는지만 대답하면 됐다. 아이스크림을 만드는 회사였다면 아이스크림을 만든다고 대답하면 된다.

그렇다면 '어떻게 돈을 법니까?' 하고 How에 관해 질문한다면 어떻게 대답하면 좋을까? 이럴 땐 '소매업체를 통해 최종적으로 소비자에게 판매하고 있습니다'라고 답하면 된다. '실적이 좋은 이유가 무엇입니까?'라고 Why에 관한 질문을 받았다면 회사의 가치가 무엇인지 혹은 사용하는 원료가 다른 곳보다 좋기 때문이라는 대답을 하면 된다.

"우리 회사는 파트너가 가장 빠른 속도로 더 많은 돈을 벌 수 있도록 돕습니다"라는 답변은 회사의 가치를 설명한 것으로, Why에 속한 대답이다. 즉, What에 관한 질문에 Why에 대한 대답이 돌아왔다. 그러니 모두가 그 대답을 이해하지 못했다.

소통의 문제점이 바로 여기에 있다. 우리가 흔히 말하는 동문서답은 사실 What, Why, How를 혼동하며 발생할 때가 많다.

따라서 소통을 할 때 상대가 듣고 싶은 대답이 What, Why, How 중 무엇인지를 명확히 알아야 한다. 당신이 하려는 말이 상대가 듣고자 하는 말과 일치할 때 의사소통이 효과적으로 진행된다.


## 어떻게 해야 지행합일을 이룰 수 있을까

What, Why, How를 이해하고 나면 '지행합일知行合一(앎에는 실천이 따라야 한다)'의 의미를 심도 있게 이해할 수 있다.

수많은 이치를 알고 있지만 여전히 살아가기가 녹록치 않다. 더 쉽게 말하자면, 알아도 못 해낸다는 뜻이다.

샤오즈싱肖知興 교수는 "앎과 실천 사이에는 태평양 두 개 너비의 간극이 존재한다"고 말한 바 있다. 한편, 명나라 유학자 왕양명王陽明은 앎과 실천은 반드시 일치해야 하고, 그렇지 않으면 진짜 아는 게 아니라고 말했다. 과연 두 사람 중 누가 맞을까? 나는 두 사람의 의견에 모두 동의한다.

'진짜 아는 것'은 What, Why, How를 동시에 파악하는 것이다.

예를 들어보자. '채소가 건강에 좋다'는 일종의 지식이다. 그렇다면 이 지식을 알고 난 후 매일 채소를 더 많이 먹는가? 꼭 그렇지만은 않다. 이것이 바로 앎과 실천 사이의 간극이다.

이런 간극은 왜 존재하는 것일까? What(채소가 건강에 좋다)만 알고 있다면, Why(왜 채소가 건강에 좋은가)의 문제를 해결하지 못한다. 따라서 건

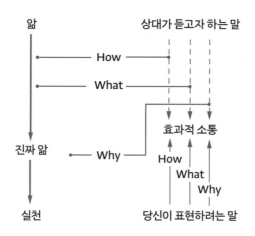

강에 좋은 채소를 섭취할 원동력을 얻지 못한다.

어떤 사람이 매일 기름진 음식을 먹어서 혈관이 막히고 큰 병에 걸려 어쩔 수 없이 입원 치료를 하게 됐다고 가정해 보자. 치료 후 의사가 앞으로는 기름이나 소금 섭취를 줄이고 채소를 많이 먹어야 한다고 강조했다. 이후에 그는 매일 착실하게 채소를 챙겨 먹는다.

왜일까? 병에 걸려 입원한 일이 그에게 강력한 동기로 작용함으로써 채소 섭취의 중요성을 인지했기 때문이다. 따라서 What만 알고 Why는 모른다면 원동력이 생기지 않는다. Why를 이해했을 때 비로소 지행합일을 실현할 수 있다. 하지만 What을 알고 Why도 아는 것만으론 불충분하므로 How 또한 알아야 한다. How는 일을 처리하는 방식과 순서를 말한다.

많은 사람이 '노력은 성공의 어머니'라는 사실을 알고 있지만 어떻게 노력해야 하는지는 모른다. 채소가 건강에 좋다는 사실을 알고 있지만 어떻게, 어떤 채소를, 어떤 조합으로, 얼마나 먹어야 하는지 모른다. How를 모르면 밥상을 차렸는데 수저가 없는 것과 마찬가지다. 이 역시 앎과 실천이 일치하지 않는 중요한 원인이 된다.

나는 샤오즈싱 교수가 말한 "앎과 실천 사이에 존재하는 태평양 두 개 너비의 간극" 속 '태평양'이 Why와 How라고 생각한다. 이치(What)만 알고 이유(Why)와 방법(How)을 알지 못한다면, 확실히 인생이 고달파진다. 질문의 삼하원칙을 제대로 알았을 때 비로소 '지행합일'의 경지에 다다를 수 있다.


## What, Why, How를 해결했을 때 진정한 의미를 갖게 된다

일을 할 때도 마찬가지다. What, Why, How를 제대로 이해해야 문제도 제대로 해결할 수 있다.

신입 사원에게 일을 어떻게 처리해야 할지 알려줄 때 하나부터 열까지 순서대로 한참 얘기해 줘도 신입 사원은 잘 따라오지 못한다. Why의 문제, '내가 왜 그렇게 해야 하지?'를 해결하지 못했기 때문이다. Why의 문제를 해결 못 하면 그 일을 해낼 원동력이 부족해 배움의 욕구를 느낄 수 없다. 따라서 일하는 방법만 가르치는 것은 아무런 소용이 없다. 이에 앞서 Why의 문제를 먼저 해결해야 한다.

전쟁을 앞두고 장군이 병사들을 동원할 경우, 그들에게 '우리가 도대체 왜 싸우는지' 알려주는 까닭도 여기에 있다. 그는 어쩌면 "적군이 우리 영토를 빼앗아 가고 우리 지인들을 죽였으니, 빼앗긴 영토를 되찾고 목숨을 잃은 지인들을 위해 정의를 구현해야 합니다. 정의가 반드시 악을 이길 겁니다!"라고 말할 수도 있다. 이 말은 병사들이 Why의 문제를 해결할 수 있도록 도움을 준다. Why가 해결되지 않으면 싸움을 앞둔 병사들의 마음이 공허해질 수 있다. 이런 병사들이 어떻게 적들과 싸워 이기겠는가?

기업 역시 Why의 문제, 즉 '우리가 오늘 이렇게 고생하는 이유는 도대체 뭘까?'를 해결하길 원한다. 기업이 Why의 문제를 제대로 해결한다면, 직원들은 어려운 순간이 닥쳐도 강력한 원동력으로 끝까지 헤쳐 나갈 수 있다. 그렇지 않다면 쉽게 포기할 것이다.

Why의 문제를 해결함으로써 비로소 What과 How에 진정한 의미가 생긴다.

# 유머는 넘치는 지혜에서 나온다

대가들 중에는 배울 점이 많은 존경할 만한 사람들이 많다. 저명한 경영학자 헨리 민츠버그**Henry Mintzberg** 역시 그중 한 명이다. 민츠버그 하면 그의 학술적 성과인 『전략 사파리』 외에도 '정곡을 찌르는 유머'에 매번 감탄한다.

민츠버그는 2020년에 출판된 『경영자를 위한 베드타임 스토리』에서 '시대 변혁'에 대해 다음과 같이 말했다.

> 한 CEO가 노트북 앞에 앉아 연설문을 쓰려고 준비하면 컴퓨터가 자동으로 '우리는 대변혁의 시대를 살고 있다'는 문장을 타이핑한다. 지난 50년 동안 거의 모든 연설문이 이 문장으로 시작했다.

이 문장을 읽고 나는 가만히 웃었다. 정말 그랬다! 물론 오늘날 과학 기술이 진보하면서 컴퓨터는 더 많은 선택지를 제시한다. 예를 들면 '지금은 최고의 시대이자 최악의 시대다' 또는 '당신이 영원히 이길 수 없는 상대가 있다. 그것은 바로 오늘날이다' 등이 있다. 나는 "컴퓨터가 자동으로 타이핑한다"는 말을 생각해 낸 민츠버그가 솔직히 부러웠다. 정말로 생동감이 느껴지는 유머였다.

또 "앞서 사고하라"고 얘기하면서 민츠버그는 다음의 예를 들었다.

> 일생에서 가장 중요한 결정을 앞두고 있다고 생각해 보자. 예컨대 배우자를 선택할 때 당신은 앞서 사고를 하는가? 하나, 똑똑함과 아름다움, 수줍음 등 미래 배우자가 가졌으면 좋겠다고 바라는 품성을 나열한다. 둘, 가능한 한 모든 배우자 후보를 나열한다. 셋, 앞서 얘기한 기준에 따라 각 사람에게 점수를 매겨 분석한다. 넷, 최종 점수를 합산해 누가 1등인지 확인하고 이 사실을 그 행운의 여인에게 알려준다. 그렇다면 그녀는 '당신이 그 고생을 하고 있을 때 난 이미 결혼해 아이를 몇이나 낳았는걸요'라고 말할 것이다.

이 문장을 읽고, 큭큭 웃음을 터트렸다. 심지어 민츠버그의 지혜에 질투가 났다. 그는 지혜를 발휘해 묵직한 주제를 가볍게 풀어내는 재능이 있었는데 문장의 곳곳에서 여유로움마저 배어났다. 지혜에서 비롯된 유머였다.

## 유머의 세 가지 이론

유머에 관한 학계의 연구가 셀 수 없지만, 모든 사람을 설득시킬 만한 해석은 나오지 않았다. 여기서는 유머의 세 가지 주류 이론에 대해 설명하고자 한다.

### ① 우월감 이론

간단히 말해 내가 자신을 실패자로 만듦으로써 상대방은 스스로를 성공한 사람이라 느끼고, 그로 인한 우월감에 고양된다는 것이다.

예를 들어 당신이 나에게 "룬 사장, 요즘 글이 별로던데, 무슨 일 있나요?"라고 묻는다. 내가 화가 나서 당신에게 이렇게 쏘아붙인다. "당신이 뭔데 내 글이 별로라고 하는 거요?" 하지만 이렇게 말할 때는 내가 당신과 싸워서 이긴다는 전제가 필요하다. 만일 내가 당신을 이길 수 없다면 좋은 대응이 아니다.

대신 이렇게 대답할 수 있다. "그냥 별로인 정도가 아니죠. 어제 내가 쓴 글을 읽고 세 번 토했어요. 오늘은 두 번 토했고." 그럼 당신은 속으로 웃으며 '저 사람 참 재밌네' 하고 생각할 것이다. 자칫 난처해질 수 있는 대화에서 유머를 이용하면 자연스럽게 풀어갈 수 있다. 여기서 당신이 왜 웃는지 주목하라. 내가 스스로를 엉뚱한 실패자로 만듦으로써 당신이 우월감을 느끼게 됐기 때문이다.

## ② 경악감 이론

간단히 말해, 두 가지 논리가 교차하는 지점에서 갑자기 '난센스 퀴즈'가 되는 것이다.

당신이 "룬 사장, 어떻게 해야 한 달 만에 1천만 위안을 벌 수 있을까요?"라고 묻는다. 그에 대해 내가 "헛된 망상에서 깨어나시길. 일확천금의 꿈을 버리세요"라고 대답한다. 하지만 이렇게 말할 때의 전제 역시 내가 당신과 싸워서 이길 수 있어야 한다. 그렇지 않다면 당신은 너무나 부끄럽고 분한 나머지 버럭 화를 낼 것이고, 나는 처참하게 깨질 수 있다.

대신 이렇게 대답할 수 있다. "그거야 쉽죠. 눈 딱 감고 무작위로 주식 100주만 사면 됩니다. 전문가에게 물어볼 필요 없어요. 이렇게 하면 한 달이 채 되기도 전에 당신의 자산 1억 위안이 1천만 위안이 될 수 있습니다."

이것이 바로 두 가지 논리가 교차하는 경우다. 하나는 0에서 1천만 위안이 되는 것이고, 다른 하나는 1억 위안에서 1천만 위안이 되는 것이다. 당신은 내 말에 귀를 기울이던 중 갑자기 방향이 틀어짐을 느끼고 생각지도 못한 이야기에 경악하고 말 것이다. 이어 바로 그 지점에서 재미를 느끼게 된다.


## ③ 해방감 이론

간단히 말해 '위험'을 통해 당신에게 긴장감을 조성한 다음, '안전'을 통해 다시 긴장에서 해방시키는 것이다.

당신이 나에게 "우리 회사가 살아남을 수 있을까요?"라고 묻는다. 그 질문에 "왜 그런 쓸데없는 걱정을 합니까? 회사는 잘해나가고 있어요. 제품과 직원들에 집중하고 스스로 변화를 줄 수 있는 부분에 힘쓰세요"라고 대답한다. 너무 평범하고 무미건조한 말이라 딱히 위로도, 조언도 안된다.

한편으론 이렇게 대답할 수도 있다. "어려운 얘기지만, 당신 회사는 매우 위험한 상태입니다. 지금 바로 행동하지 않는다면 3개월도 못 버틸 거예요. 방금 보니 회사 사업자 등록증이 3개월 후면 만료되던데, 얼른 연장하지 않으면 회사가 문을 닫아야 할 겁니다."

'위험'을 가지고 긴장감을 조성한 다음, '안전'을 이용해 긴장에서 해방시키는 경우다.

유머에 관한 우월감 이론, 경악감 이론, 해방감 이론 중 어느 것이 진짜일 것 같은가? 솔직히 나는 잘 모르겠다. 세 가지 모두 그럴싸하다. 하지만 유머에 관한 이 세 가지 연구는 모두 '효용 메커니즘'에서 출발한 것으로, '능력 출처'의 관점에서 출발하지 않았다.


## 유머, 무거운 주제를 가볍게 풀어내다

상대에게 우월감이나 경악감 또는 해방감 중 무엇을 조성하든, 여기에는 모두 희귀하고도 천부적인 능력, '지혜'가 필요하다.

언젠가 예능 프로그램을 보다가 안타까웠던 적이 있다. 프로그램에서

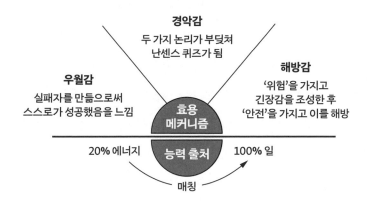

과거에 단막극 무명 배우로 활약했던 사람을 초대했는데, 당시 그 배우는 60세였다. 그에게서 우아함과 인자함, 아름다움이 느껴졌지만 유머 감각은 전혀 보이지 않았다. 그는 프로그램에 나온 다른 배우들에게 인자한 말투로 이런 말을 전했다.

나는 이제 60세라 재능이 많이 고갈됐습니다. 그래서 단막극 출연은 안 하고 있어요. 무대를 떠났지요. 여러분에게도 언젠가 이런 날이 올 거예요. 그러니 지금의 재능을 부디 소중히 여기길 바랍니다.

그의 말에 나는 깊은 감명을 받았다. 그의 진심에, 나이가 듦에 따라 고갈된 재능을 담담히 말하는 태도에 감동받았다.

재능이 고갈됐다는 건 무엇일까? 나를 상황에 따라 적절한 실패자의 모습으로 둔갑하지 못하고(우월감 이론), 더 많은 논리를 교차하지 못하며

(경악감 이론), 골치 아픈 문제에 대한 긴장감을 조성해도 거기서 해방시킬 여력이 없다(해방감 이론). 이것이 바로 재능의 고갈이다.

이 프로그램을 보면서 재능, 나아가 지혜가 얼마나 귀중한 재산인지 깨달았다. 지혜가 흘러넘칠 때 유머 감각을 발휘할 수 있다. 유머는 넘치는 지혜에서 나온다. 따라서 누가 쓴 책을 읽고 누구의 연설을 들을지 선택해야 하는 상황에서 나는 그다지 과학적이지 않은 기준을 적용한다. 바로, 그 사람에게 유머 감각이 있느냐 없느냐다.

무거운 주제를 'CPU'*의 20%를 사용해 가벼우면서도 명쾌하게 풀어낼 때 비로소 유머 감각을 '과시할' 수 있다. 누군가가 지나치게 경직된 태도로 'CPU'의 120%를 사용해 이야기하면 무슨 말인지 이해하기 어렵다. 본인의 생각보다 그 주제를 장악하지 못하고 있기 때문이다.

이 기준을 바탕으로 내가 스스로 쓴 글을 읽어보면, 나 역시 그저 성실한 사고자에 불과하다. 내 지혜는 항아리를 채울 만큼 충분하지 않았다. 참깨처럼 작은 일을 논의할 때는 유머 감각이 넘치지만, 오렌지만 한 일을 논의하다 보면 논리만 남는다. 그러다 수박처럼 큰일을 논의하기로 하면 혼신의 힘을 다하다 보니, 긴장 상태가 계속된다.

81세의 민츠버그가 '정곡을 찌르는 유머'로 가득 찬 『경영자를 위한 베드타임 스토리』를 출간했을 때 내가 느낀 시기심의 원인은 바로 여기에 있다.

---

* 컴퓨터의 전반적인 성능을 좌우하는 컴퓨터의 두뇌.

# 본질을 통찰하면 비유를 사용할 수 있다

나는 운 좋게도 재계 고수들을 만날 기회가 많았다. 그들은 일부 난해한 비즈니스 이론을 설명할 때 비즈니스 세계에 대한 깊은 통찰을 기반으로 이야기한다. 하지만 비유를 통해 쉽게 풀어냄으로써 듣는 사람이 감탄하게 한다.

## 본질을 통찰한 사람은 비유를 사용할 수 있다

칭다오 맥주의 전 회장인 진즈궈金志國는 비유의 고수다.

전에 나는 〈중국에 묻다〉라는 프로그램에서 기업가들과 칭다오 맥주를 탐방했다. 그때 우리는 운 좋게도 진즈궈 전 회장의 이야기를 들을 기회를 얻었다.

한 기업가가 "어떻게 사람을 모집하고 채용하시나요?" 하고 물었다. 경영대학원이었다면 인재 선발, 인재 양성, 인재 활용, 인재 유지의 관리 과정으로 매우 복잡한 내용을 다룰 것이다. 게다가 인력 자원의 측면에서만 봐도 계획, 채용, 업무 분담, 임금, 인센티브, 훈련, 유지 등의 시스템으로 세세히 나뉜다. 그러나 진즈궈 전 회장의 대답은 달랐다.

상자를 만들려면 홈이 파인 나무가 좋고, 관을 짜려면 금사남목(최고의 목재)을 찾아야 하며, 문이나 창문을 만들려면 소나무가 좋습니다.

모두가 탄복을 금치 못했다.

경영대학원 교수들은 재능에 따라 사람을 쓰고, 재목에 따라 달리 가르쳐야 한다고 강의한다. 이런 강의는 지루하고 공허하다. 하지만 진즈궈 전 회장의 이야기에서는 남다른 깊이감이 느껴졌다.

상자, 문, 창문은 사장인 당신이 채용하고자 하는 직무다. 만약 당신이 채용하려는 사람이 그 기준에 도달하지 못한다면 직무와 사람이 서로 알맞지 않은 것이다. 즉, 기준 이하의 직원을 채용해서는 안 된다. 소나무로 상자를 만들면 효과가 떨어진다. 세상에서 가장 비싼 목재인 황화리목을 불쏘시개 삼으면 되겠는가? 사람도 마찬가지다. 당신의 직원이 소나무라면 '창문, 문'을 만드는 게 맞다. 만일 녹나무라면 '상자'를 만들어야 한다. 또 황화리목이라면 '정교하고 아름다운 가구'를 만들어야 한다.

작은 회사가 대기업으로 성장하려면 흔히 '기업 생명 주기'라고 말하는 세 가지 단계를 거쳐야 한다. 이에 대해 진즈궈 전 회장은 이렇게 말했다.

창업 초기의 회사는 초본 식물처럼 생명력이 강해 햇볕만 쬐어도 찬란하게 빛을 발합니다. 이때 회사가 의존하는 대상은 창업주로, 나머지 직원은 모두 조수죠. 창업기를 지난 회사는 풀보다 훨씬 큰 관목으로 성장해요. 그 무렵의 회사가 여전히 창업주에만 의존할 수 있을까요? 그럴 수 없죠. 이땐 팀에 의존합니다. 이후 회사는 더 크게 성장해 하늘을 찌르는 커다란 교목이 됩니다. 이 시기에 다다르면 회사는 더 이상 창업주나 팀에 의존할 수 없고, 시스템에 의존해야 하죠.

진 전 회장은 기업 생명 주기를 식물로 형상화시켜 비유를 들었다. 그래서 기업의 각 단계가 어떤 모습인지 명확한 그림을 그릴 수 있었으며, 또 기업이 각 단계마다 무엇에 의존해 무엇을 해야 하는지도 알 수 있었다.

이 외에도 진즈궈 전 회장은 다양한 비유를 통해 회사의 경영자로서 이해하기 어려울 수 있는 개념들을 풀어내곤 했다. 일례로, 많은 기업가가 오해하고 있는 시스템 구조, 전략, 시장, 상품, 브랜드 등 기업 거버넌스의 일부 개념에 대해 "기업이란 한 그루의 커다란 나무 같아서 뿌리는 시스템 구조, 기둥은 전략, 수관은 시장, 과실은 상품, 잎은 브랜드"라고 명료한 답변을 내놓기도 했다.

## 뿌리

뿌리는 토양에서 양분을 흡수한다. 뿌리는 큰 나무가 생명을 유지할 수 있게 하는 기반이다. 시스템 구조 역시 한 회사의 기반으로, 구조가 잘못

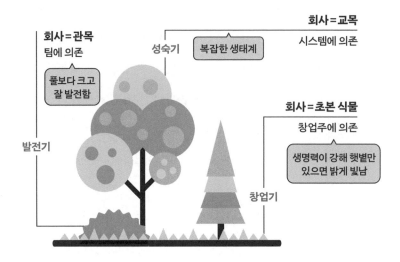

되면 모든 것이 잘못된다. 따라서 뿌리는 시스템 구조라고 할 수 있다.

### 기둥

기둥은 나뭇가지와 나뭇잎으로 양분을 전달하고, 나뭇가지와 나뭇잎은
직간접적으로 기둥에 의탁해 산다. 풀(초본 식물)이나 관목에게는 기둥이
없다. 풀, 관목 시기의 회사는 규모가 작아 전략이 없는 것이 최고의 전략
이다. 하지만 회사가 크게 성장해 교목이 되면 전략이 회사의 방향이 된
다. 따라서 기둥은 곧 전략이다.

### 수관

수관이 어느 정도의 범위를 커버할 수 있는지는 당신의 시장 규모가

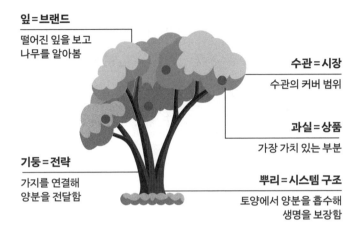

잎 = 브랜드
떨어진 잎을 보고
나무를 알아봄

수관 = 시장
수관의 커버 범위

과실 = 상품
가장 가치 있는 부분

기둥 = 전략
가지를 연결해
양분을 전달함

뿌리 = 시스템 구조
토양에서 양분을 흡수해
생명을 보장함

어느 정도인지를 말해준다. 따라서 수관은 시장이다.

### 과실

당신이 상품을 고객에게 팔고 싶다면 그것은 당신이 가지고 있는 최고의 물건이자, 고객에게 가치 있는 물건이어야 한다. 나무에게 가장 가치 있는 부분이 바로 영양을 품고 있는 과실이다. 따라서 과실은 상품이다.

### 잎

잎은 그 수가 매우 많고 가벼운 데다 쉽게 떨어져 바람에 멀리 날아간다. 다른 사람들은 당신이라는 큰 나무를 보지 못했을 수 있다. 하지만 잎을 보면 당신이 어떤 나무인지, 어떤 열매를 맺는지 알 수 있다. 따라서 잎은 브랜드다.

진즈궈 전 회장은 비유를 통해 기업 거버넌스의 개념을 아주 생동감 넘치게 설명했다. 그 설명을 통해 시스템 구조, 전략, 시장, 상품, 브랜드를 보다 명확하고 깊이 있게 이해할 수 있도록 이끌었다.

진즈궈 전 회장의 경우를 통해 알 수 있듯이 본질을 통찰하는 고수는 비유의 고수다.

## 비유의 고수가 되는 법

본질을 통찰하는 고수들이 비유에 능한 이유는 무엇일까? 어떻게 해야 비유 능력을 키울 수 있을까?

비유는 본질적으로 사물의 본질을 통찰하는 능력이다. 비유를 사용하려면 세 단계를 거쳐야 한다. 1단계, 복잡하고 낯선 사물의 본질을 통찰한다. 2단계, 모두를 익숙한 사물과 연결한다. 3단계, 익숙한 이야기로 낯선 사물을 설명한다.

비유를 잘 사용하려면 두 가지 사물의 본질을 모두 통찰할 수 있어야 한다. 낯설고 복잡한 사물의 본질과 주변에서 가장 익숙한 사물의 본질을 전부 꿰뚫어야 한다. 진즈궈 전 회장은 사물의 본질을 통찰하는 능력이 뛰어날 뿐더러 다년간 칭다오 맥주를 경영한 경험이 쌓여 기업 거버넌스, 관리의 본질을 쉽게 파악했다. 그래서 복잡하고 까다로우며 이해하기 힘든 개념을 친숙하고 이해하기 쉬운 비유를 들어 큰 품을 들이지 않고 여유롭게 설명할 수 있었다. 진즈궈 전 회장 외에도 내가 만난 통찰력이 뛰어난 사람들은 모두 비유의 고수였다. 샤오미 그룹의 공동 창업주 류더劉德 역시 그렇다.

샤오미 스마트 홈퍼니싱에는 TV, 공유기, 도어락, 밥솥, 로봇 청소기, 공기 청정기 등 다양한 설비들이 포함된다. 이러한 설비들은 하나의 앱으로 제어할 수 있고, 이 앱은 모든 샤오미 홈퍼니싱 제품의 리모컨과 같은 역할을 한다. 즉, 리모컨이 하나의 거대한 입구다. 이 입구에서는 어떤 가치가 만들어질까? 앱에서는 홈퍼니싱 제품의 현황을 확인할 수 있을 뿐만 아니라, 고객이 직접 소모품을 구매할 수도 있다.

예를 들어 공기 청정기 필터나 로봇 청소기의 솔 교환 시기가 되면 알람이 울린다. 그럼 앱에서 터치 한 번으로 필요 물품을 바로 구매할 수 있다. 만약 샤오미 스마트 냉장고가 있다면 달걀, 우유 등의 주문을 도와준다. 앱 하나가 리모컨 역할을 하며 수많은 구매 행위로 연결되는 것이다.

내가 이렇게 길게 설명한 개념을 류더는 '리모컨 전자 상거래'라는 간략한 단어로 설명했다. 모든 샤오미 설비를 제어하는 입구의 가치가 얼마일지 바로 이해되지 않는가? 그리고 매우 명확하고 구체적으로 이미지가 그려지지 않는가? 그는 이 일의 본질을 깊이 통찰한 다음, 사람들에게 익숙한 물건과 연결시켜 모두가 쉽고 빠르게 이해할 수 있도록 했다. 실로 엄청난 능력이다.

샤오미의 생태망에 속한 제품 중 상당수는 '하이테크' 또는 '스마트' 제품이 아니다. 그 제품들엔 센서도, 소프트웨어도 없다. 심지어 수건, 매트

리스 등 일부 제품은 지극히 평범한 생활용품이다. 이에 대해 '샤오미가 과학 기술계의 무인양품이 되겠다고 한 것 아닌가' '무인양품 제품을 진짜 만들 생각인가' '약속한 테크놀로지는 대체 어디에 있는가'라고 문제를 제기하는 사람도 많았다.

류더는 샤오미의 입장에서 생활용품 사업은 '고구마 장사'와 같다고 설명한다. 샤오미는 2017년 기준으로 5억 명 이상의 고객을 확보했다. 그중 4억 명 이상이 활성 이용자다. 그들은 샤오미 휴대전화, 충전기, 밴드 등 테크 제품 외에도 수건, 매트리스 등 고품질의 생활용품을 필요로 한다. 이런 소비 수요를 그냥 날리기보단 매출 실적으로 가져가는 편이 좋다. 훨훨 타오르는 아궁이의 열기를 식도록 내버려 두기보다 미열로나마 고구마를 익히는 게 더 나은 것처럼 말이다. 이것이 바로 샤오미의 '고구마 장사'다. 류더는 일반적인 두 단어로 모든 일을 포괄 설명함으로써 정확하면서도 이해하기 쉽게 핵심을 전달한다.

그럼 도대체 어떤 고구마를 구워야 할까? 이 질문에 대해 류더는 '생활용 소모품'이라고 또 다른 비유를 들었다. 샤오미의 생활용품, 특히 의류 제품을 보면 별다른 차별성이 없는 획일화된 제품들이 많다. 그에 대해 류더는 다음과 같이 말했다.

내가 이해한 바로, 의류 제품은 생활용 액세서리와 생활용 소모품으로 나뉜다. 액세서리는 생활용 장식품으로 각기 다른 장소에 따라 차별성을 두고자 한다. 반면 소모품은 표준화된 것으로 프린트기의 잉크 카트리지처럼 한 번에 한 세트를 살 수 있고, 실용성과 품질을 갖춘 제품을 추구한다. 의류 제품은 소모품 시장으로 수요는 현재 증가 추세다. 예를 들어 미국인이 한 해 평균 12개의 수건을 사용한다면 중국인은 1~2개다. 14억 인구가 140억 개의 수건을 매년 구매할 수 있다. 이렇게 거대한 시장이 존재한다면 관련 업종에서 거대 기업이 출현할 가능성이 크다. 따라서 샤오미는 생활용 소모품 시장에 주목하고 있다.

'리모컨 전자 상거래' '고구마 장사' '생활용 소모품' 등 류더는 몇 가지 비유를 사용해 간단하면서도 정확하게 그리고 신선한 방식으로 샤오미의 비즈니스 논리를 설명했다. 적절한 비유를 잘 활용하기 위해서 사물의 본질을 통찰해야 하는 이유다. 사물의 본질을 파악한 친근한 비유는 그 개념이 어려웠던 사람들도 이해할 수 있게 돕는다. 또한 절묘한 비유를 만듦으로써 이면의 논리를 손쉽게 풀어낼 수 있으니, 자신의 논리를 다른 이들에게 관철시키기도 쉽다.

# 경계감의 본질은 소유권에 대한 인식이다

인간관계를 맺을 때 어떤 사람은 봄바람 같아 관계를 형성하기 쉽다. 반대로 내게 스트레스를 주고, 이맛살을 찌푸리게 만드는 사람도 분명 있다. 그들은 '연봉이 얼마죠?'처럼 대답하기 곤란한 질문을 자주 한다. 또는 '이 일 좀 도와줘. 안 도와주면 넌 친구도 아니다'라고 대응하기 어려운 요구를 한다. 당연하게도 이런 사람들과는 되도록 교류하고 싶지 않다.

그들이 이기적이고 인성이 안 좋다고 단정할 수는 없다. 그들 중 대부분은 행동에 악의가 없다. 다만 경계감 또한 지나치게 없을 뿐이다.

## 경계감이란 무엇인가

수많은 관계에는 거리감이 존재한다. 절친한 친구 사이에도 일정한 심

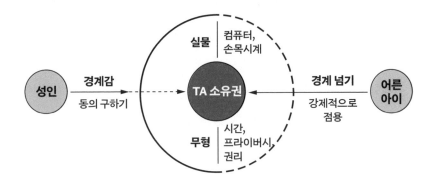

리적 안전거리가 존재한다. 그러나 한 사람이 그 경계를 살짝만 넘어도, 상대는 본능적으로 뒤로 물러선다. 경계감에 따른 결과다.

경계감의 본질은 소유권 인지다. 무엇이 당신에게 속하고, 무엇이 상대에게 속하는지 알아야 한다. 당신은 당신의 범주에서 일하고 상대는 상대의 범주에서 일한다. 만약 그 경계를 넘어서고 싶다면 상대의 동의 먼저 구해야 한다.

두 나라 사이에 경계가 있다. 이때 당신이 경계를 넘어가 다른 나라의 과일을 따려면 먼저 그 나라의 동의를 구해야 한다. 저 경계 너머에 과일이 있는데 그걸 안 따면 손해라는 생각으로 함부로 경계를 넘으면 안 된다.

경계감을 갖기 위해서는 무엇이 경계인지부터 알아야 한다. 그런 다음 '경계 안에서 일을 처리하되 경계를 넘으려면 상대방의 동의를 먼저 구해야 한다'라는 기본 예의를 이해해야 한다.

갓난아기에게는 경계감이 없다. 태어난 직후의 아이는 엄마와 한 몸으로 여겨져 무엇이 '내 것'이고 무엇이 '남의 것'인지 구분하지 못한다. 아이는 자라면서 자신과 엄마가 본디 다른 개체임을 깨닫는다. 그렇게 경계감을 조금씩 형성해 나간다.

심리학자 우즈훙武志紅은 신체적으로는 어른이 됐지만 마음은 여전히 아이 같은 사람을 '어른아이'로 칭했다. 어른아이는 무엇이 자기 것이고 무엇이 다른 사람의 것인지 구분하지 못한다. 어렸을 적 엄마로부터 분명한 경계를 인식하도록 배우지 못했기 때문이다. 예를 들어 엄마가 주스를 마시고 있는데 그걸 보던 아이가 엄마의 주스 컵을 가져가 마셨다고 해보자. 이때 어떤 엄마는 아이에게 아무 말도 하지 않고 자연스러운 행위로 받아들인다. 자기 것이 곧 아이의 것이라고 생각하기 때문이다.

그러나 소유권에 대한 인식이 비교적 강한 가정이라면 이런 일이 자주 발생하지 않는다. 주스가 먹고 싶다면 아이가 엄마에게 묻는다. "엄마 주스 제가 마셔도 돼요?" 동의를 구하고 허락을 받은 다음에야 주스를 마신다. 이 질문을 할 때 아이의 마음속엔 경계감이 있다. 그는 자신과 엄마가 매우 친밀한 관계이고 엄마가 선뜻 주스를 줄 거라는 사실을 알지만, 엄마의 동의 먼저 구한다. 왜냐하면 그건 엄마의 소유, 즉 엄마의 주스이기 때문이다.

어릴 때 경계에 대한 인식을 배우지 못하면, 어른이 된 후에도 경계감이 모호해 생활이나 업무에서 여러 난관에 부딪치게 된다.

## 아무리 좋은 관계여도 경계를 넘으면 안 된다

직장 동료들과 어떻게 교류해야 하는지, 어떤 결정을 누가 내려야 하는지 아는 것도 일종의 경계감이다. 경계감을 가진 사람이라면 내가 내려야 할 결정과 상사가 내려야 할 결정을 구분할 수 있다. 만약 그 경계를 뛰어넘고 싶다면 상대의 동의부터 구해야 한다. 사장도 마찬가지다. 그런데 사장이 직원을 관리할 때 이런 문제를 인식하지 못하는 경우가 있다.

어떤 사장이 경영하는 회사가 고속 성장 단계에 접어들었다고 해보자. 그런데 어느 날, 매우 유능한 직원이 갑작스러운 사직 의사를 밝혔다. 사장이 직원에게 물었다. "일을 이렇게 잘하는데, 왜 그만두려고 합니까?" 직원이 대답한다. "제 아내가 이 도시를 떠나고 싶어 합니다. 물론 저는 여기 남고 싶습니다. 하지만 아내와 함께 가기로 결정했습니다." 그러자 사장이 이렇게 말한다. "그럼 아내와 이혼해요. 일이 가정보다 더 중요하지. 여기 남으면 전도유망한 미래가 펼쳐질 텐데, 가정을 위해 이 좋은 기회를 날립니까? 아깝잖아요." 이때 사장은 경계를 넘었다. 이혼 여부는 당사자가 결정해야 하는 사안이므로 회사와는 무관하다는 사실을 인식하지 못했다. 그가 경계를 넘어 언급한 말은 직원을 더 난처하게만 만들었다.

인간관계에서 우리는 이런 상황을 자주 경험한다. 회의에 참석했다가 새로운 관계를 맺었다고 해보자. 처음에는 다들 예의가 바르다. 서로 자기 회사, 직무를 소개하고 명함을 주고받는다. 이야기를 나누던 중 한 사람이 대뜸 '한 달에 얼마나 법니까?' 하고 질문한다. 이런 사람은 정말 상대하기가 싫다. 함부로 선을 넘으니 당연하다.

어떤 사람은 심지어 "난 한 달에 3만 위안 법니다. 당신은요? 당신은 한 달에 얼마 벌어요? 내가 당신에게 말해줬으니, 당신도 내게 솔직히 털어놔요"라고 말하기도 한다. 더 예의에서 벗어난 말이다. 한 달에 얼마를 버는지는 개인의 프라이버시다. 프라이버시의 소유권은 당사자에게 있으므로 다른 사람이 당사자에게 그걸 적극적으로 물어서도 안 되고, 대답을 들으려 해서도 안 된다. 만약 당신이 먼저 상대에게 한 달에 3만 위안 번다고 말했다면, 그것은 당신이 자신의 소유권을 상대와 나누길 원한다는 뜻이 된다. 하지만 그렇다고 상대 역시 상대의 소유권을 당신과 나눌 필요는 없다.

또 어떤 상황이 있을까? 친구가 메시지로 당신에게 어떤 질문을 했는데, 일이 너무 바빠 답장을 못 했다. 바로 친구에게서 전화가 걸려온다. "네가 답이 없어서 직접 물어보려고 전화했어." 이때 당신은 이렇게 말한다. "내가 지금 바빠서 전화를 받을 수 없어. 문제가 있으면 메시지 남겨 줄래? 시간 나면 다시 연락할게." 자연스러운 상황이다. 그런데 친구가 갑자기 버럭 화를 낸다. "넌 날 친구 취급도 안 하는구나! 난 네가 정말 좋은 사람이라고 생각했는데, 내가 사람을 잘못 봤네!" 이 경우 또한 전형적으로 경계감이 부재한 사례다.

그 사람의 시간 소유권은 그 사람에게 있다. 타인이 그 시간을 사용할 권리는 없다. 내가 다른 사람의 시간을 사용하려면 반드시 상대의 동의를 구해야 한다. 그의 시간을 강압적으로 사용하면 경계를 넘는 행위가 된다.

## 경계 지키기

일반적으로 사람들은 사물의 소유권을 정확히 구분한다. 이 손목시계가 당신의 것이고 저 컴퓨터가 내 것임을 정확히 안다. 하지만 시간, 프라이버시, 권리 등의 무형의 존재에 대한 소유권은 정확히 구분하지 못하는 경우가 많다.

예를 들어보자. 회사에서 회의를 통해 어떻게 업무를 진행할지 논의하고 있다. 다들 각자의 의견을 내세우며 논쟁을 벌인다. 토론이 끝나자 사장이 탁자를 두드리며 "최종적으로 이렇게 결정합니다"라고 말한다. 이때 반대 의견을 가진 직원이 벌떡 일어나 반박한다. "저는 동의할 수 없습니다. 이렇게 해서는 정말 안 됩니다. 이렇게 하는 건 잘못된 겁니다." 이직원은 경계를 넘었다. 왜일까?

의견 발표는 직원의 권리다. 하지만 결정은 사장의 권리다. 다들 각자가 어떤 권리를 갖고 있는지 명확히 구분해야 한다. 당신이 직원이라면 논의에 참여해 의견을 내놓을 수는 있다. 하지만 결론적으로 사장이 당신의 제안을 채택하지 않아도 받아들여야 한다.

이때 당신은 어떤 행동을 취해야 할까? 물론 당신은 자신의 주장을 계속 고집할 수 있다. 사장의 결정에 동의하지 않을 수 있다. 사장의 말에 설득되지 않을 수도 있다. 그것은 당신의 권리다. 그래도 사장의 명령에 따라야 한다. 이것이 당신의 직무다.

다른 사람과 소통하고 교류할 때도 마찬가지다. 당신에겐 표현할 권리가 있고, 상대에겐 받아들일 권리가 있다. 당신이 말한 관점을 상대가 믿지 않을 수 있고, 동의하지 않을 수 있으며, 또 받아들이지 않을 수 있다. 하지만 당신에겐 표현할 권리가 있으므로 상대방이 당신의 말에 동의하지 않더라도 당신의 말을 막아선 안 된다. 마찬가지로 당신 역시 상대가 당신의 의견에 동의하지 않더라도 온갖 수단과 방법을 강구해 상대가 당신의 의견을 받아들이도록 강제할 수 없다.

이 책도 마찬가지다. 나는 이 책을 통해 표현할 권리가 있다. 하지만 내가 쓴 내용을 받아들이도록 당신에게 강제할 권리는 없다. 따라서 나는 '당신은 반드시 어떻게 해야 합니다. 이렇게 하지 않는다면 어떻게 될 겁니다'라고 말할 수 없다. 나는 그저 '이 일에 대해 이렇게 생각하고 나라면 이렇게 할 것이다' '당신에게 도움이 되길 바란다' 정도만 이야기할 수 있다. 이때 이 제안을 받아들일지는 당신이 결정하면 된다. 이것이 당신의 권리고, 경계감이다.

# 대량의 도파민이 분비돼
# 모든 창업자를 지원한다

대부분이 신경 과학 분야를 낯설어한다. 하지만 사실 신경 과학은 우리의 생활과 밀접한 관계가 있다. 예를 들어 도파민은 목표를 세운 사람들이 지속적으로 위를 향해 나아가도록 지원하고, 엔도르핀은 운동에서 즐거움을 느낄 수 있도록 한다. 세로토닌은 사람들을 단순하고 행복하게 만들어 우울증을 감소시킨다.

처우쯔룽仇子龍 선생님은 중국 과학원 신경과학연구소 고급 연구원이자 박사 과정 학생들의 지도 교수다. 그의 유전자 과학 강의는 나를 포함한 많은 사람에게 큰 혜택을 줬다. 비즈니스와 신경 과학 분야의 접점을 찾으려고 노력하던 차에 처우쯔룽 선생님과의 대화는 그에 대한 몇 가지 답을 찾아줬다.

## 행동 촉매제: 도파민

처우쯔룽 선생님과 이야기를 나누기에 앞서 나는 경영대학원의 전형적인 사례에 대해 설명했다.

당신은 전기 드릴을 사기 위해 쇼핑몰에 간다. 그런데 사실 당신의 수요는 구멍을 뚫는 데 있다. 구멍을 뚫으려고 전기 드릴을 사는 것이다. 이 사고의 흐름을 계속 따라가다 보면 구멍을 뚫으려는 이유는 사진을 벽에 걸기 위해서다. 사진을 걸려는 이유는 아름다운 시간을 기억하기 위해서다. 결국 가장 깊은 차원의 수요는 실제로 아름다운 시간이 가져다주는 도파민 분비라는 사실을 알게 된다. 전기 드릴을 사려는 수요의 배후에 뜻밖에도 도파민 분비가 있다. 이런 관점에서 보면 이른바 '고객의 수요 만족'은 신경 과학의 차원과 맞닿아 있다.

나는 처우쯔룽 선생님께 첫 번째 질문을 했다. "전문적인 관점에서 보면 도파민은 무엇입니까? 어떤 작용 메커니즘을 가지고 있습니까?" 이에 대해 처우쯔룽 선생님은 "인간이 동기를 정한 후 꾸준히 상향 발전하고, 그 과정을 즐기며 목표를 달성하도록 지원하는 화학 물질이 바로 도파민"이라고 말했다.

예를 들어 한 창업가는 사업을 매우 사랑하고 자신의 회사를 상장하겠다는 동기가 명확하다. 이때 그의 머릿속에서 도파민이 가장 많이 분비된다. 하지만 그는 창업 과정에서 여러 어려움을 직면한다. 가족과 함께할 시간이 없고 각종 회사 일로 고민이 깊어진다. 더는 창업이 즐겁지 않아진다. 하지만 도파민 분비는 그에게 특별한 만족감을 줬으므로 그는 자신이 창업 과정을 즐기고 있다고 느낀다. 그런데 막상 회사가 상장되니 도파민이 온데간데없어진다. 목표가 달성되면 그는 더 높은 목표를 세워야 한다.

도파민은 사람에게 중요하다. 우리가 동기를 가지고 어떤 일을 처리할 때 도파민은 이 과정을 즐기도록 만든다. 쉼 없이 올라가야 하는 생에서 도파민은 우리가 위로 올라갈 수 있도록 지원하는 중요한 물질이다.

그러나 동기의 방향이 옳지 않으면 도파민 시스템이 제어되거나 '빼앗길' 수 있다는 점을 주의해야 한다. 일례로 게임을 예로 들 수 있다. 게임은 동기가 매우 강하다. 게임 중독에 빠진 사람은 쉬지 않고 게임을 함으로써 즐거움과 만족감을 느낀다. 이때 그들은 도파민 시스템을 빼앗겼다고 볼 수 있다.

많이들 도파민이 사람에게 즐거움을 준다고 오해한다. 하지만 도파민은 즐거움과는 아무런 상관이 없다.


## 즐거움의 원천: 엔도르핀, 세로토닌


즐거움과 연관 있는 화학 물질은 엔도르핀이다. 대뇌에서는 모르핀과 유사한 내인성 물질, 엔도르핀이 분비된다. 엔도르핀은 대뇌를 자극해 기쁨을 느끼게 한다. 엔도르핀은 도파민과 달리 강력한 동기를 필요로 하지 않는다. 예를 들어 매일 매운 음식을 먹어 대뇌를 자극함으로써 엔도르핀을 분비시킬 수 있다. 다만 이런 자극은 상대적으로 약하다. 달리기로도 대뇌에서 엔도르핀을 분비시킬 수 있다. 다만 오랫동안 계속해서 뛰어야 한다. 오래 달리면 기분이 좋아지는 걸 느낄 수 있는데, 이것이 바로 엔도르핀이다.

우리를 기쁘게 해주는 또 다른 화학 물질에는 세로토닌이 있다. 세로토닌은 매우 중요한 화학 물질이다. 우울증을 제어하는 가장 좋은 방법은 세로토닌 분비를 자극하거나 세로토닌 기능을 향상시키는 것이다.

청화대학교의 뤄민민羅敏敏 교수는 쥐가 세로토닌을 분비하도록 설계한 실험을 진행했다. 그 실험을 통해 쥐의 세로토닌을 직접 자극하면 쥐가 매우 단순한 즐거움을 얻을 수 있다는 사실을 발견했다. 어떻게 쥐가 단순한 즐거움을 느끼게 만들었을까?

쥐를 잠시 뛰게 한 후 설탕물을 마시게 했다. 그러자 곧바로 흥분해 세로토닌이 분비됐다. 설탕물 마시기는 일종의 자극으로, 쥐를 끊임없이 자극하면 단순한 즐거움을 느끼게 할 수 있다. 이것은 도파민과는 또 다른 영역이다. 도파민 분비를 자극하면 정서적 즐거움을 느끼지 않지만, 세로토닌 분비를 자극하면 단순한 즐거움을 얻을 수 있다. 세로토닌은 우리를 단순하게 만들고 즐거움을 느끼게 하는 일종의 화학 물질이다.

당분을 먹으면 왜 기분이 좋아질까? 당분은 일종의 에너지 공급원이다. 밥을 배불리 먹을 수 없던 시절에 사람들은 필사적으로 당분을 섭취했다. 당분을 좋아하지 않으면 에너지를 저장하지 못해 자연히 도태됐고, 당분을 좋아하면 즐거움을 느껴 살아남을 수 있었다. 오늘날엔 굳이 당분을 먹어서 에너지를 저장할 필요가 없다. 따라서 요즘에 단 음식을 먹는 행위는 순전히 즐거움을 얻기 위함이다.

처우쯔룽 선생님에 따르면 즐거움을 얻을 수 있는 방법이 세 가지 있다. 첫번째는 목적성이 강한 도파민을 통해 완수하기 어려운 과업 등 목표한 일을 해내는 것이다. 두 번째는 장시간 지속적 훈련을 통해 엔도르핀 분비를 자극하는 것이다. 마지막은 대뇌에서 단순한 즐거움을 느끼도록 세로토닌 분비를 자극시키는 것이다.

이 세 가지 각기 다른 화학 물질은 각기 다른 방식으로 사람들을 즐겁게 만든다.


## 신경 과학=인지 과학?


신경 과학에 대해서는 어느 정도 이해됐으리라 생각된다. 하지만 인지 과학과 자주 혼동되는 신경 과학을 어떻게 구분할 수 있을까?

처우쯔룽 선생님은 신경 과학과 인지 과학 모두 대뇌를 연구하지만 연구 방향이 다르다고 했다. 인지 과학자는 대뇌가 인지적 결정이나 판단을 내릴 때 어느 쪽 뇌가 활성화되는지 등 거시적 관점에서 인간의 대뇌를 연구한다. 반면 신경 과학자는 말단의 유전자에서 출발해 대뇌의 기능을 연구한다.

이 설명을 듣고 나니 둘의 차이를 대충 이해할 수 있었다. 인지 과학은 다양한 테스트를 통해 경험을 모색한 다음 최종적으로 결론을 내리지만,

신경 과학은 유전자와 원리 차원에서 사고하고 연구한다.

## 유전자 뇌과학에서 바라본 비즈니스 세계

이 개념을 비즈니스에 그대로 적용함으로써, 비즈니스 세계에도 '보상 메커니즘 표'가 존재함을 발견할 수 있었다.

게임 회사가 이 표의 코드를 해독하면 보상 메커니즘을 통해 게임 유저를 즐겁게 할 수 있다는 것을 알게 된다. 따라서 게임 회사는 두 걸음만 가면 보물 상자가 나오고, 곧바로 작은 괴물을 때려잡아 몇 점을 따낼 수 있도록 게임을 설정했다. 이 게임은 끊임없이 즉각적 만족을 주는 듯 보이지만 사실은 디코딩 과정이다. 즉, 보상 시스템을 이용해 또 다른 방식으로 당신이 화학 물질을 분비하도록 자극함으로써 즐거움과 기쁨, 만족감을 느끼게 한다. 보상 메커니즘을 통해 게임 유저가 이 게임을 구매하게 만든다.

과거 일부 업체들은 경험을 바탕으로 암호를 해독했다. 예를 들어 어떤 상품이 완판되면 무슨 컬러와 모델이 잘 팔렸는지, 고객이 어떤 식으로 조합하는 것을 좋아하는지 분석했다. 그러나 이젠 경험에만 의존하기보다, 다른 컬러의 조합이 소비자의 대뇌에서 어떤 반응을 일으킬지를 연구한다.

도덕과 법의 테두리 안에서 업체는 '보상 메커니즘 표'를 어떻게 잘 활

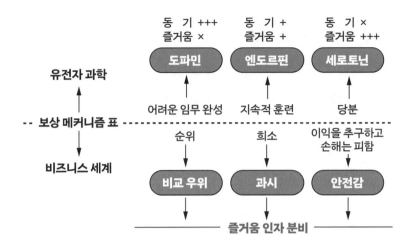

용할 수 있을까? 방법은 간단하다. 이 메커니즘을 잘 연구한 다음 '보상 메커니즘 표'를 활용해 즐거움 인자가 분비되도록 자극하면 된다.

'게임'이라는 보상 메커니즘에서 비교 메커니즘이 작동하면 비교 우위가 생긴다. 즉, 내가 상대방보다 더 잘해야겠다는 생각을 하고 순위권에 들면 기쁠 것이다. '보상 메커니즘 표'가 있기 전까지 당신은 게임 그 자체에서 즐거움을 느낀다. 하지만 보상 메커니즘의 표 안에서 당신의 일부 즐거움은 비교 우위(상위권)를 점하는 데서 비롯된다.

## 기업가는 어떻게 '보상 메커니즘 표'를 운용해야 할까

오늘날 기업이 제품을 만들 때는 고객이 더 큰 즐거움을 얻을 수 있도록 '보상 메커니즘 표'를 잘 운용할 줄 알아야 한다.

일례로 컴퓨터를 켜자마자 부팅 속도가 전국 사용자의 상위 14.6%라는 정보가 뜨면 약간의 즐거움을 얻을 수 있다. 신경 과학의 관점에서 이것은 보상 메커니즘의 어떤 물질이 만든 작용이다. 또 다른 예로, 안전감에서 비롯되는 즐거움은 엔도르핀이나 세로토닌에서 비롯됐을 수 있다. 안전감은 인간이 본능적으로 추구하는 행동이기 때문이다.

처우쯔룽 선생님은 모든 행동은 본능적 행동과 습득적 행동으로 구분할 수 있다고 말했다. 습득적 행동은 우리가 학교 같은 곳에서 배움을 통해 얻어진 행동이고, 본능적 행동은 이익은 추구하고 손해는 피하는 행위다. 그렇다면 왜 손해를 피하려 할까? 천적을 피하지 못한다는 건 죽음과 직결된 문제이기 때문이다. 그렇다면 이익은 왜 추구할까? 이익을 추구하면 그것을 얻음과 동시에 대뇌가 즐거운 만족감을 얻을 수 있어서다. 나는 이익은 추구하고 손해는 피하려는 본능적 행위가 현대 사회의 비즈니스에 대한 열쇠가 될 수 있다고 생각한다.

비즈니스의 '보상 메커니즘 표' 중에서 고객에게 더 큰 즐거움을 주는 요인으로는 비교 우위, 안전감, 과시가 있다.

비즈니스 세계에서 과시란 다음과 같다. 어떤 사람들은 루이비통 가방 사는 것을 좋아한다. 예쁘고, 품질도 좋으며, 더 중요한 점은 그것이 루이비통이기 때문이다. 소비자들은 루이비통 로고가 가방 외부에 떡하니 붙어 있다는 점을 좋아한다. 당신이 그들에게 그건 과시라고 말하면, 그들은 분명 기분 나빠할 것이다. 하지만 비즈니스에 종사하는 사람으로서는 소비자들이 본능적 행동에 반응해 자신의 과시 심리를 만족시키고 있음을 알아야 한다. 고객이 과시 본능을 발휘하도록 자극하면 상업적 성공을 얻을 수 있는 기회를 확보할 수 있다.

4장

---

# 경쟁력

## 사회 협력을 통해 가능성을 열어라

---

# 세계 3대 법칙을 이용하라

누군가가 내게 "어른스럽게 세상과 교류할 수 있는 방법"에 대해 물었다. 그는 '어른아이'와 '프로 불편러'를 자주 만나는데, 그들을 이해하기도 협력하기도 쉽지 않아 때론 싸움으로까지 번져 관계 형성에 어려움을 겪는다고 했다. 다시 말해, 그들은 매우 미성숙하고 프로 의식이 떨어지는 사람이 아니냐는 것이다.

난 그 사람에게 이런 일이 발생하는 이유는 서로가 다른 법칙으로 상대와 교류하기 때문이라고 솔직하게 답했다. 이 세상에는 자연법칙, 집단법칙, 보편법칙이라는 3대 법칙이 있다. 성인이라면 이 법칙을 어떻게 활용해 상대와 협력하고 자신을 보호할 수 있는지 알아야 한다.

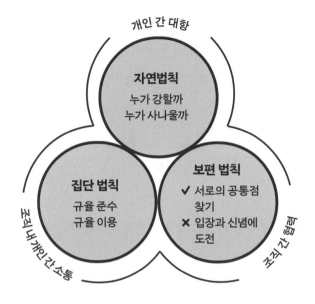

## 1. 자연법칙

자연법칙이란, 적자생존 혹은 약육강식의 법칙이다.

만약 어떤 사람이 당신이 살고 있는 동굴 안으로 들어와 모든 식량을 빼앗으려 한다면 당신은 어떻게 할 것인가? 무기를 휘둘러 그 사람을 내쫓는 것 외에는 다른 방법이 없다. 이런 상황에는 '우리는 예전에 평화 협정을 맺지 않았느냐' '이건 옳지 않다' 등의 말로는 상대를 설득할 수 없다. 또 '이번에 봐주면 다음엔 내가 봐줄게' 식의 말도 소용없다. 전부 의미 없는 말이다.

그는 굶어 죽기 직전이고, 당신 역시 굶어 죽을 지경이다. 생존을 위해

식량이 반드시 필요한 상황에서는 덩치가 크고, 힘이 세고, 사나운 것이 유일한 해결책이다. 이것이 바로 자연법칙이다.

자연법칙에서 살아남으려면 경쟁 우위를 점해야 한다. 각자가 지닐 수 있는 경쟁 우위는 크게 두 가지로, 하나는 '폭력'이고 다른 하나는 '교활함'이다. 듣기 좋게 바꿔 말하면 '건장함'과 '지혜'다. 동굴로 뛰어들어 바로 상대를 때려눕히거나 동굴 앞에 함정을 설치해 다른 사람이 동굴로 들어오지 못하게 하는 것이다.

자연법칙을 통해 우리는 개인의 이익을 잘 보호할 수 있다. 야만인을 만나게 되면 말이 통할 리 없으니 자연법칙으로 대응하기를 바란다.


## 2. 집단법칙


자연법칙에도 문제는 있다. 자연법칙은 사람과 사람 사이에 극심한 불신을 조장함으로써 협력을 어렵게 만든다. 그래서 집단법칙이 생겼다.

'집단'이란 단어에는 혈연 관계나 목적 관계가 담겨 있다. 또 여기엔 생존 지속과 목표 실현의 의미도 있다. 개인의 목표보다 더 큰 목표가 존재하기 때문에 함께 모여 집단을 형성한다. 가정 또한 하나의 집단이다. 회사나 종교, 나아가 국가도 마찬가지다. 개인의 목표보다 더 큰 목표가 존재하므로 개인 모두가 자신의 선택권과 정책 결정권을 집단에 맡긴다. 이때 탄생한 법칙이 바로 집단법칙이다.

두 사람이 의형제를 맺는다고 해보자. 이 둘은 술과 고기를 나눠 먹고 옷 한 벌도 나눠 입으며 금은보화는 저울로 재서 공평하게 분배한다. 두 형제는 복이 오면 함께 나누고 어려움도 함께 이겨낸다. 만일 누가 내 형제를 괴롭히면 내가 다칠 위험을 감수해서라도 응징한다. 그러나 형제가 나를 배반한다면? 미안하지만 형제에게도 기필코 응징한다. 이것이 의형제의 규칙이자 법칙이다.

기업은 늘 결과로 말한다. 기업에 속한 직원들은 함께 가치를 창출하고 이익을 나누며 성장해 앞으로 나아간다. 만일 기업에 비해 직원의 성장이 지나치게 빠르다면 그 직원이 당신의 곁을 금세 떠나더라도 기쁘게 보내줘야 한다. 반면, 집단에 비해 구성원의 성장이 지나치게 더디다면 아무리 안타까워도 보조를 맞출 수 있는 새 사람을 물색해야 한다. 그런 의미에서 누구도 당신의 옆에 평생 머물 수 없다. 가는 사람은 기쁘게 보내주고, 오는 사람은 반갑게 맞아야 한다. 이것이 기업의 규칙이자 법칙이다.

국가라면 조국을 사랑하고 법을 준수해야 한다. 정부는 공공 서비스를 제공하고, 당신은 책임과 의무를 다해야 한다. 법을 지키지 않으면 정부는 당신을 체포한다. 이것이 국가의 규칙이자 법칙이다. 이처럼 더 큰 목표를 위해 모두가 개인의 이익 일부를 희생하고, 집단의 강함으로 개인의 약함을 보호한다. 이렇게 정립된 규칙이 바로 집단법칙이다.


## 3. 보편법칙

하지만 집단법칙에도 문제가 있다. 집단 내부적으로는 단합이 잘 될 수 있지만, 집단과 집단은 충돌하거나 갈등을 빚을 수 있다. 이때 필요한 것이 보편법칙이다. 보편법칙은 개인과 조직을 넘어 모든 사람이 이해하고 인정할 수 있는 법칙이다.

2016년, 나는 이스라엘에 다녀왔다. '3대 종교(유대교, 기독교, 이슬람교)의 성지'로 불리는 예루살렘은 3천 년이라는 시간 동안 세계에서 가장 많은 침략을 당한 도시로 기네스북에 이름을 올렸다. 모든 종교가 자신이 예루살렘의 주인이라고 주장했다. 비통에 젖은 이 도시는 무려 44차례나 정복당했는데, 그중 22차례 파괴됐고 23차례 폐허 속에서 재건됐다.

나는 예루살렘에서 나 자신이 얼마나 무력하고 미미한 존재인지 깊이 깨달았다. 개인의 지혜로는 수천 년의 응어리를 결코 해결할 수 없음을 알게 됐다. 3천 년의 역사를 지닌 예루살렘에는 해결할 수 없는 무언가가 존재했다. 하지만 한편으로는 경이로움을 느꼈다. 때로는 살육을 멈추고 평화롭게 지냈고, 어떤 소수의 민족들은 혼란 속에서도 여전히 협력하고 거래했다. 어떻게 이것이 가능할까? 보편법칙이 있어서다.

나는 당신을 설득할 수도, 바꿀 수도, 교화시킬 수도 없다. 하지만 당신은 당신의 생각을 가질 수 있고, 나 또한 마찬가지다. 그 이유는 서로 다른 생각을 가지고 있더라도 우리 모두가 동의하는 바가 분명 존재하기 때문이다. 생명을 존중해 함부로 해치지 않아야 한다는 생각이 그 대표적인 예다. 이런 보편적 가치관은 집단의 갈등을 뛰어넘어 사람들로 하여금 더 큰 범주의 신뢰 관계를 형성하도록 한다.

만약 서로 다른 두 조직이 소통과 협력을 해야 한다면 보편법칙을 활용하기를 제안한다. 상대방의 입장과 신념에 도전하지 않되 보편성을 통해 서로의 공통점을 발견할 수 있다.

자연법칙에서 출발해 집단법칙을 지나 보편법칙에 이르기까지. 이 세 가지 법칙은 세계가 계속 진보하고 부단히 발전했다는 증거다. 세 법칙의 관점에서 세상을 보면 개인의 발전, 조직의 경쟁, 나아가 국제 정치의 이면을 이해할 수 있다.

하지만 돌이켜 자신을 바라봤을 때 이 점을 명심해야 한다. 자연법칙은 가장 '건장'하다. 가장 원시적이기 때문에 자신의 동의가 필요하다. 보편법칙은 가장 '효과적'이다. 범주가 가장 넓기 때문에 더 많은 협력을 이끌 수 있다. '어른아이'와 '프로 불편러'는 세상과 소통하는 과정에서 잘못된 법칙을 선택하고 있다.

스스로에게 '오늘 난 어떠한 법칙으로 이 세상과 가치를 교환했는가'를 자문해 보기를 바란다. 사용하는 법칙의 수준이 높아질수록 얻는 것도 많아진다. 그러나 동시에 취약해질 수도 있다. 집단법칙, 보편법칙으로 세상과 가치 교환을 하는 법을 알아두되 필요하다면 자연법칙으로 자신을 보호해야 한다.

# 자신만의 전략적 위치 에너지를 찾아 활용하라

화웨이는 연구 개발을 중요시한다. 그런 이유에서 매출액의 10% 이상을 연구 개발비로 사용한다. 2019년에는 연간 매출액의 15.3%인 1,317억 위안이 화웨이의 연구 개발비로 사용됐다. 전쟁에서는 고지를 선점하는 자가 우위를 차지하는 법이다. 화웨이는 연구 개발을 통해 그들의 위치 에너지를 높이고자 했다.

이 점을 좀 더 알아보기 위해서는 전쟁의 본질부터 파악해야 한다.

## 역량을 말할 때 무엇을 논해야 할까

나는 현대 사상가 중 한 명인 슝이熊逸의 강연 '자치통감'에서 '수공법 (물을 이용한 공격법)'에 관한 이야기를 듣고 깊은 인상을 받았다.

먼 옛날, 사람들은 전쟁 시 대부분 화공법(불을 이용한 공격법)을 사용했다. 『손자병법』에도 전쟁에서 불을 어떻게 운용할지에 관해 설명해 주는 「화공편」은 있지만, '수공편'은 없다. 물은 불과 달리 방어용이라는 인식이 일반적이다. 일례로 전쟁 시 성의 하천을 보호함으로써 수비와 방어의 기능을 한다.

그런데 전쟁에서 한 장군이 수공법을 쓰기로 결정했다. 장군은 물을 이용해 어떻게 성을 공격할 수 있을까? 답은 바로 댐을 쌓는 작전으로, 성벽을 에워싼 다음 댐을 건설하는 것이다. 과거의 공정 기술을 생각하면 성벽을 에워싸 댐을 쌓기란 쉽지 않다. 장군은 무려 3년에 걸쳐 상류 수원과 연결되는 큰 댐을 건설한다. 그다음은 비교적 간단하다. 물길을 트기만 하면 상류의 물이 콸콸 쏟아져 도시 전체가 물바다가 된다.

전체 과정은 그리 복잡하지 않아 보인다. 하지만 여기엔 더 밑바닥의 논리가 숨어 있다. '물'과 '불'의 차이가 아닌 '역량'의 차이라는 것이다.

역량을 말하기에 앞서 주먹에서 총알에 이르기까지 전쟁 수단의 능력에 존재하는 차이를 알아두면 좋다.


### ① 주먹

주먹을 쓰는 행위는 음식을 섭취함으로써 얻은 화학 에너지를 사용하는 것이다. 주먹 한 방을 날리는 순간에 화학 에너지는 순식간에 운동 에너지로 바뀌고, 주먹 끝의 단단한 관절이 상대의 부드러운 부위를 가격한다.

## ② 칼

손으로 칼을 들어 휘두르면 선형으로 절단이 이뤄진다. 역시나 팔뚝을 휘둘러 에너지를 사용하지만 칼에는 매우 예리한 칼날이 있어 힘 면적은 줄어들고 단위 면적당 받는 압력은 더 커져 적의 살을 가르고 뼈까지 상해를 입힐 수 있다.

## ③ 화살

시간의 차원이 확장된다. 활시위를 팽팽하게 당길수록 튕겨져 나오는 위치 에너지가 커진다. 활시위의 위치 에너지가 화살로 전달된 후 운동 에너지로 전환된다. 그다음 날카로운 활촉이 유일한 접촉점이 되어 '획' 하는 소리와 함께 적의 몸에 박힌다. 그 결과, 적에게 '점'의 상해로 폐부를 찌르는 공격력을 실현할 수 있다.

## ④ 투석기

투석기는 더욱 강력하다. 병사가 준비 과정에서 도르래를 당기면 그 안의 화학 에너지가 균형추를 천천히 들어 올리는 위치 에너지로 전환된다. 병사가 바위를 장착한 후 어느 순간 밧줄을 끊어 바위를 날리는데, 이때 균형추가 툭 떨어진다. 그 순간 지렛대는 균형추의 위치 에너지를 순식간에 바위의 운동 에너지로 전환시킨다. 이 운동 에너지는 100kg의 바위를 약 250m(축구장 2개의 길이보다 더 먼 거리) 너머로 날려 보내 적의 성벽을 와르르 무너뜨린다.

⑤ **총알**

이 단계까지 왔다면 공격 수단의 날카로움(칼, 화살촉)은 더 이상 고려하지 않아도 된다. 탄창 안에서 발생한 에너지만으로 충분한 운동 에너지를 만들 수 있는 총알은 대부분 동그랗다. 또한 둥근 총알이 인체에 들어가면 더 큰 저항을 받으므로, 총상을 입으면 막대한 상해를 입고 순식간에 전투력을 상실한다.

따라서 화약과 총기가 발명된 이후부터 인류가 장악할 수 있는 에너지 수준은 크게 높아졌다.


## 전쟁의 본질은 에너지 통제에 있다


이제 다시 도시의 수공전으로 화제를 돌려보자. 장군은 왜 수공전을 펼치기로 한 걸까? 물에는 엄청난 위치 에너지가 있다. 수공전의 본질은 위치 에너지를 이용하는 데 있다.

이과생의 관점에서 볼 때 병사 양성은 보급품 지급을 통해 병사가 섭취한 화학 에너지를 적을 죽이는 에너지로 바꾸는 것이다. 하지만 이 에너지는 크지 않다. 하루치 식사를 한 병사가 곧장 전쟁에 투입되면, 그날 얻은 화학 에너지만큼 칼을 휘두르거나 활을 쏘는 운동 에너지로 바꿀 수 있다. 하지만 그 이상의 에너지는 발휘할 수 없다.

장군은 수공전을 준비하며 3년에 걸쳐 댐을 건설했다. 하루치의 식사를 한 병사들이 3년간 댐을 쌓았다. 3년 동안 섭취한 화학 에너지를 차곡 차곡 쌓아 거대한 보루를 건설하고, 댐이 완공된 후 수문을 '쿵' 하고 열어 에너지를 일제히 쏟아 보냈다. 이 위치 에너지의 영향력은 확실히 엄청나다. 본질적으로 수공법은 군대가 3년 동안 섭취한 화학 에너지를 일시에 도시 하나를 무너뜨리는 에너지로 전환시키는 과정이다. 따라서 전쟁의 본질은 에너지 통제에 있다.

다른 예를 들어보자. 중국에는 '수비는 쉽고 공격은 어렵다'는 의미의 '이수난공易守難攻'이라는 성어가 있다. 전쟁에서 승리하기 위해선 위치 에너지가 큰 산꼭대기를 차지해야 한다. 산꼭대기에 있는 바위는 이미 높은 위치 에너지를 가지고 있으니, 아래쪽으로 가볍게 굴리기만 해도 엄청난 위력을 발휘한다. 그리고 적이 아래쪽에서 산꼭대기를 올려다보며 공격한다면 별도의 에너지를 추가로 만들 수 없을뿐더러 오히려 커다란 에너지 소모를 겪는다.

따라서 산 정상에서 아래를 향한 전쟁과 산 아래에서 위를 향한 전쟁은 본질적으로 다른 차원의 에너지 간 대항이다. 전쟁 중에는 눈에 보이는 것은 물론이고 자신에게 없는 모든 에너지를 잘 찾아 앞서 사용하는 사람이 승리한다. 여기서 말하는 전쟁은 우리가 현대에서 겪는 모든 갈등 상황을 말한다.

오늘날 누군가가 새롭게 병법서를 쓴다면, 그 제목은 아마도 '에너지 사용법'이 되지 않을까?

## 외부 위치 에너지를 빌려야 기업은 성공할 수 있다

에너지의 관점에서 기업 경영을 바라본다면, 영업팀은 화학 에너지를 운동 에너지로 전환시키는 팀이다. 전체 영업팀은 칼, 창, 도끼 등의 화약을 사용하지 않는 냉병기 시대의 군대로, 평지에서 바위를 미는 군사들에 빗댈 수 있다. 이들은 팀의 화학 에너지를 운동 에너지로 바꾼 다음, 바위를 계속 앞으로 밀고 나간다. 거인이 돌을 더 멀리 밀 수 있듯이 영업팀에서 힘이 더 세고 수준이 더 높은 사람이 고급 영업 사원이 된다. 거인은 많이 먹는 만큼 많은 에너지를 더 많이 변환시킨다.

진짜 우수한 기업은 수공법처럼 자신에게 없는 더 큰 에너지를 빌려 활용한다. 이러한 역량은 비즈니스에서 성공을 거둘 수 있게 한다.

비즈니스 모델에선 위치 에너지가 만들어진다. 우수한 비즈니스 모델을 가지고 있다면 산 정상을 점유한 것과 마찬가지다. 적에게 아무리 강력한 영업팀이 있어도 적은 아래에서 위를 올려다보며 싸워야 한다. 산 정상에서 그들을 향해 돌을 살짝 밀기만 해도 승리를 거둘 수 있다.

과학 기술 역시 위치 에너지다. 특허를 많이 가지고 있는 회사는 도구를 많이 가지고 있는 회사라고 할 수 있다. 도구의 위치 에너지, 과학 기술의 위치 에너지를 활용하면 비즈니스 경쟁에서도 '수공법'을 펼칠 수 있다.

화웨이 같은 과학 기술 회사가 매년 매출의 10% 이상을 연구 개발비로 투자해 '성벽'을 구축하는 이유다. 거대한 호수나 강줄기가 위치한 곳에서 한 기업이 매년 거대한 연구 개발비를 투자하면서 부대를 키워나가

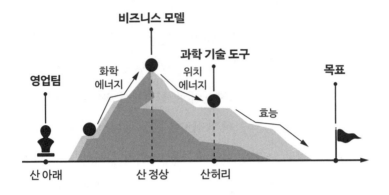

고, 미래의 과학 기술이 가져올 위치 에너지를 얻기 위해 안간힘을 쓴다. 이런 식으로 물가에 댐을 건설하면 물의 위치 에너지는 제 역할을 다할 수 있다.

단순히 화학 에너지에 의존하기보다는 외부의 위치 에너지로 전환할 수 있어야 기업의 성공 확률이 커진다.

흔히들 '클라이언트에게 접대하는 술은 제품을 만들 때 흘리지 않는 땀'이라고들 한다. 제품을 만든다는 것은 다음과 같다. 무거운 돌을 높디 높은 산봉우리로 밀어 올려 위치 에너지를 극대화하고, 돌을 가볍게 아래로 밀어 마케팅과 판매 루트의 저항을 감소시킨다. 이처럼 위치 에너지를 운동 에너지로 전환시킨 다음, 전환된 운동 에너지를 이용해 클라이언트를 최대한 커버하면서 비즈니스의 성공을 강구한다.

'구지우세, 불책우인求之於勢,不責於人'이란 말이 있다. '구지우세'란 전략적 위치 에너지를 찾고 기술의 우위, 우월한 비즈니스 모델, 효율의 이점을 추구하는 것이다. '불책우인'은 사람들을 적재적소에 배치해 자신의 역량을 발휘하도록 하는 것으로, 책임, 권리, 이익 제도 아래 각각의 사람으로부터 모든 역량을 동원하는 것을 말한다.

전쟁의 본질은 에너지의 통제다. 즉, 에너지를 통제한 자가 승리한다.

# 가격은 어떻게 결정되는가

나는 비즈니스 자문을 하면서 수많은 창업자를 만났다. 종종 제작한 물건을 소개하며 의견을 구하는 창업자도 있었다. 한번은 어떤 제품을 보고 이런 말을 했다. "제품이 괜찮네요. 그런데 비싸다는 생각이 듭니다." 그러자 창업자가 대답했다. "이건 중고급 제품으로 포지셔닝한 거예요. 중산층에게 판매할 계획이거든요." 그의 말에 난 이렇게 반응했다. "도대체 중산층이 무슨 죄를 지었다고 이렇게 비싸게 파는 겁니까?"

이런 말을 들은 대부분의 창업자는 이런 질문을 던진다. "제품 가격을 어떻게 결정해야 할까요?"

비즈니스 통찰의 관점에서 보면, 제품 가격은 소비자가 감지할 수 있는 세 가지 가치에 의해 결정된다. 기능 가치, 체험 가치, 개성화 가치다.

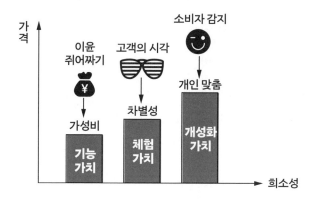

## 기능 가치

기능 가치란 무엇인가?

길거리에서 한 노점상이 수박을 팔고 있다. 노점상은 수박을 한 통씩 통으로 판매했는데, 고객들의 눈에 띄도록 다음과 같은 광고판을 만들어 붙였다. '너무 달아서 팔기 아까울 정도!' 광고판을 본 사람들은 이 수박이 매우 달다는 사실을 알게 된다. 이것이 바로 우리가 감지할 수 있는 기능 가치다.

또 다른 예를 들어보자. 하루는 등산을 갔는데 산행이 힘들었다. 등산을 마치고 난 뒤 너무 허기가 져서 급히 식당을 찾았다. 그곳에서 커다란 만두 세 개를 시켜 호호 김을 불며 먹었다. 주문한 음식을 다 먹고 나니 그제야 배가 찼다. '만두로도 배가 부를 수 있구나.' 이것은 만두를 통해 감지할 수 있었던 기능 가치다.

같은 맥락에서 거의 모든 음식은 이론적으로 배부름을 느낄 수 있다. 허기를 채우려는 목적에서 수요가 발생한다면 모든 음식의 가격은 같아야 한다. 이때 소비자는 어떤 음식을 더 선호할까? 당연히 더 저렴한 음식이다. 소비자가 단순히 배만 채울 생각이라면 만두를 먹든 해산물을 먹든 기능은 모두 동일하다. 따라서 이 경우에 가격은 매우 중요한 경쟁 요소가 된다.

하지만 '가격'이란 단어는 사실 정확하지 않다. 더 정확한 단어로 표현한다면 '가성비'가 맞다. 가성비는 가격과 성능을 비교한 것이다. 동일한 품질이라면 가격이 저렴할수록 가성비가 높아진다. 혹은 동일한 가격일 경우 품질이 좋을수록 가성비가 높아진다.

인류에겐 기본적으로 두 가지의 구매 욕구가 있다. 물건이 좋으면서 가격이 저렴하거나, 가격이 저렴하면서 물건이 좋다. 여기에는 어떤 차이가 있을까?

예를 들어보자. 상하이에는 대형 의류 도소매 시장인 치푸루라는 곳이 있다. 영어로 옮기면 'Cheap Road'로, 그곳에서 파는 물건이 저렴하다는 뜻이다. 사람들은 주로 한가한 주말에 이곳을 방문한다. 치푸루에서 판매되는 '저렴한 가격'의 물건들 가운데 '좋은 물건'을 산다.

또 상하이에는 강후이 플라자라는 고급 쇼핑센터가 있다. 사람들은 특별한 날을 앞두고 이곳을 방문한다. 이를 테면 고급 호텔에서 결혼하는 친구가 꼭 정장을 입고 오라고 한다면? 강후이 플라자에 가서 정장을 산다. 강후이 플라자의 물건은 품질이 좋지만 대체로 비싸다. 그래서 '좋은 물건들' 사이에서 비교적 '저렴한' 물건을 찾는다.

이 두 가지 수요는 절대로 사라지지 않는다. 가격이 저렴하든 물건이 좋든, 그 뒤에는 모두 가성비가 작용한다. 따라서 기능형 제품을 만들고 있다면 가성비로 경쟁력을 확보해야 한다.

가성비를 높이는 가장 기본적인 방법은 규모의 효과를 통해 비용을 낮추는 것이다. 규모가 커질수록 가격은 떨어진다. 반대로 비용을 낮출수록 규모가 커지니 나중에는 가격 전쟁으로 변질돼 이윤이 점점 줄어든다.

또 다른 방법은 기술력으로 효율비(들인 노력과 얻은 결과의 비)를 낮추는 것이다. 예를 들어 1시간에 10개만 생산할 수 있었던 상품을 신기술 연구 개발에 성공해 50개를 생산할 수 있게 한다. 하지만 기술력으로 효율비를 낮추긴 어려워 일부 회사만 이런 방식의 생산이 가능하다.

그렇다면 대부분의 회사는 동일 제품을 놓고 가격 경쟁을 하기보다는 소비자에게 희소 가치, 즉 체험 가치를 부여해야 한다.

## 체험 가치

다시 수박 이야기로 돌아가 보자. 노점상은 통으로 파는 수박이 잘 안 팔리는 것 같아 새로운 아이디어를 떠올렸다. 수박을 반통씩 팔고 거기에 수박을 떠먹을 수 있는 수저를 사은품으로 제공하기로 했다. 이 같은 새로운 판매법은 소비자 편의를 높여 수박을 먹고 싶으면 언제든 먹을 수 있도록 만들었다. 차별화는 소비자에게 체험 가치를 제공한다.

과거 중국 경제에는 한 가지 고질적인 문제가 있었다. 누군가가 어떤 제품을 만들어 돈을 벌기만 하면 중국 전 지역의 동종 업계를 비롯한 다른 업계까지 몰려들어 모방했다. 여기저기 모조품만 가득했다. 저렴한 제품을 만드는 사람은 많지만, 체험 가치를 제공하는 사람은 적었다. 그러나 사실상 모든 국가마다 '따라 하기'가 발생한다.

무슨 제품이든 'Made in Germany' 라벨이 달리면 가격이 치솟는다. 독일산 제품의 품질이 믿을 만하다는 인식이 대중화됐기 때문이다. 하지만 그 유래에는 우리가 모르는 이야기가 숨어 있다.

18세기 영국의 셰필드 스틸에서 생산한 칼과 공구는 고품질로 명성을 떨치며 시장에서 환영받았다. 그러자 독일 서부의 도시 졸링겐 제조업체들이 이 제품을 '모방'했다. 그들이 만든 제품은 셰필드 스틸의 제품과 디자인이 비슷했고, 품질에도 큰 차이가 없었다. 하지만 가격은 훨씬 저렴했다.

독일 업체의 타 브랜드 모방과 침범은 영국, 프랑스 등의 제조업체들 사이에서 악명이 높았다. 화가 난 영국인들은 제품 모방 문제를 해결하고, 자국 제조업체의 권리를 수호하기 위해 법이라는 무기를 꺼내 들었다. 1887년, 영국 의회는 모욕적 법안인 '상품법'을 통과시켰다. 상품법은 독일산 제품에 반드시 'Made in Germany' 라벨을 붙이라고 요구했다. 라벨을 통해 가격은 저렴하지만 품질이 떨어지는 독일 제품과 우수한 품질의 영국 제품을 구분하려는 의도였다.

그때부터 독일인들은 모든 노력과 혁신을 이 라벨에 쏟아부어야 함을 깨달았다. 라벨은 소비자들이 그들을 선택하는 기준이었다. 시간이 갈수록 독일 제품이 우수해지면서 이들은 결국 '저급 제품'이라는 꼬리표를 떼기에 이르렀다.

많은 국가가 한때 모방대국이었다. 미국과 일본도 마찬가지다. 하지만 일방적으로 모방하기보단 차별화 전략을 이해하고 소비자에게 희소한 체험 가치를 제공하려 노력해야 한다. 체험 가치를 만들기 위해서는 제품의 관점에서 벗어나 사용자의 관점으로 보는 게 중요하다.

하지만 사용자가 단순히 체험 가치에서 만족할 수 있을까? 그렇지 않다. 이보다 더 희소한 가치가 바로 개성화 가치다.


## 개성화 가치

칠월칠석 연인절*이 되자, 수박 장수는 또 다른 새로운 판매법을 고안했다. 바로 하트 수박을 파는 것이다. 수박 반쪽에 칼집을 낸 다음 서로 맞추면 하트 모양의 수박이 만들어진다. 연인절에 이 수박을 본 소비자는 여자 친구에게 줘야겠다는 생각을 한다.

개성화는 제품 판매에 있어 최고급의 판매법으로, 각각의 고객에게 맞춤형 제품을 제공할 수 있다. 전형적인 예로 홍링 양복이 있다. 홍링은 인터넷에서 맞춤 제작 정장을 판매하는 회사로, 다음과 같은 커스터마이징 과정을 거친다. 고객이 자신의 신체 상세 사이즈를 측정한 다음 이를 홍

---

\* 한국으로 치자면 밸런타인데이.

링에 보낸다. 훙링에서는 전문 디자이너를 선별해 소비자에게 어울릴 만한 10여 종의 의류를 디자인해 제작하고 택배로 전달한다. 동시에 옷을 어떻게 맞춰 입으면 좋을지에 대한 10여 가지의 아이디어도 함께 제공한다. 그럼 고객은 훙링에서 제안한 코디법에 맞춰 입어본다. 만족한다면 그 옷을 옷장에 넣으면 되고, 그렇지 않으면 반품하면 된다.

이렇게 택배를 이용한 판매 방식으로 훙링은 각 소비자의 개성화 가치에 대한 수요를 만족시켰다. 이걸 경험한 소비자는 더는 매장에서 기성복을 사 입지 않게 된다.

따라서 개성화 수요는 이 시대의 가장 고급스럽고 비싼 수요다. 개성화 제품은 사용자에게 가장 희소한 가치를 감지할 수 있도록 한다.

# 이윤은 경쟁이 없는 곳에서 창출된다

많은 창업자가 겪는 문제가 있다.

"업계에 막 발을 들여놓았던 시기엔 많은 돈을 벌었습니다. 그런데 최근 몇 년간 경쟁이 치열해지면서 수입이 점차 줄더니, 이젠 회사에 들어간 비용을 모두 메우고 나면 남는 게 없습니다. 어떡하면 좋을까요?"

## 사회적 임금과 트렌드 보너스

이 질문에 답하기에 앞서, 우선 이윤이 무엇인지 알아보자.

A: 그거야 간단하지. 수입에서 비용을 빼고 남은 게 이윤 아닌가?
3위안으로 상품을 생산해 30위안에 팔면 27위안이 이윤이지.

B: 상품 제조비뿐만 아니라 마케팅 비용, 유통 채널 비용, 감가상각비*와 회사 운영비(직원 월급, 사무실 임대료, 관리비 등)까지 모든 비용을 제하고 남은 돈이 이윤이야.

A가 말한 3위안에 B가 말한 모든 비용이 포함돼 있다고 가정하고 묻겠다. 27위안이 정말로 이윤일까?

27위안은 진짜 이윤이 아니다. 새로운 시장에 막 진출했다고 가정하자. 상품 한 개를 생산하는 데 3위안이 든다. 이 상품을 30위안에 팔았을 때 개당 27위안을 벌 수 있다면 세상이 아름다울 것이다. 하지만 이런 상황이 얼마나 안정적으로 지속될 수 있을까?

만약 누군가가 3위안짜리 물건으로 27위안을 벌 수 있다는 사실을 알게 된다면 그들은 기를 써서라도 이 시장에 진입한다. 새로운 플레이어가 시장으로 접속한다. 하지만 그는 이미 시장이 점령됐음을 알기에 27위안에 상품을 팔기로 결정한다. 같은 상품을 27위안에 파는 사람이 생기면 30위안에 팔던 사람도 가격을 내려야 한다. 심지어 더 낮은 가격으로 인하해야 그보다 더 많은 상품을 팔 수 있다. 30위안에 팔던 상품이 순식간에 20위안으로 팔린다. 가격 경쟁이 붙으면 20위안에 팔던 상품이 10위안에 팔리기 시작한다. 10위안은 7위안이 되고, 7위안은 순식간에 5위안이 된다. 결국 업계의 이윤은 순식간에 쪼그라든다.

---

\* 기업이 사용하는 기물이나 설비는 시간이 흐르며 소모된다. 이 가치의 감소를 고정 자산의 금액에서 뺌과 동시에 비용으로 계산하는 절차가 감가상각이고, 그 비용이 감가상각비다.

**안정적 이윤 형성 (단위: 위안)**

| | 당신 | 상대방 |
|:---:|:---:|:---:|
| 비용 | 3 | 3 |
| 초기 가격 | 30 | 30 |
| 1차 인하 | 30 | 27 |
| 2차 인하 | 27 | 20 |
| 3차 인하 | 20 | 10 |
| 4차 인하 | 10 | 5 |
| 5차 인하 | 5 | 3.3 |
| 6차 인하 | 3.3 | 3.3 |
| 7차 인하 | 3.3 | 3.3 |
| 안정된 이윤 | 0.3 | 0.3 |

가격이 3.3위안까지 떨어지면 이윤이 원가의 10%에 불과해진다. 가격을 더 낮추면 적자다. 따라서 최종적으로 이 상품의 가격은 3.3위안으로 안정화된다.

이렇게 되면 두 사람 다 0.3위안밖에 벌지 못한다. 그렇다면 이 0.3위안이 이윤일까? 그렇지 않다. 0.3위안은 사실상 사회가 당신에게 지불한 수고료에 지나지 않는다. 즉, 사회적 임금이다. 0.3위안보다 적은 돈을 번다면 더는 이 일을 하지 않을 테고, 회사 역시 문을 닫게 된다. 하지만 여전히 이 상품은 필요하다. 그래서 사회가 "회사 문 닫지 말아요. 내가 0.3

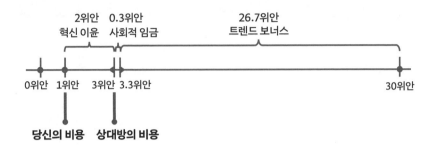

위안 줄 테니 계속 해봐요"라고 말하는 것이다. 따라서 0.3위안은 사회가 당신에게 주는 일종의 수고료다. 더 벌고 싶어도 벌 수 없다. 따라서 사회가 당신에게 준 임금은 결코 진짜 이윤이 될 수 없다.

시장에 처음 진출했을 때는 3위안으로 제작한 상품을 30위안에 팔았다. 이 30위안과 최종 안정 가격인 3.3위안은 무려 26.7위안의 차이다. 이것이 사실상 시장이 준 트렌드 보너스인 셈이다.

트렌드 보너스를 얻었다는 건 운이 좋았다는 뜻이니 기뻐해야 한다. 그러나 시장이 포화 상태가 되면 다른 사람이 그 보너스를 가져갈 수 있다. 그러니 26.7위안 역시 진짜 이윤이라고 볼 수 없다.

다른 사람이 가져갈 수 있는 건 그들이 가져가도록 내버려 둬야 한다. 그건 결코 진짜 이윤이 아니기 때문이다.

## 혁신 이윤

그렇다면 도대체 이윤이 뭘까?

다른 사람들의 상품처럼 당신의 상품 역시 생산 원가가 3위안이라면, 진짜 이윤이 없는 셈이다. 어떤 혁신을 통해 다른 사람보다 비용을 더 낮춰 진짜 이윤을 창출해야 한다. 당신이 3위안에 생산되는 상품의 원가를 1위안까지 낮추는 데 성공하고 다른 사람이 당신을 쫓아오지 못할 때 이 2위안이 바로 당신의 진짜 이윤이다. 2위안의 이윤은 다른 사람이 절대로 가져갈 수 없다. 다른 사람이 가져가지 못해야만 비로소 당신의 진짜 이윤이 된다.

그렇다면 어떻게 해야 다른 사람보다 원가를 절감할 수 있을까? 저가형 생활용품 아웃렛 미니소를 대표적인 예로 들 수 있다. 생활 잡화 업계에서는 1위안으로 출하된 상품을 대략 3위안에 판매한다. 그런데 미니소는 0.5위안에 출하된 상품을 소비자에게 1위안 미만의 가격으로 판매한다.

미니소를 창업한 예궈푸葉國富 회장은 '직영' 모델, 즉 가맹점이 돈을 내고 스스로 브랜드를 관리하는 모델을 도입했다. 그 결과, 2년 사이에 약 1천 개의 매장을 오픈했다. 이들은 1천 개의 매장을 통해 확보한 강력한 가격 경쟁력으로 공급 업체를 찾아가 제안했다. "우리에겐 1천 개의 매장이 있습니다. 보장된 품질로 1위안이 아닌 0.5위안으로 물건을 납품해 줄 수 있겠습니까?"

공급 업체의 입장에서 생각해 보자. 다른 사람에겐 한 번에 수십 상자를 납품할 때 예궈푸에겐 수만 상자를 납품하게 된다. 대규모 오퍼를 놓고 공급 업체는 고민 끝에 가능하다는 판단을 내렸다. 총이익률이 아니라 이윤의 절대치를 중시했기 때문이다. 이후 미니소는 공장 출고가 0.5위안에 8~10%의 비용을 브랜드 운영비로 책정하고 데이터, 창고, 구매 등의 운영을 지원함으로써 직접 매장에 물건을 공급했다. 또한 매장에서는 32~38%의 총이익을 추가해 나머지 모든 관리 비용을 커버했다. 최종적으로 미니소의 제품은 소비자에게 다른 업체의 공장 출고가보다 저렴한 1위안 미만의 가격으로 판매됐다. 그러니 다른 업체들은 미니소와 경쟁할 수 없었다.

이것이 효율의 혁신이다. 다른 업체의 공장 출고가는 1위안이었지만, 미니소의 공장 출고가는 0.5위안이다. 이 0.5위안이라는 가격 차는 미니소가 효율 혁신을 통해 일군 진정한 이윤이다. 이윤은 경쟁이 없는 곳에서 창출된다.

처음의 질문으로 돌아가 보자. 업계에 막 진출했을 때 벌어들인 돈은 사실상 시장 보너스일 뿐, 진짜 이윤이 아니다. 이후 몇 년간 다른 업체와 경쟁을 하며 번 수입은 회사의 비용을 간신히 메울 수준이라면? 사회적 임금, 즉 사회가 준 수고비일 뿐 진짜 이윤이 아니다.

혁신이 있어야 생산 원가가 3위안인 제품을 2위안, 1위안으로 낮출 수 있다. 또한 다른 사람이 이 혁신을 따라 하지 못할 때 진정한 경제적 성벽을 구축함으로써 이윤을 얻는다.

# KPI 없이 기업을 관리하는 법

한때 나는 KPI Key Performance Indicator (핵심 성과 지표) 없이는 회사를 잘 관리할 수 없다고 생각했다. KPI가 없다면 그에 따른 성과금도 없을 텐데, 어떻게 직원들이 열심히 일할 수 있을까? 결국 게으름을 피우는 사람이 생길 테고, 모든 사람이 열심히 하지 않으면 회사는 끝장나지 않을까?

그런데 나는 KPI도, 심사도 없는 회사가 창의적 팀으로 빠르게 성장하는 것을 목격했다. 그런 회사들은 KPI와 심사 없이도 잘 관리되고 있었다. 이와 같은 경우들은 한 가지를 명확히 보여준다. 우수한 사람은 관리할 필요가 없다. 그들은 스스로 알아서 움직인다.

우수한 인재만 채용하는 한 컨설팅 회사가 있다. 이 회사는 직원을 초급 컨설턴트, 중급 컨설턴트, 고급 컨설턴트, 프로젝트 매니저, 총감독, 파트너 등 6개의 등급으로 구분한다. 직원들은 2~3년마다 한 단계씩 승급하는데, 승진할 때마다 연봉은 배가 된다. 반면, 승급에 실패하면 회사를 떠나야 한다.

이는 강제적 향상 메커니즘이다. 회사에서 준 기회를 잡지 못했다고 해서 당신이 우수하지 않다는 뜻은 아니다. 다만 다른 곳에서 더 잘할 수 있을 뿐이다.

이 컨설팅 회사는 컨설턴트가 프로젝트에 참여해도 인센티브를 주지 않는다. 만약 컨설턴트에게 인센티브를 주면 파트너 또는 프로젝트 매니저가 2천만 위안이면 해결할 수 있는 문제에 5천만 위안을 받게 된다. 즉, 클라이언트를 대상으로 '과잉 진료'를 하려는 유혹에 빠질 가능성이 크다. 이는 클라이언트에게 정당하지 않은 행위이자, 이 회사의 가치관에 위배된 것이다.

인센티브 제도를 대신해 내세운 보상이 바로 승진이다. 이 회사는 KPI를 사용해 승진을 결정하지 않는다. 대신, 파트너 평가 제도를 사용한다. 승진 대상에게 파트너가 점수를 매겨 평가가 이뤄진다. 이 회사엔 상대적으로 객관적이고 공정한 점수 메커니즘이 있다. 바로 '파트너'에 대한 기준이다. 직원을 평가하는 파트너는 그 직원과 전혀 모르는 사람으로 선정된다. 즉, 파트너를 선정하는 전제 조건이 두 사람이 한 프로젝트에서 같이 일한 적이 없어야 한다는 것이다. 파트너는 이 직원과 함께 일한 경험이 있는 20~30명의 동료를 찾아가 충분히 소통하고, 수집한 피드백을 바탕으로 점수를 부여함으로써 승진 여부를 결정한다.

이 작업에는 엄청난 시간이 소요된다. 하지만 상대적으로 객관적이고 공정한 평가가 가능하다. KPI를 사용하지 않기 때문에 직원들은 기본적으로 어떻게 '상사를 관리'해야 할지, 어떻게 해야 심사 결과를 '최적화'

할 수 있는지 알 수 없다. 그저 열심히 일하고 동료들과 잘 협력하는 수밖에 없다. 그런데 만약 파트너에게 문제가 있다면, 예를 들어 직원에게 불공정한 평가를 내렸다면 어떻게 할까?

그들에겐 또 다른 메커니즘이 있다. 바로 직원들을 대상으로 익명의 조사를 진행하는 것이다. 관리자에 대해 직원들이 불만을 가지고 있다면, 관리자가 큰 잘못을 범했을 가능성이 있다. 조사 결과 그것이 사실이라면, 피해를 입은 직원을 승진시키거나 심리 상담을 배정해 준다. 이렇게 해도 보완이 되지 않는다면 그 파트너는 해고된다. 인재는 이 회사에 있어 가장 중요한 자산이기에, 누구도 인재에 해를 입혀서는 안 된다.

그렇다면 매년 회사가 벌어들인 이윤은 어떻게 분배될까? 회사의 이윤은 재직 중인 모든 파트너에게 공평하게 분배된다. 게다가 파트너 간 차이 없이 일괄적으로 똑같이 지급된다. 기여도가 큰 파트너가 더 많이 가져가야 한다고 생각할 수도 있다. 하지만 평생 한 사람이 가장 많은 기여를 할 수는 없는 법이다. 이때는 당신이 가장 큰 기여를 했다면, 저때는 다른 사람이 최고의 성과를 냈을 수도 있다. 모두에게 자기 동기 부여가 충분해야 누구도 묻어가지 않는다. 이것이 바로 '성공했을 때 함께 기뻐하고 실패했을 때 함께 극복하는 것'이다.

### '우리는 성인만 채용합니다'

또 다른 사례로 미국의 넷플릭스를 들 수 있다. 넷플릭스는 페이스북,

아마존, 구글과 함께 '미국 주식의 4대 검객'으로 불린다. 넷플릿스에는 '우리는 성인만 채용한다'는 유명한 문화 준칙이 있다. '성인'이 의미하는 바가 뭘까? 아이들은 쉽게 성질을 부리지만, 성인은 불평에 시간을 낭비하지 않고 스스로 문제를 해결한다. 성인은 자신이 무슨 일을 해야 하는지 명확하게 알고, 또 이를 위해 노력을 기울이는 사람을 뜻한다. 그들은 자기 주도하에 우수한 사람과 도전하길 바란다. 또 자신과 회사가 평등한 계약 관계임을 잘 알고 있다.

넷플릭스의 관리 방식은 진취적인 수준을 넘어 살짝 미친 것처럼 보인다. 하지만 그들이 놀라운 효과를 창출한 것은 분명한 사실이다. 넷플릭스는 직원들의 실적을 심사하지 않고, 직원들에게 업계 최고 대우를 해준다.

많은 회사가 직원들에게 기본급과 인센티브를 준다. 인센티브는 직원들의 KPI에 따라 결정된다. 하지만 넷플릭스에는 KPI가 없다. 넷플릭스는 직원들을 대상으로 KPI 장치를 미리 마련하는 방법은 신뢰할 수 없고, 합리적인 KPI를 만들 수 없다고 생각했다. 또한 실적 심사는 경우에 따라 최대 폐해를 불러온다. 상사가 부하 직원의 실적을 평가하니, 부하 직원이 상사의 비위를 맞추게 된다. 심기를 거스르지 않기 위해서 일을 하게 된다면 행동은 왜곡될 수밖에 없다.

우수한 성인은 자기 주도하에 움직이지, 인센티브를 따라가지 않는다. 따라서 넷플릭스는 직원들에게 업계 최고 수준의 고정 임금을 지급한다.

이뿐 아니라 넷플릭스는 직원들로 하여금 자신의 '몸값'을 알게 하고자 다른 회사에 가서 면접 보기를 장려한다. 만일 다른 회사가 그 직원에게 100만 위안의 연봉을 제안하면 넷플릭스는 그보다 10만 위안을 더 줬다. 직원들이 평생 업계 최고의 연봉을 받도록 보장했다. 또한 직원이 업무를 하는 데 있어 규정이나 제도에 얽매이지 않도록 근태나 휴가 제도마저 없앴다. 직원은 휴가가 필요하다고 생각되면 상사에게 이야기해 허가받으면 되고, 연차 일수에 대한 제한은 없다.

만약 직원들이 자신의 일을 제대로 수행하지 못하면 어떻게 될까? 이럴 경우 넷플릭스는 4~9개월 치의 월급을 후하게 내주고 해당 직원을 내보낸다. 해고 수당을 높게 책정한 이유는 직원이 회사에서 반년 동안 빈둥거리는 것보단 그만한 월급을 주고 내보내는 게 낫다고 판단해서다. 그래서 넷플릭스에서 평사원은 퇴사 시 4개월 치의 월급을 해고 수당으로 받고, 임원은 9개월 치의 월급을 받는다. 그럼 종국엔 매우 우수한 인재들만 회사에 남게 돼 인재 밀집도가 높아진다.


## 뒷걱정이 없어야 최고의 창조력을 발휘한다


판덩 독서는 1년 매출이 대략 10억 위안에 달하는 독서회다. 창업자 판덩은 베이징에 거주하지만 대부분의 팀은 상하이에 있고, 그는 회사 경영에 거의 관여하지 않는다. 이런 사장이 운영하는 회사가 어떻게 10억 위안의 매출을 달성하고 무탈하게 잘 굴러갈까?

판덩의 말에 따르면 직원들의 기본 급여의 수준을 높였다고 한다. 사실 인센티브로 문제를 해결하려는 회사가 많다. 직원들의 고정 임금이 높아지면 열심히 일하지 않을 거라고 생각해 기본금은 낮게 지급하고 인센티브는 그보다 조금 높게 책정한다. 책정된 KPI를 통해, 목표치를 달성해야 더 많은 인센티브를 지급하는 식이다.

사실 육체노동자에겐 인센티브 제도도 괜찮다. 이미 많은 공장에서 작업량에 따라 노동자들에게 임금을 지급한다. 엄청난 인지 능력을 요구하기보단 상당한 체력을 요하는 작업이므로 나쁘지 않은 방식이다. 인지 능력에 의존하지 않는 일자리라면 작업량에 따라 임금을 지급하면 성과를 내기 쉽다.

하지만 창조력을 발휘해야 하는 업종의 종사자에겐 적합하지 않다. 인센티브 제도로 '해리포터'를 쓰도록 동기 부여할 수 있을까? 20%의 마진을 주겠다고 하면 가능할까? 불가능하다. 창조력이 요구되는 일은 스스로의 내재적 동기 부여와 창조성, 열정에서 비롯된다. 인지 능력이 요구되는 직종에서 일하는 사람에게 '핵심 성과 지표'는 동기 부여가 될 수 없다. 그보다는 명확한 비전을 그릴 수 있도록 도와야 한다.

내가 운영하는 회사 역시 이 부분에서 약간의 시행착오를 겪었다. 과거에는 나 역시 직원들에게 포상이나 인센티브를 줄 생각만 했다. 그런데 나중에 보니 이 방식이 오히려 불공평하다는 걸 깨달았고, 현재는 인센티브 제도를 조금씩 없애고 있다.

KPI와 이윤에 매몰되면 오히려 조직 내에서 갈등이 야기될 수 있다. '이건 내 지표도 아닌데 왜 내가 당신에게 맞춰야 하지?' '딱히 도와주는 게 어렵지는 않지만, 내 KPI랑 상관이 없는데 내가 도와야 하나? 어차피 남 일인데.' 조직 내부에서 직원 간의 협력이 힘들어진다.

동시에 KPI와 이윤 제도는 직원의 창조력을 억압한다.

창조력을 발휘해 10배 성장할 수 있는 직원이 있다. 그런데 KPI에 20% 성장이 설정되면 바로 이 KPI 때문에 성장이 제한된다. KPI에 맞춰 직원의 시야가 매우 단기적이어지고 얕아짐으로써 어떤 일을 하든 이런 생각을 하게 된다. 'KPI 달성과 상관이 있을까? 만약 달성하지 못하면 어떡하지? 그럼 다른 걸 하지 뭐.' KPI의 제약에 손발이 묶이고 만다.

따라서 인센티브를 많이 주는 것보다는 기본 급여를 높게 주는 편이 좋다. 직원에게 높은 수준의 기본 급여를 주면 단기적인 실적에 연연하기보다 장기적인 목표를 가지고 최선을 다해 일하게 된다. 좋은 직원은 작은 일에 연연하기보다 더 큰일을 고민해야 한다. 일희일비하지 않고 멀리 보는 직원이 최고의 창조력을 발휘한다.

경영학자 피터 드러커Peter F. Drucker는 "경영이란 타인의 선의를 최대한 이끄는 것"이라고 말했다. 직원에게 기본 급여를 많이 지급하면 선의를 불러일으킬 수 있다. 사람에게는 성장에 대한 동력이 있다. 돈 걱정이 사라지고 안정감을 느끼게 되면 가치 있는 일을 하게 된다. 직원 내면의 선의를 불러일으켜야지, 악의를 불러일으키면 안 된다.

예를 들어보자. 어떤 사람이 회사에서 매달 3만 위안의 고정 기본 급여와 비고정 인센티브를 받으며 일하고 있다. 내가 그에게 매달 5만 위안의 기본 급여를 줄 테니 오라고 제안하면 그는 어느 쪽을 선택할까? 그는 분명 다니던 회사를 그만두고 내게 올 것이다.

3만 위안의 기본 급여를 받으며 일할 땐 어떻게 해야 돈을 더 벌 수 있는지 고민하기 바쁘다. 기존에 품었던 원대한 목표는 사라지고, 비고정 인센티브에 대한 불안과 탐욕, 이기심이 그 자리를 차지하게 된다. 고정 급여가 5만 위안이 되면 그런 불안 대신 안정감이 자리하게 된다. 어떻게 해야 500위안을 더 가져갈 수 있을까를 고민하지 않는다. 그러니 그에게서 책임감, 성장, 명예 등을 끌어낼 수 있다. 사소한 걸 고민하지 않아도 되니 가치를 창조하는 데 전력투구한다. 내 일, 남 일 따지지 않고 회사의 일로서 서로를 돕게 된다.

직원의 머릿속이 돈에 대한 생각으로만 가득 차면 결국 일을 잘해낼 수 없다. 그런 고민에서 벗어나게 함으로써 직원의 성장, 나아가 회사의 성장을 이루게 된다.

# 우수한 직원을 사업 파트너로 삼아라

　직장 내에는 '우수한 인재의 입장에선 승진보다 이직이 더 빠르게 성장할 수 있는 기회'라는 암묵적인 규칙이 있다. 특히 외부 불안 요소의 증가로 직장 내부에 고인 물이 많아지면서, '암묵적 규칙'이 점차 '명시적 규칙'이 됐다. 고연차가 많아 승진이 어려워졌으니 이직이 지름길이 된 것이다.

　충성도는 기업이 직원에게 요구할 수 없는 영역이다. 충성도는 기업과 기업가에 대한 직원의 평가이며 리더십의 수준을 알려주는 지표다. 직원에게는 충성도를 요구하면서 정작 기업은 직원에게 충성하지 않으면, 기업 혼자 북 치고 장구 치는 격이다.

　모든 답은 직원과 기업의 관계에 있다. 직원과 기업은 고용 관계다. 하지만 고용의 본질은 파트너 관계이며, 일종의 공동체라고 할 수 있다. 앞서 「사람들은 각자 스스로의 CEO가 되어야 한다」(p.113)에서 언급했다시피 파트너 관계는 이익 공동체, 사업 공동체, 운명 공동체 등의 세 가지

형태로 이뤄진다.


## 이익 공동체와 사업 공동체

직원들은 돈을 벌려고 입사한다. 회사를 도와 일을 함으로써 자신이 마땅히 받아야 할 이익을 얻는다. 돈을 버는 회사의 수익 분배 메커니즘이 합리적이라면 직원들 모두가 기뻐한다. 하지만 직원이 열심히 일하는데도 회사가 돈을 벌지 못한다면 직원과 회사는 적합한 이익 공동체가 아닌 것이다. 그렇다면 회사는 다른 사람을 채용하거나, 직원 역시 자신의 가치를 실제 돈으로 바꿀 수 있는 다른 회사로 이직할 수 있다. 이런 관계를 가리켜 이익 공동체라고 한다. 이익 공동체는 모든 파트너 관계의 기초다.

하지만 우수한 직원은 이익 공동체로 만족하지 않는다. 그들은 단기적 이익과 장기적 이익 사이에서 취사선택을 해야 하고, 리스크 수준과 수익 정도 사이에서 반드시 균형을 이뤄야 한다. 일당에 연연하기보단 리스크 제로의 단기적 수익을 포기하더라도 리스크가 존재하지만 장기적으로 더 큰 수익을 낼 수 있는 선택을 원한다. 이런 투자를 가리켜 사업이라고 한다. 이때, 파트너 관계는 사업 공동체가 된다. 리스크를 감수해 얻은 장기적 수익은 금전에서 그치지 않고 명예, 인맥, 지속적 수익, 지속적 노동으로 치환될 수 있다.

당신은 기업이 이익 공동체이길 바라는가, 사업 공동체이길 바라는가? 또 당신의 직원은 이익 공동체에서 일하길 바라는가, 사업 공동체에서 일하길 바라는가? 아마도 많은 기업가가 '우리 기업은 사업 공동체'라고 대답할 것이다. 이익 공동체와 사업 공동체의 가장 큰 차이점은 비전, 리스크, 이익 이 세 가지의 나열 순서다.

만약 한 직원이 당신이 그린 비전을 향해 함께 최선을 다해 노력하면 그 비전을 실현할 수 있고, 큰 이익(돈, 명예 등)을 얻을 수 있다고 믿는다면? 그 직원 역시 큰 '비전'을 얻는다. 그는 '리스크' 선호자가 되어 자신의 단기적 '이익'을 희생하고 당신과 '사업 공동체'가 됨으로써 사업의 성공(장기적이고 보다 큰 이익)을 위해 노력할 것이다.

반대로 그가 당신을 믿지 않는다면 단기적 '이익'을 선택함으로써 중장기적인 개인의 '리스크'를 피하려 할 것이다. 겉으로는 '비전'의 측면에서 당신을 신뢰하겠다고 말하지만, 속으로는 다른 회사로 이직했을 때 얻게 될 직위와 그에 따른 기회비용을 계산하고 있을 것이다.

이익 공동체와 사업 공동체는 '단기-장기' '리스크-수익' 간의 선택이다. 이 선택은 회사의 전망에 대한 신뢰도와 회사의 전망과 개인의 기회비용을 포함하고 있다.


## 직원과 기업 간의 상호 기대


이직, 퇴출, 충성도 등의 문제는 이익 공동체와 사업 공동체에 대한 직원과 회사의 인식 차이에서 비롯된다. 회사에 대한 직원의 기대, 직원에 대한 회사의 기대가 서로 다르다는 사실을 두 가지 차원의 사분면으로 나

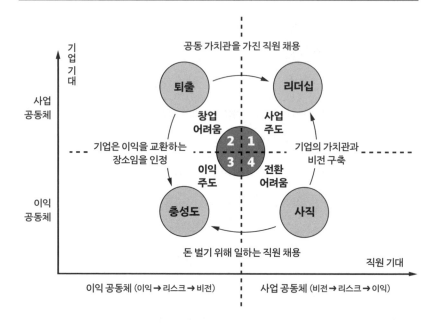

뉘 살펴볼 수 있다.

2사분면(창업 어려움)에서 기업은 세계를 변화시키려는 위대한 비전을 가지고 있다. 그러나 안타깝게도 일부 기업은 능력이 뛰어나도 미래를 위해 리스크를 감수할 생각이 전혀 없는 직원들 위주로 채용한다. 이런 직원은 전문 경영인일지라도 자신의 능력에 의존해 '단기적 이익 달성'을 실현하길 원하므로 기업과 '이익 공동체' 관계를 유지한다.

기업과 직원이 원하는 바가 달라 일어나는 고통은 주로 스타트업 회사에서 나타난다. 많은 창업자가 큰 포부를 안고 창업한다. 하지만 전략이 없고 관리에 미숙하다 보니 몸값 높은 대기업 출신 전문 경영인을 스카우트해 그들에게 높은 급여를 준다. 하지만 그들의 시선은 회사가 아닌 사장만을 향해 있다. 그들의 마음속엔 회사와 함께할 미래가 없으니, 더 큰 내일을 도모하지 못하고 대부분은 뒤처진다. 즉, 2사분면의 '창업 어려움'은 '비전은 있지만 인재가 없는 상황'이다.

4사분면(전환 어려움)에선 많은 직원, 특히 우수한 직원이 위대한 사업을 만들거나 참여하길 기대한다. 하지만 이미 성공을 거둔 전통 기업가는 기존의 방식대로 돈을 벌길 원한다. 사장은 이렇게 생각한다. '내가 돈을 벌면 조금만 나눠줄게. 그 대신 돈을 못 벌어도 널 원망하지 않을 테니, 너도 날 원망하지 마.'

이런 기업이 시대의 사랑을 받으면 모든 게 순조롭다. 하지만 갑자기 환경이 달라지면 이 기업의 비전, 전략, 조직 모두 시대의 변화를 따라가지 못한다. 변혁의 시대를 맞이하면 회사와 가장 많이 얽힌 기득권(고인물)은 사라지지 않는데, 우수한 직원은 이미 회사의 미래를 비관하게 된다. 이때 사장은 '충성도'와 '기업 문화'로 우수한 직원을 붙잡으려고 한다. 하지만 우수한 직원일수록 사장이 들이미는 항목들에 승복하지 않는다. 그들이 원하는 것은 (장기적이고 더 큰 수익을 낼 수 있는) '사업'이다. 따라서 외부에서 변화의 바람이 불어오는 시기에 우수한 직원이 많이 퇴사한다. 4사분면의 '전환 어려움'은 '인재는 있지만 비전이 없는 상황'이다.

4사분면(전환 어려움)에 있는 기업은 독창적인 새로운 비전을 찾고 우수한 직원이 기업을 신뢰할 수 있도록 만들어야 한다. 이익 공동체에서 사업 공동체로 넘어가려는 기업들이 가진 문제점은 기업 스스로도 신뢰하지 않는 미래로 모두를 속이려 한다는 것이다. 시대에 맞춰 새롭게 나아가려면 진정한 '리더십'이 필요하다. 즉, 신뢰할 수 있는 미래를 그리고 기업이 나아갈 길을 제시하는 리더십을 말한다.

리더십을 통해 비전 있는 기업으로 성장시키지 못하면 무슨 수를 써도 인재를 붙잡을 수 없다. 기업이 붙잡을 수 있는 직원은 우선순위가 개인의 이익인 사람이다. 우수한 직원은 4사분면의 기업을 떠나 리더십 있는 창업자가 이끄는 '2사분면'(창업 어려움) 기업에 입사해 그들과 함께 1사분면(사업 주도형)으로 들어간다.

새로운 비전, 즉 기업의 '미래'를 찾게 된다면 우수한 인재는 이 기업을 위해 자신의 우선순위를 '비전→리스크→이익'으로 재조정한다. 그리고 기업과 함께 1사분면(사업 주도형)으로 진입한다.

전에 나는 인기 걸그룹 'SNH48'을 만든 왕쯔제王子傑를 만난 적이 있다. 이 걸그룹은 당시 160여 명의 멤버를 모집했는데, 2016년 전후로 큰 인기를 거두며 대성공했다. 나는 왕쯔제가 4사분면(전통적인 연예 매니지먼트 회사)에서 1사분면(아이돌 창업 플랫폼)으로 들어간 데 흥미를 느꼈다. 그에 대해 왕쯔제는 이렇게 말했다. "나는 고군분투하는 아이돌 멤버들에게 더 큰 플랫폼을 제공해 줄 뿐입니다. SNH48은 매주 공연을 하고, 음반 발매나 영화 출연 중 각종 스케줄을 진행합니다."

왕쯔제는 공연에서 어떤 멤버가 센터에 설지, 누가 음반을 발매하고 영화에 출연할지 등을 모두 팬들의 투표로 결정했다. 노력하는 멤버일수록 팬들의 사랑을 많이 받고 더 큰 기회를 얻어 더 큰 성공을 거둘 수 있다. SNH48는 그룹이자 개개인의 창업 플랫폼이다. 따라서 멤버들은 팬들의 지지를 받기 위해 더없이 노력하게 된다. 즉, SNH48와 각 멤버는 '사업 파트너'가 된다.

또 다른 예를 들어보자. 토론 배틀 프로그램 〈치파쉬奇葩說〉에서는 매번 한 명의 탈락자가 발생한다. 탈락자는 현장의 관중이 결정하고, 탈락된 토론자는 다른 토론자로 교체된다. 이렇게 각 토론자들이 열심히 노력한 결과, 〈치파쉬〉는 토론자를 위한 창업 플랫폼으로 자리 잡았다. 변론을 열심히 준비할수록 토론이 치열해지고 관중의 만족도가 높아진다. 그럴수록 토론자들을 향한 관심도 커지니, 그들의 영향력도 커진다. 이렇게 〈치파쉬〉와 토론자는 '사업 파트너'가 됐다.

1사분면(사업 주도형)에는 하이얼그룹의 창업자 장루이민張瑞敏의 말 "성공하지 않은 기업은 시대의 기업일 뿐" 중 '시대의 기업'이 포진돼 있다. 직원과 기업은 모두 시대의 기회를 잡기 위해 거대한 중장기적 이익을 위해 일부 단기 이익을 포기하고 함께 리스크를 감수하며 고군분투한다.

많은 기업가가 자신의 기업이 1사분면에 속하길 바란다. 그렇다면 기업이 진짜 1사분면에 있는지, 아니면 1사분면에 있다고 착각하고 있는 건지를 어떻게 판단할 수 있을까? 판단하는 방법은 간단하다. 직원에게 한 가지 질문을 던져보면 된다. "당신의 연봉을 50% 삭감하고 한 가지 일에 대한 책임을 맡기려 합니다. 그 일을 해낸다면 500%의 수익을 얻을 수 있고요. 할 의향이 있습니까?" 반대로 지원이 건네는 물음에도 답할 수 있어야 한다. "사장님이 제안하신 대로 연봉 50%를 삭감하고 그 일의 책임을 맡겠습니다. 제가 그 일을 해내면 500%의 수익을 줘야 하는데, 정말 가능하시겠습니까?"

만약 두 사람의 마음이 맞았다면 축하를 전한다. 당신은 1사분면(사업 주도형)에 있으며 당신 직원과 '사업 파트너'가 됐다. 그런데 만약 직원이 '안 된다'고 대답했다면 2사분면(창업 어려움)에, 당신이 '안 된다'고 대답했다면 4사분면(전환 어려움)에 있다. 이 두 가지 경우 모두 리더십의 부재로 발생한다. 믿을 수 있는 기업의 미래를 보여주지 못한 것이다.

직원들이 '비전→리스크→이익' 순으로 사고하게 하는 '리더십'을 찾지 못한다면? 많은 기업이 3사분면(이익 주도형)으로 되돌아간다. 온라인상에서 인기 있는 말이 있다. "나한테 이상을 논하지 마세요. 내 이상은 일하지 않는 거니까요." 즉, 직원이 '이익→리스크→비전'의 순서대로 움직이는 3사분면의 상태다.

만약 당신의 기업이 이런 상태에 놓여 있다면, 현실을 인정하고 돈 때문에 일하는 직원을 채용하라. 그리고 가장 적합한 단기적 이익을 제공해 직원을 자극함으로써 당신과 함께 '무리'를 지어 돈을 벌게 해야 한다. 또한 이로 인해 직원 이직률이 높음을 받아들이고 합리적 관리 수단을 취해 직원들의 잦은 이직에 대응하기를 바란다.

어떤 사장들은 직원과 '이익 공동체' 관계임을 잘 알면서도 직원들의 이직을 막기 위해 기업과 직원이 '사업 공동체'인 것처럼 가장한다. 직원들은 물론이고 본인조차 믿을 수 없는 허황된 말들을 늘어놓으며, 그 허황된 말을 꿈으로 삼아 일하려는 사람을 채용한다. 그리곤 그들에게 회사에 충성하라고 요구한다. 몹시 잘못된 태도로, 결국 그의 기업을 난처하게 만들 것이다.

1사분면(사업 주도형)은 회사를 올바른 방향으로 나아가도록 이끌지만, 모든 기업에게 적용되지 않는다. 3사분면(이익 주도형) 역시 많은 기업의 최종 정착지가 될 수 있다. 추구하고 싶은 사분면을 정하기는 어렵지 않다. 하지만 객관적으로 자신을 평가하고 어떤 사분면에 속해야 가장 적합한지를 정확히 알기는 힘들다.

## 운명 공동체

직원과 기업의 관계가 이익 공동체, 사업 공동체에서 운명 공동체로 발전해 나가려면 어떻게 해야 할까?

이익 공동체가 되려면 공동의 단기적 이익을 기반으로 해야 한다. 사업 공동체가 되려면 장기적 공동의 이익이 기반이 되어야 한다. 결론적으로 기업과 직원 양쪽 모두 얻고자 하는 공동의 무언가가 있다. 하지만 운명 공동체가 되려면 양쪽 모두 잃을 수 없는 공동의 무언가를 기반으로 해야 한다.

이제 앞서 언급한 문제를 살짝 바꿔보자. "당신의 연봉을 50% 깎고 당신이 500만 위안의 현금을 더 투자해 이 일을 책임지게 하려 합니다. 이 일을 해내면 당신은 5000%의 수익을 가져갈 수 있어요. 할 생각이 있습니까?"

여기에 동의한다면 그 직원은 자신의 전 재산을 투자할 정도로 기업의 미래를 낙관하고 있음을 말해준다. 이때 당신과 그는 잃을 수 없는 공동의 무언가를 갖게 되면서 진정한 운명 공동체의 관계를 형성한다.

# 부를 분배하는 자 누구인가

흔히들 부지런하면 부자가 된다고 한다. 하지만 열심히 일한다고 정말 부자가 될 수 있을까? 꼭 그렇지만은 않다. 부지런하면 부를 창출할 수 있다. 하지만 부지런하다고 해서 반드시 부를 분배할 수 있진 않다.

## 부의 본질

부는 과연 어디에서 오는 것일까? 많은 사람이 부는 노동을 통해 얻을 수 있다고 말한다. 그렇다. 노동을 통해 부를 창출할 수 있다. 노동을 통해서만 제품이 만들어질 수 있고, 부로 전환할 수 있다.

매일 8시간의 노동을 통해 1년에 100kg의 쌀을 생산한다고 가정해 보자. 그렇다면 당신의 부는 100kg의 쌀로 바꿔 얻어진 것이다. 당신이 좀 더 열심히 매일 12시간을 일해 150kg의 쌀을 생산했다고 해보자. 그럼 당신의 부는 150kg를 팔아 얻어진다.

이때 '부 = 노동'의 공식이 성립한다. 하지만 부는 노동에 완전히 비례하지 않는다. 부와 노동의 관련성이 크다고 해도 말이다.

예를 들어 당신이 자동 파종기, 자동 농약 분사기, 자동 수확기까지 샀다면 생산성이 크게 높아져 매일 2시간만 일해도 250kg의 쌀을 생산할 수 있다. 그렇다면 당신의 부는 250kg어치다. 노동량은 줄었지만 오히려 부는 늘었다.

이때 '부 = 노동×생산성'의 공식이 성립한다. 생산성을 결정하는 요인은 다양하다. 지식, 과학 기술, 도구, 기계, 프로세스, 방법 등등. 이 요인들은 모두 당신의 부를 창출하는 생산성을 결정짓는다. 하지만 그렇다고 해서 부가 노동×생산성에 완전히 비례한다고 볼 수 없다.

중국에서 쌀을 생산하면 보통 잘 팔린다. 대부분이 매끼 쌀을 먹기 때문이다. 하지만 쌀이 주식이 아닌 미국에서 쌀을 생산하면 중국에서만큼 잘 팔리지 않는다. 따라서 중국보다 미국에서의 쌀의 가치가 낮다. 같은 양의 쌀을 생산해도 미국에서 얻을 수 있는 부가 중국보다 적다.

동일한 상품이라도 고객 그룹의 수요가 각자 다르기 때문에 그로 인한 효용도 달라진다. 노동과 생산성을 제하면 부는 효용에 의해 결정된다.

부 = 노동×생산성×효용

이것이 부의 본질이다. 노동은 인구 자원, 생산성은 과학 기술 자원, 효용은 비즈니스 가치로 대표할 수 있다. 이 논리를 이해했다면 다음의 내용도 이해할 수 있을 것이다.

중국은 인구 우위로 빠른 경제 성장을 할 수 있었다. 한편 미국이 국제적으로 선진할 수 있었던 이유는 과학 기술의 발전 때문이다. 개인에게 노동은 그들이 투자한 시간이다. 생산성은 지식, 도구, 팀, 자금 등 레버리지로 대표되고, 효용은 노동이 창출할 수 있는 단위 시간당 가치를 뜻한다. 노동, 생산성, 효용 이 세 가지 요소가 동시에 당신이 만들 수 있는 부를 결정짓는다.

## 노동이 창출한 부의 두 가지 문제

노동, 생산성, 효용의 세 가지 요소가 동시에 부의 수준을 결정짓는다고 하지만, 부는 기본적으로 노동에서 비롯된다. 노동이 '1'이라면 생산성과 효용은 '1' 뒤에 있는 수많은 '0'이다. 즉, 노동이 없다면 부도 없다. 그래서 우리는 노동이 부를 창출한다고 말한다.

하지만 노동에 따른 부에는 아주 커다란 문제 두 가지가 있다.

### ① 노동이 창출한 부에는 한계가 분명하다.

초기에는 단위 노동 시간을 늘릴 때마다 창출되는 부의 총량이 빠르게 상승한다. 하지만 이 증가량은 점차 더뎌지다가, 나중에는 아무리 노동 투입 시간을 늘려도 부의 총량이 늘지 않는다.

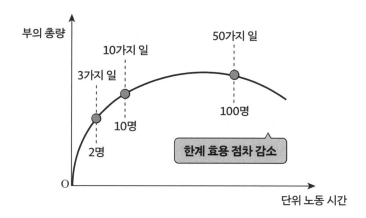

회사를 예로 들어보자. 어떤 일을 할 때 처음에는 2명이 세 사람 몫을 하게 했다. 이어 10명에게 열 사람 몫을 하게 했다. 하지만 100명을 투입하면 그저 50명의 몫을 한다. 이처럼 인력 투입의 한계 효용은 점차 감소한다.

한 농민이 일정 규모의 농지를 경작하며 1년 동안 열심히 농사를 지었다. 그러나 농부는 자신이 이 농지를 충분히 활용할 수 없으며, 체력적 한계 때문에 제한된 부만 창출할 수 있음을 깨달았다. 만일 10명이 농사를 지으면 창출할 수 있는 부는 10배 증가한다. 그럼 100명이 농사를 지었을 때는 어떨까? 100배 증가할까? 그렇지 않다. 노동력이 포화 상태에 도달해 50배의 부만 만들 수 있다. 이때 사람을 더 투입한다 해도 너 많은 부가 창출되진 않는다. 노동력으로 부를 창출해 낼 수 있는 한계에 도달했기 때문이다.

| 10 | 10 | 10 | 10 | 10 | 10 | 10 |
|:--:|:--:|:--:|:--:|:--:|:--:|:--:|
| **1** | **2** | **3** | **4** | **5** | **6** | **7** |

## ② 노동력 자체는 부를 분배하지 않는다.

부를 창출하는 것은 돈을 버는 것과 같을까? 그렇지 않다. 부를 창출한다고 해서 돈을 버는 것은 아니며, 부를 분배했을 때 비로소 돈을 번다고 말할 수 있다. 많은 사람이 1년 내내 열심히 일해서 부를 창출하지만, 많은 부를 가져가지 못한다. 부의 분배권을 가지지 못했기 때문이다.

예를 들어, 하나의 상품을 만들기 위해 7단계가 필요하다면 각 단계마다 한 사람씩 맡아 처리한다. 최종적으로 이 상품은 70위안에 판매된다. 그렇다면 이때, 각 단계별로 한 사람이 창출한 가치에 따라 이익을 분배할 수 있을까? 단계별로 어느 정도의 가치를 창출했는지를 가늠하기 쉽지 않다. 가장 간단한 분배 방법은 균등한 분배다. 7명이 10위안씩 나눠 갖는 것이다.

이때 2번이 반대한다. "내가 맡은 일의 공정은 매우 복잡합니다. 난 매일 18시간씩 정말 힘들게 일하고 있어요. 그러니 내겐 15위안을 주세요!" 그 말을 들은 나머지 6명은 반대한다. "안 됩니다. 그럼 우리가 나눠가질 수 있는 돈이 적어져요! 우리 역시 힘들게 일하고 있습니다!" 그렇다면 어떻게 하면 좋을까? 똑같은 돈을 받고 2번의 역할을 해줄 다른 사람은

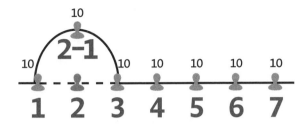

없을까?

　6명이 바깥으로 뛰쳐나가 큰소리로 외친다. "10위안! 10위안에 2번의
일을 해줄 사람 있나요?" 이때 2-1번이 뛰쳐나와 말한다. "제가 하겠습니
다! 제가 할게요!" 기존의 2번은 퇴출되고, 7명의 사람은 다시 10위안씩
나눠 가진다.

　이때 마음이 급해진 2번이 "그냥 제가 하겠습니다. 제가 하게 해주세
요. 15위안 필요 없어요. 10위안도 필요 없습니다. 8위안이면 됩니다!"라
고 외친다. 그러자 나머지 6명이 말한다. "좋습니다. 다시 오세요." 2번이
돌아와 8위안을 가져가니, 나머지 6명에게는 각각 10.33위안이 돌아간
다. 성실하고 힘들게 일하는 2번에겐 부를 창출할 수 있는 능력이 있다.
그렇지만 부를 분배할 능력은 없다. 그렇다면 누구에게 부를 분배할 수
있는 능력이 있을까? 전체 사슬로 봤을 때, 절대로 대체 불가한 사람이 누
구인지를 봐야 한다.

　예를 들어 1, 2, 3, 4, 5, 6, 7번 중에서 4번만이 대체 불가하다고 해보자.
4번이 "10위안은 너무 적어요. 20위안 주세요!"라고 말한다. 그러자 나머

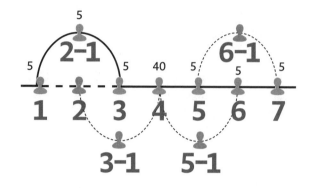

지 6명이 화를 내며 "2번이 15위안 달랄 때도 반대했는데, 4번은 무슨 근거로 20위안을 달라고 하는 겁니까? 안 됩니다. 정 그렇다면 다른 사람을 구하겠어요!" 2번 때처럼 나머지 6명은 밖으로 나가 목청을 높였다. "10위안! 10위안에 4번의 일을 해줄 사람 있나요?" 아무도 없다. 다소 당황한 6명은 이를 악물고 큰 소리로 외친다. "15위안! 15위안에 이 일을 할 사람 있나요?" 역시 아무도 없다. 6명은 놀라서 가슴이 내려앉았지만 짐짓 아무렇지 않은 척 다시 한번 소리친다. "20위안! 20위안에 이 일을 할 사람 있나요?" 이번에도 역시 아무도 나오지 않는다.

결국 그들은 씩씩거리며 돌아와 4번의 요구 조건을 들어줄 수밖에 없었다. 그들은 속으로 이렇게 생각한다. '됐어. 그냥 4번에게 20위안 주지 뭐. 그에게 20위안을 줘도 우리 6명이 각자 8.33위안씩은 나눠 가질 수 있으니 아예 못 받는 것보다는 낫잖아.' 한편 4번은 20위안을 받고 기분이 좋아졌다. '이렇게 해도 되는 거구나! 그럼 더 많이 높여서 40위안 달라고 말해볼까?' 이때도 6명은 이를 갈면서도 어쩔 수 없이 4번의 요구를 받아들일 수밖에 없다.

이득을 본 4번은 바로 '50위안 어때요?'라고 또다시 조건을 내놓는다. 이 제안을 들은 나머지 6명은 그 즉시 탁자를 탁 치고 벌떡 일어난다. "됐습니다!" 왜 이번에는 제안이 받아들여지지 않았을까? 4번이 50위안을 가져가면 남은 6명에겐 3.33위안씩만 돌아간다. 그럴 바엔 차라리 다른 곳에 가서 일해 5위안은 받는 편이 낫다.

이러한 사슬 속에서 4번은 10~40위안까지 부의 분배권을 가지고 있다. 10~40위안 사이에서 4번은 얼마를 요구해도 된다. 하지만 나머지 6명에게는 부를 분배할 권한이 없으므로 4번의 요구를 수동적으로 받아들여야 한다. 부의 분배권 소유 여부는 전혀 다른 결과를 낳는다. 부의 분배권이 없는데 20위안을 받으려 하면 탐욕이다. 하지만 부의 분배권을 가진 4번이 20위안을 요구한다면 중용의 미덕이다.

부의 분배 권한을 갖고 있다고 해서 반드시 더 많은 부를 창출할 수 있는 건 아니다. 부의 분배 권한 소유는 단지 희소성을 의미한다.

육체노동자와 정신노동자 중에서 누가 더 많은 부를 창출할 수 있을지 가늠하긴 어렵다. 하지만 정신노동자가 대체하기 더 어렵기 때문에 부의 분배 권한이 더 크다고 말할 순 있다. 따라서 근면하다고 꼭 부자가 되진 않는다. 부자가 되는 본질은 부를 창출하는 데 있지 않고 부를 분배하는 데 있다. 부는 능력을 통해 창출하며, 희소성에 따라 분배된다.

## 희소한 자원을 가졌다면 부의 분배권을 보유한 것이다

더 많은 부를 가지려면 전체 거래 사슬에서 자신의 존재 가치를 더 희소하게 만들어야 한다.

일례로, 똑같은 국수 한 그릇도 집 근처 프랜차이즈 식당에선 20위안에 팔지만, 공항에 입점한 프랜차이즈 식당에선 99위안에 판다. 이유는 간단하다. 공항의 임대료가 비싸기 때문에 국수도 비싸게 팔아야 한다. 실제로 식당이 벌어들이는 매출액 중 상당수를 공항 임대업자가 가져간다.

그렇다면 공항 점포 입대업자는 왜 임대료를 비싸게 받을까? 그들은 희소 자원을 가졌으므로 부를 분배할 권한이 있다.

희소 자원이란 무엇일까?

대형 공항의 하루 인구 유동량은 수십만 명에 달한다. 또 비행기를 타는 사람은 상대적으로 고소득층이다. 따라서 공항은 고소득층이 대규모로 몰리는 곳이다. 장소가 가진 자원은 실제로 희소하기 때문에 브랜드 업체들은 이곳에 기꺼이 많은 돈을 지출한다. 에르메스, 루이비통, 까르띠에 등 수많은 명품 브랜드가 비싼 임대료를 지불하며 공항에 입점한다. 누군가가 임대료가 비싸다고 항의해도 상관없다. 입점 대기 중인 업체가 줄지어 있기 때문이다. 그러니 희소 자원을 장악한 사람이 부의 분배권을 가지는 건 어찌 보면 당연하다.

더 많은 부를 원한다면, 자신의 희소성을 높이기 위해 가능한 한 모든 방법을 강구하라. 개인이라면 다음과 같은 문제를 고려해야 한다.

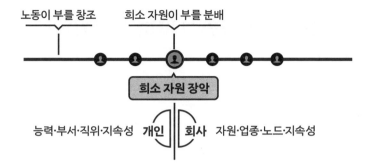

- 나는 매우 희소한 능력을 가졌는가?

- 나는 회사에서 매우 희소한 부서에 속하는가?

- 나는 부서에서 매우 희소한 위치에 있는가?

- 나는 가장 희소한 자원을 가졌는가?

- 내가 현재 보유한 희소성이 앞으로 얼마나 더 지속될 수 있는가?


　자신의 희소성을 높이기 위해 노력했을 때에만 부의 분배권을 지닐 수 있고, 따라서 더 많은 부를 얻을 수 있다.

# 부는 우선순위에 따라 분배된다

다른 파트너와 프로젝트를 진행할 경우, 수익을 어떻게 분배해야 할까? 모든 수익 분배 방식에는 우선순위가 있다. 이는 고정, 남은 부분, 비율 등의 수많은 조합으로 이뤄진다.

## 직원이 먼저, 사장이 나중

사장과 직원을 놓고 돈 분배 문제를 이야기해 보자.

직원이 가져가야 할 이익은 '우선 이익'이다. 직원이 일을 잘해 목표를 달성하면 회사의 손익과 무관하게 직원은 이익을 얻어야 한다. 따라서 우선 이익은 고정 금액으로 직원의 몫이다.

사장은 '나중 이익'을 가져가야 한다. 나중 이익은 우선 이익을 빼고 남

**사장과 직원의 이익 분배**

| 업무 관계 | 분배 전제 | 분배 원칙 | 수익 분배 할당 |
| --- | --- | --- | --- |
| 평사원 | 업무 목표 달성 | 우선 이익 | 고정 |
| 사장 | 회사 수익 달성 | 나중 이익 | 남은 부분 |
| 우수 직원 | 회사 파트너 | 나중 이익 | 고정+비율제 |

은 이윤으로 많거나 적을 수 있고, 심지어 엄청난 손실이 발생할 수도 있다. 하지만 이 모든 것은 직원과는 무관하며 오롯이 사장이 감당할 사정이다.

그렇다면 우선 이익이나 나중 이익 중 어느 것으로 직원을 격려할 수 있을까? 당신이 사장이라면 나중 이익을 분배해 직원들을 격려하기를 제안한다. 이렇게 이익을 나누다 보면 우수한 직원은 기업의 파트너가 돼 함께 성장하고 나아간다.


## 불확실한 프로젝트에서 '우선순위' 정하기

불확실한 프로젝트를 진행할 경우엔 누가 우선이고 나중일까?

당신이 파트너와 함께 프로젝트를 추진하고 있다고 가정해 보자. 당신은 자본을 대고 상대는 실제 운영을 담당한다. 이때 두 사람은 어떻게 이익을 분배해야 할까?

프로젝트는 크게 4단계로 나눌 수 있고, 각 단계마다 이익을 분배하는 방식이 다르다.

1단계: 고생하며 돈을 버는 단계
2단계: 자본 수익 단계
3단계: 균등 단계
4단계: 예상을 뛰어넘는 단계

사실 5단계, 손실이 발생하는 상황도 출현할 수 있다. 하지만 이런 상황에선 어떻게 수익을 분배할지에 대해 논의할 필요 없다. 당신은 돈을 잃었고, 상대는 시간과 에너지를 손해 입었다(기회비용).

1단계에서 이번 프로젝트를 통해 5만 위안 이하를 벌었다고 가정해 보자. 이때 누가 우선이고 누가 나중일까? 인력이 우선이고 자본은 나중이다. 즉, 상대가 먼저고 당신은 나중이므로 상대가 100%를 가져가고 당신은 아무것도 가져가지 못한다.

물론 당신의 입장에선 "왜 그래야 하죠? 내가 분명 돈을 투자하지 않았습니까?"라고 반박할 수도 있다. 맞는 말이다. 하지만 돈은 이 세상에서 가장 저렴한 가치다. 당신이 돈을 투자했다 하더라도 상대는 자신이 가진 모든 시간과 에너지를 투자해 프로젝트를 운영했다. 그가 자신의 시간과 에너지를 당신과의 협력 프로젝트에 투자하지 않고 다른 일에 쏟아부었어도 그만큼은 벌었을 것이다. 따라서 고생하며 돈을 벌기 시작하는 단계에선 모든 수익을 노동력을 투자한 상대에게 주고, 자본을 투자한 당신은 하나도 가져가지 않는 편이 낫다.

2단계에 들어서면 이 프로젝트로 번 돈이 이미 5만 위안을 넘어서 25만 위안에 달한다. 자본 수익 단계에 들어선 것이다. 여기서는 자본이 우선이고 인력은 나중이다. 앞서 0~5만 위안 구간에서 이미 수익 전체를 상대에게 줌으로써 그가 투자한 시간과 에너지 비용을 모두 지불했기 때문이다. 그러므로 5~25만 위안 구간의 수익 분배는 반드시 당신을 위주로, 즉 자본을 위주로 이뤄져야 한다.

구체적인 비율로 보자면, 5~25만 위안 구간은 당신이 80%를 가져가고 그가 20%를 가져갈 수 있다. 이 단계에 도달하면 두 사람 모두 만족할 수 있다. 다만, 누가 먼저고 나중인지에 대한 차이만 있을 뿐이다.

이어 프로젝트가 성공적으로 지속돼 100만 위안을 벌었다. 즉, 3단계에 접어들었다. 25~100만 위안의 구간에서는 당신(자본)이 60%를 가지고, 상대(인력)에게 40%를 주면 된다. 25만 위안의 수익으로 2단계에 진입한 두 사람은 이미 만족하고 있다. 두 사람은 이 프로젝트를 함께 추진할 당시, 사업이 잘되면 100만 위안 정도는 벌 수 있지 않을까 생각했다. 그 생각이 현실이 됐다. 그렇다면 25~100만 위안 구간에는 기본적으로 균등 분배가 이뤄져야 한다. 따라서 당신이 60%, 상대가 40%를 가져간다.

시간이 지나 두 사람의 프로젝트가 기대했던 100만 위안을 넘어섰다. 즉, 4단계인 예상 초과 단계로 진입했다. 그렇다면 100만 위안 이상에 해당하는 부분은 어떻게 분배해야 할까? 누가 우선이고 누가 나중일까?

이때는 당신이 80%를 가져가고 상대가 20%를 가져간다. 예상을 훨씬 뛰어넘는 수익은 인력보단 자본에 의해 달성된다.

**불확실한 프로젝트 속 돈의 분배**

| 발전 단계 | 프로젝트 수익 | 분배 원칙 | 분배 구간 | 출자자: 운영자 |
|---|---|---|---|---|
| 고생하며 돈 벌기 | R≤5만 | 인력 먼저,<br>자본 나중 | R | 0:100% |
| 자본 수익 | 5만<R≤25만 | 자본 먼저,<br>인력 나중 | R-5만 | 80%:20% |
| 균등 | 25만<R≤100만 | 균등 분배 | R-25만 | 60%:40% |
| 예상 초과 | R>100만 | 자본 먼저,<br>인력 나중 | R-100만 | 80%:20% |

불확실한 프로젝트의 수익은 이렇게 분배된다.

1단계(고생하며 돈을 버는 단계): 인력이 우선이고 자본이 나중이다.

2단계(자본 수익 단계): 자본이 우선이고 인력이 나중이다.

3단계(균등 단계): 인력, 자본이 균등하게 분배한다.

4단계(예상 초과 단계): 자본이 우선이고 인력이 나중이다.


## 협력 과정에서 경쟁 우위가 다르다면 어떻게 분배할까

앞서 언급한 내용에서는 한쪽이 돈을 내고 다른 쪽이 노동력을 제공했다. 양측은 상대적으로 평등한 관계 혹은 비교적 높은 경쟁 우위를 지니고 있다. 따라서 이들은 비율만 다를 뿐, 수익을 나눠가지는 관계다. 그런데 현실에서는 협력 관계에도 우열이 존재한다. 즉, 희소 자원을 지닌 사람이 우위를 점한다.

당신이 요즘 유행하는 라이브 커머스 사업에 뛰어들었다고 가정해 보자. 사업을 잘 운영한 덕에 많은 팔로워를 확보했고, 라이브 방송을 할 때마다 상품을 많이 팔았다. 당신은 사업을 발전시키기 위해 협력 파트너를 찾아 그에게 방송 중 판매된 상품을 포장해 발주하는 일을 맡겼다. 이 경우, 두 사람 중 누가 고정 수익을 가져가고, 누가 남은 수익을 가져갈까?

통상적으로는 당신이 남은 수익을 가져가고 파트너가 고정 수익을 가져간다. 상품을 포장해 발주하는 일은 핵심 업무가 아니므로 경쟁력이 없다. 따라서 매월 고정적으로 지불한 액수를 협의하고 남는 이윤은 당신의 몫으로 가져가면 된다. 회사 내 다른 직위에도 각기 동일한 원리가 적용된다. 핵심 경쟁력을 지닌 직위일수록 나중 수익을 가져간다.

협력 관계에서 양측이 모두 경쟁 우위를 지니고 있다면 비율제로 분배한다. 경쟁 우위의 크고 작음에 따라 큰 쪽이 남은 수익을, 작은 쪽이 고정 수익을 가져가는 게 일반적이다. 하지만 현실은 훨씬 복잡하다. 일례로 거래 비용이라는 변수를 추가해야 한다. 당신이 항저우에서 라이브 커머스를 하는데 파트너는 광저우에서 당신을 도와 물품을 포장하고 발주하는 일을 담당한다면, 두 사람의 거래 비용은 훨씬 커진다. 매일 그가 포장을 잘하고 있는지, 열심히 일하는지 지켜볼 수 없다. 이럴 땐 비율제 방식을 도입해 그에게 나중 수익분의 일부를 줄 수도 있다. 고정 수익 외에 일정 비율의 수익을 주는 것이다.

거래 비용이 높은 상황에서 경쟁 우위에 있는 쪽은 낮은 고정+높은 비율로 수익을 가져가야 한다. 경쟁 열세인 쪽은 높은 고정+낮은 비율로

**우열이 있는 경쟁 우위 속 돈의 분배**

| 협력 파트너 | 거래 비용 | 분배 원칙 | 수익 분배 할당 |
|---|---|---|---|
| 우위 | 낮음 | 나중 이익 | 남은 부분 |
| 열세 | 낮음 | 우선 이익 | 고정 |
| 우위 | 높음 | 나중 이익 | 낮은 고정+높은 비율 |
| 열세 | 높음 | 우선 이익 | 높은 고정+낮은 비율 |

가져간다. 다양한 직위의 월급 분배 방식과 매우 유사하다. 관리 비용 역시 많은 비용이 들기 때문이다. 이것이 협력 과정에서 양측 간 경쟁 우위에 우열이 있는 경우에 돈을 분배하는 네 가지 방식이다.


## 기업 간에는 비율제 분배를 통해 전체 파이를 키워야 한다

기업과 기업의 협력에 따른 부는 어떻게 분배해야 할까?

이모티콘 브랜드 스타몰리는 캐릭터 브랜드(멍얼, 파서샤오런) 파트너와 지식 재산권Intellectual Property(IP)*을 가지고 협력했다. 스타몰리는 두 가지 방식으로 협력 파트너에게 라이선스를 줄 수 있다. 첫 번째는 브랜드 업체에 라이선스를 제공해 매년 고정된 라이선스 비용을 받는 것이고, 두

---

* 지적 활동으로 인해 발생하는 모든 재산권. 크게 저작권과 산업 재산권으로 나뉜다.

## 협력 기업 간 돈의 분배

| 기업 유형 | 협력 방식 | 수익 분배 할당 |
|---|---|---|
| 브랜드 업체 | 브랜드 라이선스 제공 | 고정 라이선스 비용 |
| 생산 업체 | 브랜드 라이선스 제공 | 남은 판매 수익 |
| 브랜드 업체 | 파생 상품 라이선스 제공 | 낮은 고정 라이선스 비용+비율 |
| 생산 업체 | 파생 상품 라이선스 제공 | 높은 판매 수익 비율 |

번째는 파생 상품 라이선스를 제공해 고정 수익은 적지만 비율제로 수익을 취하는 것이다.

첫 번째 방식으로 계약을 하면, 스타몰리는 고정 수익을 가져가고 그의 협력 파트너는 남은 수익을 가져간다. 두 번째 방식은 스타몰리가 비교적 낮은 수준의 고정 수익에 수익의 일정 비율을 추가로 가져간다. 스타몰리의 입장에서는 두 번째 방식으로 계약해야 더 많은 돈을 벌 수 있다.

스타몰리는 지식 재산권 라이선스를 통해 협력 파트너가 더 많은 상품을 팔 수 있다고 확신한다. 협력 파트너 역시 이 방식을 선호한다. 물론 스타몰리에게 일정 비율로 수익을 떼어줘야 하지만, 최종적으로 자신들이 가져가는 몫이 더 크기 때문이다.

한쪽이 고정 수익을 가져가고 다른 한쪽이 남은 수익을 가져가는 협력 모델에서 수익 분배 모델로 바뀌면서 비율제라는 방식이 더해졌다. 그 결과, 전체 파이를 키우는 혁신적 결과를 만들어 Win-Win 효과를 낳았다.

모든 비즈니스 모델은 전체 파이를 키워야 한다. 그렇지 않은 이상 그 비즈니스 모델은 당신의 주머니에서 돈을 가져와 내 주머니에 넣은 것과 마찬가지다. 스타몰리는 과연 어떤 식으로 전체 규모를 늘렸을까? 전환율을 높였다.

상품을 구매하거나 브랜드를 신뢰하는 모든 사용자는 상품을 '인지'한 뒤 '신뢰'하게 되는 과정을 거친다. 지식 재산권 라이선스를 이용해 사용자가 채팅에 자주 사용하는 표현을 녹이면, 상품에 대한 친밀감과 신뢰감은 자연스럽게 높아진다. 이렇게 쌓인 신뢰로 전환율을 크게 높일 수 있다.

만약 전환율이 300%까지 높아진다면, 협력 브랜드는 흔쾌히 증가분의 7% 또는 10%를 떼어 스타몰리에게 준다. 비율제로 수익을 분배하기 때문에 스타몰리 역시 해당 브랜드의 제품이 다 잘 팔릴 수 있게 노력을 기울인다. 그럼 브랜드 업체는 돈을 더 많이 벌 수 있을뿐더러 그 수익이 스타몰리에게도 돌아온다.

비율제 수익 분배를 통해 스타몰리는 전체 파이를 키웠다. 따라서 기업 간 협력을 추진하려면 비율제 분배 방식을 사용해야 한다.

# 신용은 최대의 자산이다

신뢰는 능력이다. 따라서 신뢰받는 사람이 된다는 것은 매우 대단한 능력이다. 신뢰받는 사람일수록 협력 추진을 위한 거래 비용이 낮아지고, 비즈니스 세계에서의 성공 가능성이 커진다. 반대로 신용이 바닥인 사람은 현대 사회에서는 파산 상태와 다름없다. 이동(해외 출국 등)에 제한이 생기고 신용 실추로 인해 관계를 맺고 싶어 하는 사람이 없어지면서 외딴섬이 된다.

인생을 신용 계좌라고 보면 언행이 일치하고 사람을 진실하게 대하는 태도는 미래에 대한 저축이다. 반면 자신의 신용을 탕진한 사람은 평생 블랙리스트에 올라 '경계하기'와 '거리 두기'를 당한다.

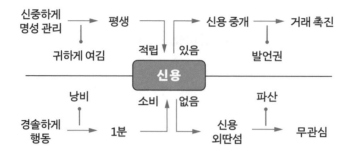

## 신뢰받는 사람의 말에는 힘이 있다

신뢰받는 사람의 말에는 힘이 있다. 신뢰받는 사람이라면 그가 어떤 말을 해도 모두가 믿고 따른다.

낯선 사람은 신뢰하기 힘들다. 가족 관계는 세상에서 가장 자연스러운 신뢰 메커니즘이다. 만약 동생이 집에 일이 생겼다고 돈을 빌려달라고 하면 아주 큰 액수가 아닌 이상 빌려줄 것이다. 하지만 동생의 친구가 불행한 일을 당해 돈을 빌려달라고 하면 망설이게 된다. 동생이 아무리 보증하고 사정을 해도 그 친구가 믿을 만한 사람인지를 의심한다.

당신은 동생을 신뢰하고, 동생은 친구를 신뢰하지만, 당신은 동생의 친구를 신뢰할 수 없다. 분명 두 관계 모두 각각 신뢰가 형성돼 있는데도 신뢰가 전달되지 않는다. 따라서 신뢰는 전달의 개념이 아닌데 이는 비즈니스 역사에서도 영원한 난제다.

당신이 동생의 입장을 고려해 동생의 친구에게 돈을 빌려줄 수도 있다. 단, 당신과 동생의 친구는 제때 돈을 갚지 않으면 그 친구네 소를 가져가 빚을 변제하기로 각서를 작성했다. 사실상 동생의 친구는 정말 좋은 사람으로, 빌린 돈을 갚기 위해 성실히 일했다. 하지만 그럼에도 불구하고 돈을 많이 모으지 못해 빌린 돈을 다 갚지 못했다. 결국 당신과 동생의 친구는 큰길에서 말다툼을 했다.

"두 달만 더 주면 안 되겠습니까? 딱 두 달, 두 달만요!"

"안 되는 건 안 되는 겁니다. 돈을 못 갚으면 소를 주겠다고 각서에 썼잖아요?"

"그건 안 돼요. 소를 가져가면 저는 뭐로 농사를 지어 돈을 갚습니까! 두 달도 더 못 주신다니, 정말 해도 해도 너무하네요!"

이런 식으로 두 사람은 길에서 말싸움을 벌이다 마을의 한 어르신을 찾아가기에 이르렀다. 어르신은 덕망이 높아 큰 존경을 받고, 마을에 분쟁이 일어날 때마다 해답을 제시했다.

"이 각서 좀 보세요. 전 반드시 눈이 맑은 그 소를 끌고 가야겠습니다!"

"어르신, 어려서부터 제가 어떻게 자랐는지 다 보셨잖습니까. 제가 돈을 안 갚을 사람입니까? 이 소는 정말 안 됩니다. 저희 집 식구들 모두 이 소 하나만 보고 살고 있습니다."

양쪽의 입장을 다 들은 어르신은 가만히 손을 들더니 천천히 입을 열어 당신에게 제안했다. "이보게. 내 얼굴을 봐서라도 두 달의 말미를 더 주게나." 그리고 동생의 친구에겐 이렇게 말했다. "자네는 두 달 안에 돈을 꼭 갚고 달걀 두 꾸러미를 그에 대한 이자로 주게. 다들 한동네 사람들이니 더 이상 싸우지 말고 각자 집으로 돌아가게나." 덕망 높은 어르신이 두 사람의 신용 중개자가 됐다. 어르신이 없었다면 두 사람 간의 분쟁은 좀처럼 조정되지 못하고 거래 역시 성사되지 못했을 것이다.

이 신용 중개는 비즈니스 세계에서 매우 중요한 역할을 차지한다. 신뢰하는 사람의 말이라면 모두가 따른다. 그들의 말 속에는 확실한 힘이 있다.


## 금보다 값지고 목숨보다 귀한 신용


신용은 금보다 값지고 목숨보다 귀하다.

또 다른 예로 들어가 보자. 이번엔 당신이 유럽에서 악명 높은 괴도다. 당신은 유명 미술관에 잠입해 모든 보안 시스템을 뚫고 세기의 명화를 훔치는 데 성공했다. 경매에 올리면 100만 달러는 받을 수 있을 만큼 매우 가치 있는 작품이다. 그런데 한 가지 문제가 있다. 훔친 그림을 어떻게 팔 수 있을까?

명화를 소장하고 싶어 하는 돈 많은 매수자를 찾아 팔면 된다. 여기서 또 다른 문제가 대두된다. 그 사람을 어떻게 찾을 수 있을까? 매수자가 정의감에 불타 경찰에 신고할지도 모른다. 한편 매수자로서도 도둑과 직접 거래를 하고 싶진 않을 것이다. 혹시라도 도둑이 자신을 속이면 어떡하나 걱정할 수밖에 없다.

1911년, 박물관 직원으로부터 〈모나리자〉가 도난당하는 사건이 있었다. 당시에 수십 명의 사람들이 자신이 도둑맞은 〈모나리자〉를 샀다고 주장했다. 하지만 그들의 작품은 모두 가짜였다. 명화 한 점이 도난당하면 수많은 사기꾼들이 갑자기 좀도둑으로 변신한다. 그리고 자신이 그 명화와 명화에 담긴 시간을 훔쳤다고 떠벌린 후, 물색해 둔 호구에게 비싸게 팔아버린다. 구매자는 설사 자신이 사기를 당했다는 사실을 알아차려도 경찰에 신고할 수 없다. 모조품을 샀다고 해도 어쨌든 불법 거래를 한 셈이기 때문이다. 그러니 화를 꾹꾹 삼키며 본인의 우둔함을 탓할 수밖에 없다.

이 때문에 시장에는 암시장의 유력 인사 제도라는 새로운 거래 구조가 탄생했다. 쉽게 말해, 암시장 브로커를 통해 거래를 진행하는 것이다.

암시장 브로커는 '구조적 허점'을 메우는 존재다. 모든 거래는 브로커를 거쳐야만 진행할 수 있다. 암시장 브로커는 가장 많은 정보를 손에 쥐고 가장 많은 진실을 보고 있으므로 가장 많은 이윤을 가져간다.

예를 들어 당신이 100만 달러짜리 그림을 몰래 훔쳐 암시장 브로커에게 팔면 얼마를 벌 수 있을까? 규칙과 시세에 따라 브로커는 5% 정도의 값만 치르고 그림을 가져갈 것이다. 다시 말해, 100만 달러짜리 그림이라면 그것을 훔친 괴도가 아무리 대단해도 5만 달러밖에 가져가지 못한다.

괴도는 본질적으로 노동자다. 그가 훔친 그림이 아무리 대단해도 그의 몫으로 떨어질 돈은 많지 않다. 경찰에 붙잡혀 감옥에 갇힐지도 모르는 위험을 무릅썼음에도 끝에는 노동에 대한 아주 적은 보상만 받는다. 결국 대부분의 돈은 암시장 브로커의 몫이다. 이것이 바로 '브로커의 차익'이다.

암시장 브로커가 돈을 벌 수 있는 까닭은 명료하다. 모두가 그를 신뢰하기 때문이다. 시장이 암시장 종사자의 신용에 대한 가격을 매긴 셈이다. 그만큼 신용의 가치는 엄청나다. 신용은 브로커가 돈을 벌 수 있게 하는 도구이므로 자신의 명성을 지키기 위해 신중을 기해야 한다. 신용은 지휘를 얻고 돈을 벌 기회를 주지만, 하룻밤 사이에 모든 신용을 잃을 수 있을 정도로 유지하기 힘들다.

이런 예로서 알 수 있듯이 신용은 금보다 값지고 목숨보다 귀하다.


## 사람의 일생은 신뢰를 얻어가는 시간이다

신뢰를 이야기할 때 내가 절대 빼놓지 않는 이야기가 있다. 내가 존경해 마지않는 A가 실제로 겪은 일화다.

A는 재테크 사업을 하다 자금줄이 끊기는 상황에 처했다. 결국 고객에게 약 4천만 위안의 엄청난 빚을 지게 됐다. 외부로 풀린 돈마저도 거의 회수하지 못하는 절망적인 상황이었다. 이럴 땐 많은 사람이 도망치거나 파산을 선택한다.

A 역시 절망에 빠졌다. 때론 극심한 고통까지 느꼈다. 대체 4천만 위안의 부채를 어떻게 갚는단 말인가? 그 무렵 A는 자신만 죽으면 모든 게 끝날 문제라는 극단적인 생각을 자주 했다. 한편으로는 남겨질 가족과 열심히 쌓아올린 명성이 어떻게 무너지게 될지 걱정했다.

A는 공자孔子와 유학자 왕양명의 글을 읽고 또 읽었다. 그리고 생각했

다. 자신이 아무리 힘들어도 왕양명이 힘들게 귀양살이를 했던 때에 비할 수 있을까? 아무리 가난한들 가난에서 벗어날 기회가 찾아오지 않을까? 그래서 A는 본인의 돈을 회수하지 못할지라도 부채는 반드시 갚겠다고 결심했다.

A는 열심히 공부했다. A는 그렇게 몇 년간 길러온 혁신적 사고로 농산물 시장이 오랫동안 고수해 온 전통적인 방식에 변화를 줬다. 사물인터넷(IoT)을 도입해 닭, 오리, 거위의 생산 및 물류 과정을 추적했다. 이제 그가 거주하는 도시의 닭, 오리, 거위는 기본적으로 전부 그가 공급한 것이다. 그는 이미 대부분의 부채를 갚았고 남은 빚도 머지않아 청산할 자신이 있었다.

채권자들은 A가 신용을 지키는 모습을 보며 더는 그에게 빚 독촉을 하지 않았다. 솔직히 나는 어려움이 닥치면 꼼수를 써서 피하고 도망가는 사람들을 더 많이 봤다. A처럼 용감하게 맞서 자신이 져야 할 책임을 다하는 사람은 드물었다.

당신이 가진 돈과 권세, 집안은 중요하지 않다. 이 요소들은 당신을 신뢰하게 하는 게 아니라 추종하게 할 뿐이다. 본질적으로 우리의 일생은 신뢰를 얻어가는 여정이다. 용감히 책임을 다하며 신뢰로 맞바꾸는 시간이 바로 우리의 인생 아닐까?

# 공정, 공평, 공개

매년 중국의 대입 시험인 가오카오高考가 끝나면 많은 논의가 이뤄진다. 그 논의들 가운데 '단 한 차례의 시험으로 한 사람의 인생을 결정짓는 것이 과연 공평한가'에 관한 주제는 반세기에 걸친 단골손님이다.

## 공평

공평은 '동일한 잣대'로 모든 사물을 가늠한다는 뜻으로 이해할 수 있다.

모든 사람을 똑같이 대한다는 것은 점수를 가지고 당신을 평가하면 다른 사람 역시 점수로 평가함을 말한다. 공평의 핵심은 '어떤' 잣대를 사용하는지가 아니라, '동일한' 잣대를 사용한다는 데 있다.

엄마가 두 형제 중 형에게 말했다. "왜 동생에게 먹을 걸 나눠주지 않았니?" 그러자 형이 답했다. "동생도 나한테 안 주니까요." 그러자 엄마가 말했다. "걘 다르지. 넌 형이고 걘 동생이잖아." 이건 공평하지 않다. 엄마는 이중 잣대로 형제를 평가하고 있다. 즉, '공유'라는 잣대로 형을 평가하고, '독점'이라는 잣대로 동생을 평가했다.

사장이 "A는 이번 달에 실적을 달성하지 못했으니 보너스를 받지 못합니다"라고 말했다. 그러자 A가 "근데 B도 못 했습니다"라고 반응했다. 그러자 사장이 "상황이 다르죠. B는 정말 노력했어요"라고 대꾸했다. 이 또한 이중 잣대이니 불공평하다. '공로'라는 잣대로 A를 평가하고, '노력'이라는 잣대로 B를 평가하고 있다.

다시 대입 시험 문제로 돌아와 보자. 대입 시험은 과연 공평한가?

답은 '그렇다'이다. 그렇다면 '동일한' 잣대로 모든 학생을 평가하는지를 봐야 한다.

가오카오는 '점수'라는 단 하나의 잣대로 모든 학생을 평가한다. 점수가 높으면 칭화대학교나 베이징대학교에 합격할 수 있고, 점수가 낮으면 재수해야 한다. 부정행위를 할 수도 없다. 학생이 부정행위를 하면 즉각 퇴실 처리되고, 선생님이 부정행위를 하면 징역에 처한다.

그럼 왜 학생들에게 '점수'라는 잣대를 사용할까? 왜 '소양'이라는 잣대는 사용하지 않는 것일까? 왜 '미덕'이라는 잣대를 사용하지 않을까? 또는 왜 키가 큰 정도, 노인이 길을 건너도록 도와준 횟수 등을 평가 기준으로 삼지 않을까?

이건 두 번째 개념인 공정과 관련 있다.

## 공정

공정은 '어떤' 잣대를 선택해 가늠할지에 대한 문제다 .

그렇다면 다른 고민이 생긴다. 어떤 잣대를 선택해야 공정한 것이고 나아가 정의로운 것인가? 모든 사람의 마음속엔 저마다 다른 잣대가 하나씩 있다. 부모에게 대입 시험의 평가 자격을 준다면 칭화대학교의 정원을 1천만 명으로 늘려야 할 것이다. 그렇다면 학교에게 선택권을 줄 수 있지 않을까?

학교에는 학교마다 다른 잣대가 있다. 심지어는 한 학교가 여러 잣대를 가지기도 한다. 일례로 하버드대학교는 여러 개의 잣대로 학생들을 평가한다. 점수, 사회 활동, 체육 특기, 다양한 배경 등의 잣대들이 있고, '집에 돈이 많아 기부금을 낼 수 있다'는 잣대도 존재한다. 기부금은 학교 발전에 도움이 되기 때문이다.

기부금이라는 잣대가 불공평하다고 생각할 수 있다. 하지만 '기부금 우선'이란 원칙이 동일하게 적용되기만 하면 하버드대학교의 방식은 공평하다. 그러나 이런 원칙 자체가 불'공정'하다고 말할 수는 있다.

공정은 가치관의 문제로, 상대를 설득시킬 수 있는 차원이 아니다. 여기서 핵심은 누가 공정을 '정의'할 수 있는 권한을 가졌느냐다. 앞서 말한 사례에서는 하버드대학교가 공정의 정의를 내린 당사자가 된다. 성패에 대해 책임을 지는 건 당신이 아닌 학교 자신이기 때문이다.

만약 '기부금 우선' 원칙으로 하버드대학교가 학생들에게 외면당하고 더 이상 응시자가 나타나지 않아 좋은 학생을 모집하지 못해 문을 닫게 된다면, 그 손실은 오롯이 학교 측에 있다. 책임을 질 당사자가 하버드대학교니, 하버드대학교에게 기준을 제정할 권한이 있다.

공정의 본질은 '당신이 맞고 내가 틀렸다'가 아니라, '선택의 권한이 누구에게 있느냐'다. 모든 학교에는 자신의 '공정'을 정의할 권한이 있다. 학교는 그들 자신의 소유로, 그들에게 결정권이 있다. 하지만 우리는 그들을 향해 "이 잣대로 학생을 모집하기로 결정한 겁니까?"라고 물어야 한다. 그래도 그렇게 확정됐다면 더는 그 잣대를 바꿀 수 없다.

학교에게는 '공정'을 정의할 권한이 있지만 '공평'을 방해할 권한은 없다. 한 번 결정한 잣대는 유지돼야 한다. 그렇다면 중국의 모든 대학 역시 미국처럼 자신만의 잣대로 학생을 모집할 수 있을까? 할 수는 있다. 다만 공평에 사용되는 비용이 훨씬 많을 뿐이다.

만일 중국의 모든 대학이 자주적으로 '공정'을 정의한다면 각각 '공평'을 지켜나가야 한다. 여기에는 당신의 상상을 뛰어넘는 수많은 문제가 파생될 수 있다. 관리 감독이 제대로 이뤄지지 않으면 '불공평한 공정' 속에서 수많은 학생의 인생이 절망에 빠진다.

가오카오는 관리 감독이 어려운 공정과 전체 공평 간의 타협점이다. 이를 기초로 별도의 '공정' 요소를 신중하게 추가함으로써 엇나가기 쉬운 공평을 중화했다. 예를 들어, 지역별 할당 제도를 통해 지역 간 교육 수준의 차이를 보완하고, 각 지역에서 직접 출판한 교재를 사용함으로써 지역 간 지식 구조의 차이에서 발생하는 문제를 해결했다.

## 공개

공평하면서 공정할 수 있는 방법은 없을까? 있다. 바로 공개다.

공개란, 평가 과정을 대중에게 보여줌으로써 공정성에 동의한 사람이 공평성을 관리 감독하도록 한다. 이와 관련한 예로 미국 대통령 선거를 들 수 있다.

① 국민들이 한 표를 행사해 대통령을 뽑는 것에 동의하는가?

→ 모두 동의했다. 좋다. 이제 우리는 '공정'에 대한 정의를 내렸다.

② 연설할 수 있고, 영향력을 미칠 수 있지만, 투표권을 살 수 없다.

→ 돈이 많든 적든 권력이 있든 없든 투표권은 하나씩 가지는 것이 '공평'이다.

③ 투표가 끝나면 개표 과정을 생중계함으로써 전 국민이 그 과정을 감독한다.

→ 이것이 바로 '공개'다.

공개가 되면 공평을 유지하는 데 드는 비용은 모든 이익 당사자에게 분배되기 때문에 비용이 크게 감소한다.

매년 가오카오 때마다 수험생은 에세이를 쓰고, 가오카오가 끝난 후 대학에선 '300명의 학생을 모집한 이유'라는 제목으로 보고서를 써야 한다. 글 한 편에 최소 3만 자 이상인 보고서는 추후 공개된다. 이렇게 해야만 공정을 기반으로 한 공평을 공개적으로 관리 감독할 수 있기 때문이다.

# 공평과 효율

2020년, 종합 IT 그룹 알리바바는 불미스러운 일들로 연일 언론사 헤드라인을 장식했다. 상장 중단, 독점에 대한 금지 처벌, 금융 부처들의 소환, 거래 기업들에게 '양자택일'을 강요한 혐의로 입건되는 등 부정적 뉴스와 각종 루머가 난무했다.

이 시기에 다른 IT 대기업들은 책이라도 잡힐까 싶어 숨을 죽였다. 알리바바에 대한 관리 감독 부처의 각종 조사가 명확해지면서 여러 악재가 쏟아졌다. 그 당시 내게 업계 전망을 묻는 사람들이 많았다. 정부 조사가 계속됨에 따라 IT 기업만의 단기적 악재가 아닌 장기적 변화의 시작을 의미하는 듯 보였다.

이 문제에 답하기는 어렵다. 그 배후에는 대립적이고 일관되며 심각한 경제학, 사회학 개념인 공평과 효율이 함께 작용하기 때문이다.

## 공평과 효율의 의미

무엇이 공평이고, 무엇이 효율일까?

예를 들어보자. 두 장인, 노장 왕 씨와 신참 장 씨가 있다. 두 사람은 각각 다른 품질의 호박돌에 조각해 개별적 가치를 지닌 예술품으로 만들어 팔아 돈을 번다. 같은 장인이 만들었어도 투명 옥돌에 조각한 완성품이 균열과 반점으로 가득한 파쇄석에 조각한 완성품보다 더 비싼 법이다. 그러므로 같은 호박돌이라도 명성 높은 노장의 완성품이 신참 도제의 완성품보다 훨씬 비싸다.

호박돌의 품질과 장인의 기술력은 승수 효과를 낳는다.

완성품 가치 = 호박돌 품질 × 장인의 기술력

3등급의 파쇄석과 9등급의 옥돌이 있다고 가정해 보자. 노장 왕 씨의 기술력은 8이고 신참 장 씨의 기술력은 2다. 누가 어떤 호박돌에 조각을 해야 할까?

노장 왕 씨가 조각하게 될 때 완성품의 총 가치, 즉 두 사람의 총수입을 계산해 볼 수 있다.

9(옥돌)×8(왕 씨) + 3(파쇄석)×2(장 씨)

= 72(왕 씨 수입) + 6(장 씨 수입)

= 78(두 사람의 총수입)

총수입 78로 나쁘지 않다. 하지만 이 결과에 신참 장 씨가 불만을 토로했다. "차이가 너무 많이 납니다. 무슨 근거로 왕 씨가 72를 가져가고 제가 6을 가져가는 겁니까? 불공평합니다. 동의할 수 없어요. 저도 옥돌에 조각하겠습니다!" 이로써 장 씨가 옥돌에 조각하게 된다.

신참 장 씨가 조각하게 될 때 완성품의 총 가치, 두 사람의 총수입을 계산해 보자.

$$3(파쇄석) \times 8(왕\ 씨) + 9(옥돌) \times 2(장\ 씨)$$
$$= 24(왕\ 씨\ 수입) + 18(장\ 씨\ 수입)$$
$$= 42(두\ 사람의\ 총수입)$$

장 씨의 수입이 12가 올라 왕 씨의 수입에 거의 근접했다. 하지만 두 사람의 총수입이 전보다 36이나 떨어지는 결과를 초래했다. 거의 곤두박질친 셈이다. 그렇다면 옥돌을 왕 씨에게 줘야 할까, 아니면 장 씨에게 줘야 할까? 이 선택의 본질은 공평을 선택할지 효율을 선택할지에 관한 문제다.

다시 처음의 질문으로 돌아가 보자. 공평이란 무엇일까?

공평은 수입 분배에서 상대적 평등을 추구하는 것이다. 장 씨에게 옥돌을 주면 상대적으로 수입이 평등해진다. 왕 씨가 더 능력이 있어 수입이 24고, 장 씨는 그보다 능력이 부족해 수입이 다소 적지만 그래도 18이다. 24 대 18. 큰 차이가 나지 않는다. 이것이 공평이다.

하지만 이런 식의 공평은 어느 정도 효율을 희생해야 한다. 장 씨는 만족했을지 몰라도 사회적 부는 78에서 42로 감소한다. 경제 발전이 심각하게 지연된다.

효율은 최소 투입으로 최대 산출을 얻는 것이다. 옥돌을 왕 씨에게 주면 최대 산출을 얻을 수 있다. 왕 씨가 능력을 발휘하면 옥돌의 가치를 최대로 끌어올려 총수입을 42에서 78로 급증시킬 수 있다. 가장 잘 활용할 수 있는 사람에게 자원을 줄 때 사회적 부가 극대화된다.

자원 배치의 최적화는 전체 효율을 향상시킨다. 경제학에선 바로 이런 것을 연구한다.

노벨 경제학상 수상자이자 저명한 경제학자인 로널드 코스는 "자원은 결국 가장 잘 활용할 수 있는 사람의 손에 주어지기 마련"이라고 말했다. 이런 식의 효율은 어느 정도 공평을 희생한 결과다. 전체 사회적 부가 극대화됐지만 장 씨는 '평균화'됐다. 장 씨의 부의 증가 속도는 왕 씨보다 한참을 밑돈다. 효율에 따른 보너스가 공평하게 주어지지 않기 때문에 빈부 격차가 점점 커진다.

'왕 씨'는 오늘날 대기업이다. 그들은 효율을 추구한다. 그러면서 '당신이 도태된 건 당신이 못나서가 아니에요' 하며 '장 씨'를 뒤로 내몬다.

작은 오프라인의 매장, 택시 기사, 고속도로 요금소 수납원, 집 앞 채소 노점상, 모바일 결제를 할 줄 모르는 노인 등이 모두 '장 씨'다. 그들 역시 사회의 진보를 진심으로 열망하지만 한편으론 늘 사회에서 버림받았다는 생각을 지울 수 없다.

그렇다면 우리는 왕 씨를 지지해야 할까, 장 씨를 지지해야 할까?

## 재분배의 지혜

1978년, 중국에서 개혁·개방이 시작됐다.

'공평'과 '효율'이라는 대립적이면서도 일관된 개념을 이해했다면, 중국의 개혁·개방을 설계한 덩샤오핑鄧小平이 왜 "일부 사람들 먼저 부유해지도록 하자"고 했는지 알 수 있다.

그렇다면 누가 먼저 부유해져야 할까? 왕 씨가 먼저 부유해져야 한다. 왜 왕 씨 먼저 부유해져야 할까? 효율을 추구하기 위해선 가장 잘 활용할 수 있는 사람에게 가장 좋은 자원이 주어져야 한다. 여기서 자원을 '가장 잘 활용할 수 있는 사람'은 장인 왕 씨다. 왕 씨가 옥돌로 예술품을 만들면 부를 창출할 수 있는 효율이 극대화된다.

1980년대 개혁·개방 초기에는 중국 전체가 '효율 우선'을 강조했다. 효율을 우선으로 여겨 왕 씨를 격려했기 때문에 고속 경제 성장을 이룰 수 있었다. 하지만 왕 씨 먼저 부유하게 만들기 위해서 장 씨의 가난을 대가로 치러야 할까? 당연히 그렇지 않다. 바로 여기에서 '재분배'의 지혜가 발휘돼야 한다.

상업은 사회적 부를 1차적으로 분배한다. 왕 씨가 많이 가져가고 장 씨가 적게 가져간 건 1차 분배의 결과다. 재분배란, 1차 분배 중 수많은 왕 씨가 창출한 부의 일부를 세수나 요율 등의 방식으로 거두어 수많은 장 씨에게 다시 분배하는 것이다.

소득이 많을수록 개인 소득세 세율도 높아진다. 누진적 개인 소득세 제도는 산봉우리를 깎아 골짜기를 메우는 식의 경제 성장에 따른 전체 보너스를 상대적으로 평등하게 많은 사람에게 '재분배'한다.

실업 보조, 재취업 교육, 저소득층 세금 감면, 보다 편리한 사회 서비스 제공, 심지어 현금 보조금 지급 등이 모두 재분배의 방식이다. 이런 방식을 통해 사회적 부의 일부를 장 씨들에게 나눔으로써 어느 정도 공평을 추구한다.

1차 분배는 효율을 중시하고, 재분배는 공평을 중시한다. 1차 분배, 재분배는 서로 다른 역할을 담당한다. 1차 분배에선 왕 씨를 지지하고, 재분배에선 장 씨를 지지한다. 하지만 불공평이 사라지진 않는다. 재분배가 이뤄지더라도 1차 분배에서 누적된 불공평이 심화되고 빈부 격차 또한 점점 커진다. 불공평이 쌓임에 따라 왕 씨는 나날이 오만해지고 장 씨는 갈수록 불만이 쌓인다.

이런 상황을 방지하려면 사전에 신중히 준비해서 조정을 가해야 한다.


1990년대로 접어들면서 '효율 우선'은 '효율 우선, 공평 동시 고려'로 조정됐다.

중공(중국 공산당) 제16기 중앙 위원회 제6차 전체 회의에서는 이와 관련하여 '공평에 보다 집중해야 한다'고 제안했다.

중공 17차 전국 대표 회의에서는 '효율 제고와 사회 공평 촉진을 결합한다'고 제안했다.

중공 18차 전국 대표 회의에서는 '1차 분배와 재분배 모두 효율과 공평의 관계를 잘 처리하고 재분배는 공평에 보다 집중해야 한다'고 제안했다.

중공 19차 전국 대표 회의에서는 '보다 합리적이고 순차적인 소득 분배를 촉진한다'고 제안했다.

이 가운데 중공 18차 '1차 분배와 재분배 모두 효율과 공평의 관계를 잘 처리하고 재분배는 공평에 보다 집중해야 한다'는 말에 주목해야 한다. 즉, 1차 분배로 왕 씨만 지지해서는 안 되며, '효율과 공평의 관계를 잘 처리'하는 것까지 나아가야 한다. 왕 씨가 모든 옥돌을 가져가면 안 되고 장 씨에게도 몇 개의 옥돌은 돌아가야 한다. 이렇게 했을 때 장 씨가 경제 성장에 따른 보너스를 더 빨리, 더 우선적으로 나눠가질 수 있다.

'공평과 효율의 균형'을 무시하면 안 된다. '공평과 효율'이라는 시계에서 시계추가 '효율 우선'에 완전히 기울어져 있다가, '공평' 쪽으로 천천히 돌아오고 있다. 이어 '효율과 공평의 균형'을 향해 점차 움직이고 있다.

# 술 권하기 = 복종 테스트

사장이 준 술을 마시지 않았다는 이유로 한 은행원이 뺨을 맞았다는 뉴스가 한동안 화제였다. 이 폭로 이후 해당 은행에서는 즉각적으로 술 권하기와 뺨 때리는 행위에 대해 엄중한 처벌을 내렸다. 은행의 과감하고 발 빠른 조치에 사람들은 속 시원하다는 반응을 보였다. 신입 사원 때 비슷한 경험을 한 적 있는 사람들은 마음의 응어리가 풀린 것 같다고도 말했다.

하지만 앞서 뺨을 맞았던 그 은행원이 앞으로 버텨나갈 수 있을지에 대해선 확신이 없다. 이 짜증 나는 '술 권하는 문화'를 뿌리 뽑을 수는 없을까? 분명 당신도 마시기 싫고 나도 마시기 싫은데, 왜 서로 술을 권하지 못해 안달일까?

모든 일의 배후에는 비즈니스 논리가 있다. 술 권하기라는 행위를 통해 리더가 '복종 테스트'를 진행한 것이다.

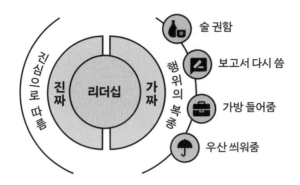

술 권함
보고서 다시 씀
가방 들어줌
우산 씌워줌
진심으로 따름
진짜
리더십
가짜
행위의 복종

## 복종 테스트란?

『성경』에는 하나님이 아브라함에게 "네 아들 이삭을 제물로 바치라"고 말하는 장면이 나온다. 아브라함은 그 이유를 알지 못해 매우 곤혹스러웠다. 이해가 되지 않았음에도 하나님의 명령이었다. 아브라함은 치열한 갈등 끝에 결국 하나님께 복종하기로 결심했다. 눈물을 머금고 제단에 아들을 내려놓고 단도를 들었다. 칼이 떨어지던 그 순간, 다행히도 천사가 나타나 비극은 일어나지 않았다. 하나님은 "나는 네 아들을 진짜로 죽이려고 했던 것이 아니라, 네가 내게 절대 복종하는지 알고 싶었을 뿐"이라고 말했다. 이것이 바로 '복종 테스트'다. 복종 테스트를 통과해야만 리더가 당신을 신뢰한다. 즉, 이해가 되든 안 되든 따라야 한다. 이해가 안 되면 무조건 복종하는 과정에서 이해를 키워간다.

## 어디에나 존재하는 복종 테스트

이해가 될 때만 복종하는 직원이 관리하기 편할까, 무조건 복종하는 직원이 관리하기 편할까? 당연히 무조건 복종하는 직원이다. 직원을 복종시키려면 리더십과 권력이 필요하다. 물론, 기꺼이 복종하려는 직원이 있어야 한다. 복종 테스트는 도처에 시행된다.

형님은 '약점을 잡는' 방식으로 아우에게 복종 테스트를 한다. 갑은 '재수정'을 요구하며 을의 복종을 테스트한다. 또 연인 관계에서도 '유난을 떠는 것'으로 복종 테스트를 한다.

회사 상사는 많은 방법으로 복종 테스트를 진행한다. 예를 들어 스스로 할 수 있는 일을 일부러 하지 않는다. 부하 직원이 자신의 가방을 들어주는지, 비 오는 날 우산을 씌워주는지, 혹은 차 문을 열어주는지 확인한다.

한번은 공항 셔틀버스 안에서 한 처장이 보좌관에게 전화를 걸어 욕을 퍼붓는 소리를 들은 적이 있었다. "이 따위로 짐을 싸면 어떡해? 빠진 물건이 있잖아! 나보고 어떡하라는 거야?" 그 처장은 한참을 소리 지르다가 갑자기 전화를 끊고 벌떡 일어나더니, 버스에 오르던 한 남성의 캐리어를 대신 들어 실었다. 나중에 그들의 대화를 통해 알게 된 바로는 버스에 오르던 남성이 처장보다 높은 계급의 국장이었다. 조금 전까지만 해도 '자기 짐 하나 제대로 못 챙기던' 사람이 갑자기 '자기 짐을 더 못 챙기는' 사람을 살뜰히 보살피기 시작했다. 그 사람이 자신의 상사였기 때문이다.

이런 식의 '뒤치다꺼리'는 본질적으로 제도화된 '복종 테스트'다. 캐리어를 드는 작은 일도 해주지 않는 사람에게 원칙과 관련된 문제에서 어떻게 절대적인 복종을 바랄 수 있겠냐는 것이다. 따라서 술 권하기는 전통적인 '복종 테스트'의 일종이다.

상사가 "내가 한잔 줄 테니 마시게"라고 말한다. 부하 직원이 재빠르게 대답한다. "제게 술을 따라주시다니 정말 영광입니다. 다른 직원들에게도 매번 이야기하지만, 제가 정말로 존경하고 있습니다. 특별히 저를 뽑아주셔서 감사드립니다. 사실 얼마 전까지는 주요 프로젝트에 참여할 기회가 없어서 제가 제대로 보답해 드릴 방법이 없었습니다. 제게 베푸신 은혜, 늘 기억하고 있습니다. 필요한 것이 있으시다면 언제든 불러주십시오. 분부하시는 대로 따르겠습니다. 앞으로도 잘 모시겠습니다. 그럼 주신 잔은 제가 먼저 비우고 저도 한잔 드리겠습니다."

상사가 말한다. "천천히, 천천히 들게나. 너무 많이 마시지 말고. 얼굴이 빨개졌잖아." 부하 직원은 손사래를 치며 대답한다. "괜찮습니다. 평소에는 술을 잘 못해서 한 잔만 마셔도 힘든데, 오늘은 정말 컨디션이 좋습니다." 기분이 좋아진 상사는 고개를 끄덕이며 미소를 짓고는, 다시 고개를 돌려 다른 부하 직원을 테스트하기 시작한다.


술 권하기는 술 문화라고 할 수 없다. 술 문화에 남아 있는 악습이자, 왜곡된 문화다. 오늘날에는 이런 악습이 어느 정도 사라졌지만, 술자리(복종)를 통해 윗자리를 차지한 세대가 물러났을 때 비로소 진짜 변화가 일어날 것이다. 여전히 부하 직원들의 복종 테스트에 집착하는 상사들이 있다. 이들에게 진정한 리더십은 행동의 복종이 아니라 마음에서 나온다는 말을 전하고 싶다.

## 5장

# 통찰력

### 전체를 아울러 변화를 만들어라

# 사실, 관점, 입장 그리고 신앙

흔히 한 사람의 서술은 사실(진실 여부)과 관점(옳고 그름)으로 구분할 수 있다. 서술에 대해 더 깊이 들어가 보면 사실, 관점, 입장, 신앙 네 가지로 세분화된다.


## 사실

"오늘은 덥다"라는 말은 사실일까, 아닐까? 이는 사실이 아니다. "오늘은 30℃야"라고 말해야 사실이 된다. '덥다'는 당신의 주관적인 관점이기 때문이다.

'사실'은 인간의 판단에서 독립된 객관적 존재다.

때때로 현실 세계에서는 우리가 진실 여부를 판단할 수 없는 복잡한

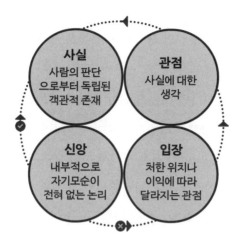

일들이 일어난다. 원통이 하나 세워져 있다고 가정해 보자. 원통은 위에서 보면 원형이지만, 측면에서 보면 직사각형 또는 정사각형이다. 또 다른 예로, 산은 "가로로 보면 고개고 세로로 보면 봉우리"*다. 둥근 어항 속에 사는 물고기에게는 세계가 구형이라는 것이 '사실'이지만, 어항 밖 우리가 보는 '사실'은 그렇지 않다.

'사실'은 논쟁의 여지가 별로 없는 객관적 존재다. 다만 우리가 '사실'에 대한 이해가 완전하지 않을 뿐이다.

---

* 横看成岭側成峰 · 횡간성령측성봉: 중국 북송의 시인 소동파(蘇東坡: 1036~1101)의 시 「제서림벽(題西林壁)」의 한 구절.

## 관점

관점은 사실에 대한 당신의 생각이다. 관점은 사실보다 당신과 더 밀접한 관계다.

30℃가 덥다고 느낀다면 이는 당신이 추웠기 때문이다. 30℃가 시원하다고 느낀다면 이는 당신이 더웠기 때문이다. 이처럼 관점은 당신의 지식구조, 알고 있는 정보, 나아가 사유 방식에 따라 달라진다.

온라인 세계의 수많은 논쟁은 사람들이 가진 정보가 각각 다르고, 그들이 서로 다른 사유 방식을 지니고 있어서 벌어진다. 예컨대 중의학을 믿는 사람과 중의학 '치료법'을 믿는 사람, 중의학을 믿지 않는 사람과 중의학 '치료법'을 믿지 않는 사람이 한데 모여 있는 셈이다. 교집합이 적은 사람들이 한데 모여 있으니, 그들은 서로를 타자화하고 입씨름에 열을 올린다. 모두들 자신이 '사실'을 대표한다고 생각한다.

## 입장

입장이란 자신이 처한 위치나 이익에 따라 달라지는 관점이다.

누군가가 당신에게 덥냐고 물었다. 사실 당신은 아주 더웠다. 하지만 당신이 건물의 회계를 관리한다면 이 질문의 의도가 어떻게 다가올까? 이럴 경우, 당신이 덥다고 인정하면 다른 사람들이 건물의 에어컨을 가동하라고 요구할 수 있다. 따라서 당신은 더위에 땀을 뻘뻘 흘리면서도 "전

안 덥습니다. 전혀 안 덥다니까요"라고 말하게 된다. 질문한 사람과 당신이 비슷한 위치나 이익 관계에 있지 않다면 두 사람은 의견 차를 좁히기 힘들다.

변론장에서는 이를 가리켜 '상대방'이라고 부른다. 만일 당신의 관점이 찬성 쪽일 때, 당신은 얼굴이 벌게지도록 상대를 설득하고 심지어 스스로도 찬성 쪽 관점이 옳다고 믿는다. 그런데 사회자가 갑자기 "입장을 바꿔서 진행하겠습니다"라고 말한다. 그 순간, 당신과 상대방 모두 얼어붙는다. 결국 몇 초 후, 당신은 반대의 관점에서 다시금 얼굴이 벌게지도록 상대를 설득하거나, 심지어 자기 스스로도 방향을 선회해 반대 쪽 관점이 옳다고 믿는 것처럼 이야기한다.

이것이 바로 입장이다. 옳고 그름을 놓고 다투는 게 아니라, 승패를 놓고 다툰다. 그러니 자신의 입장만 고수하는 사람과는 옳고 그름을 두고 다툴 필요가 없다. 흔히들 "어린아이들은 옳고 그름만 이야기하고, 성인은 이익만을 이야기한다"고 말한다. 어른과 달리 아이들 사이에는 어떤 위치나 이해관계가 없어서다.


## 신앙


신앙은 자가당착에 빠지지 않는 논리 체계다. 당신은 기독교를 믿고, 나는 불교를 믿고, 그는 과학을 믿는다. 신앙은 '입장'보다 더 강한 면모를 보인다. 모두가 자신이 어떤 입장에 따라 행동한 것이 아니라, 자신이 믿고 있는 것이 '옳아서'라고 생각한다. 그렇다. 틀린 점을 증명할 수 없기에 모든 신앙은 옳다. 그렇기 때문에 자기 모순이 없는 논리라고 할 수 있다.

판단력이 좋은 사람이라면, 이 세계에는 일관된 논리를 고수하면서도 모순적인 신앙이 많다는 사실을 인지해야 한다. 신앙 속에는 자기 모순이 없지만, 신앙 사이에는 상호 모순이 있다. 이때 당신은 선택해야 한다. 한 번 선택하면 난공불락이다.

사람은 모두 자신만의 신앙이 있으며, 다른 사람의 신앙을 공격할 필요가 없다. 싸워서 이길 수 없을뿐더러 상대를 잃을 수 있기 때문이다.

# '주입식 세뇌'에서 벗어나라

나는 다음과 같은 질문을 종종 받는다.

> Q1. 우리 제품은 업계 최곤데 왜 소비자들이 구매하지 않을까요?
>
> Q2. 어째서 요즘 시장에는 우수한 직원이 많지 않을까요?
>
> Q3. 왜 속임수를 쓰는 회사만 돈을 벌고, 성실하게 운영하는 회사
> 는 힘들까요?

만약 당신이라면 이런 질문에 어떻게 답하겠는가?

> A1. 마케팅 전략에 문제가 있는 것 같습니다.
>
> A2. 요즘 젊은이들이 배고픔을 모르는 세대라서 그래요.
>
> A3. 속임수로 돈을 버는 건 비도덕적인 행위예요. 양심을 지키는 게

가장 중요합니다.

이렇게 답하겠는가? 잠깐, 너무 성급하게 대답하지 말자. 그들이 진짜 답을 알고 싶어서 질문한 게 아니다. 그들은 답을 정해둔 채 질문한다. 다만 자신들의 머릿속에 주입된 관점을 당신의 머릿속에도 주입하고 싶은 것이다.

## '왜'라는 질문의 배후에 있는 주입식 세뇌

'왜'는 질문의 주요 3원칙(Why, What, How) 중 가장 강력하고 영향력이 크면서도 가장 위험한 질문이다. 예를 들어보자. 내가 당신에게 "왜 지구는 둥글지?" 하고 묻는다면 어떻게 답할 것인가?

① 만유인력 때문에 모든 물질이 최단 거리를 유지한다.
② 흩어진 사람들을 다시 모으기 위해서다.
③ 오랜 세월이 흐르면서 모서리가 깎여 부드러워졌다.

세 가지 중 어떤 답을 선택하겠는가? 질문에 적절한 답변은 ①이다. 그렇지만 ②와 ③에 담긴 유머와 지혜 또한 높이 평가할 수 있다. 그런데 내가 "왜 지구는 사다리꼴이지?" 하고 묻는다면 어떻게 답할까? "뭐라고요? 지금 농담한 거죠? 지구가 어떻게 사다리꼴일 수 있어요? 이거 난센스 퀴즈인가요?"라는 답이 돌아올 것이다.

"왜 지구는 둥글지?"라는 첫 번째 질문을 받은 당신은 질문의 앞쪽에 집중해 '왜'라는 질문에 대답하려고 한다. 그런데 "왜 지구는 사다리꼴이지?"라는 두 번째 질문에서는 뒤쪽에 집중해 '지구가 사다리꼴'이라는 관점에 의문을 제기한다. 지구는 확실히 사다리꼴이 아니기 때문이다.

하지만 '왜'라는 단어 뒤에 따라오는 관점은 명확하지 않은 경우가 대부분이다.

- 왜 뚱뚱한 사람은 게으를까?
- 왜 책에서 말한 인센티브 수단이 별 효과가 없을까?
- 왜 그렇게 많은 이치를 깨달았음에도 삶은 여전히 힘들까?
- 왜 아인슈타인은 말년에 신을 믿게 됐을까?

뚱뚱한 사람은 정말 게으를까? 무신론자이던 아인슈타인은 정말 말년에 신을 믿었을까? 그렇지 않다. 하지만 '왜'라는 단어는 당신의 포커스를 해당 관점의 원인 찾기로 돌리는 데 탁월하다. 당신이 원인을 찾기 시작하면, 그 관점은 슬그머니 당신의 머릿속에 주입된다.

당신은 이렇게 생각할 수 있다. '그러게. 왜 그럴까? 뚱뚱한 사람은 움직일 때 에너지 소모가 너무 많아서일까?' '아인슈타인이 과학의 치명적 결함을 발견해서 그렇게 된 거 아닐까?'

하지만 '뚱뚱한 사람이 게으른 편이라고 누가 말했어?' '아인슈타인이 신을 믿었다고 누가 그랬어?'라는 의문은 제기하지 않을 것이다.

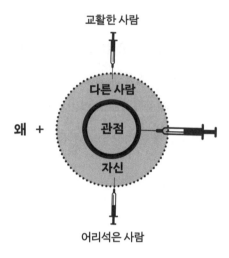

이처럼 '왜+관점'의 문장 구조는 관점을 주입시킨다는 점에서 일종의 '주사기'와도 같다.

## 교활한 사람은 'Why' 공식을 다른 사람에게 주입한다

'왜+관점'의 주입식 질문에 비이성적인 반응을 보이는 것은 사람의 사유 방식에 중대한 버그가 발생한 것과 마찬가지다. 교활한 사람은 종종 이런 버그를 이용한다. 예를 들어보겠다.

왕시펑이 탕비실에서 마주친 두라라에게 말한다. "라라, 요즘 왜 자꾸 사장님이 너를 걸고넘어지는 걸까?" 두라라는 가슴이 덜컥 내려앉는다. '왜 그걸 몰랐지? 내가 너무 일만 했나 봐. 요즘 무슨 일이 있었더라? 사장님이 신입 사원을 뽑으려고 물밑 작업을 하는 건가?' 마음이 요동치지만 두라라는 담담한 척 "글쎄, 요즘 실적 스트레스가 큰가 보지. 그럴 수 있어"라고 말한다.

두라라는 자신도 모르는 사이에 자연스럽게 '왜'라는 질문에 답을 한다(실적 스트레스가 큰가 보지). 그녀는 '왜'라는 질문에 대한 답을 찾느라, '사장님이 걸핏하면 나를 걸고넘어진다'는 관점이 진짜인지 가짜인지에 대한 의구심을 가지지 못한다.

교활한 왕시평은 질문에 함정을 파 '사장님이 걸핏하면 걸고넘어진다'는 생각을 두라라의 머릿속에 주입한다. 이처럼 어떤 생각을 다른 사람에게 주입하고 싶다면 그 내용을 '왜'라는 단어 뒤에 붙이면 된다.

예를 들어, "왜 아인슈타인은 말년에 신을 믿었을까?"라는 질문에 대해 당신은 이렇게 답할 수도 있다. "가정의 영향을 받아서이지 않을까?" "시대적 한계에 따른 결과 아닐까?" "어쩌면 아인슈타인에게 다른 생각이 있었던 것 아닐까?"

당신이 어떻게 답을 하든 '아인슈타인은 말년에 신을 믿었다'는 관점은 당신에게 이미 주입됐다. 그러나 실제로 아인슈타인이 신을 믿었다고 보기는 어렵다.*

---

\* 아인슈타인은 '신'이라는 표현을 '인간의 나약함'을 표현하기 위해 많이 사용했다.

이렇듯 '왜' 뒤에 유언비어를 붙이는 것은 유언비어를 전파하는 최고의 방법이다. "왜 부추를 먹으면 암이 치료될까?" "왜 흡연자는 코로나19에 쉽게 걸리지 않을까?" 대다수가 이 이야기를 들으면 호기심을 가진다. "그래? 왜 그렇지?" 당신이 이렇게 묻는 순간, 유언비어는 이미 당신의 머릿속에 '주입'됐다. 당신이 친구에게 "도대체 왜 그랬을까?"라고 물어보는 순간, 유언비어는 퍼지기 시작했다.


## 어리석은 사람은 Why 공식을 스스로에게 주입한다

교활한 사람은 이 공식을 다른 사람에게 주입하는 반면, 어리석은 사람은 이 공식을 자신에게 주입한다. 맨 처음 질문으로 돌아가 보자.

Q1. 우리 제품은 업계 최곤데 왜 소비자들이 구매하지 않을까요?

'왜+관점'의 표준 양식을 사용해 이 공식을 낱낱이 해부해 보자. '왜'+'우리 상품은 업계 최고다. 그러나 소비자들은 사지 않는다.' 여기서 '왜'라는 질문에 질문자는 주관적으로 논의의 여지가 없는 관점을 숨겨놓는다. 바로 '우리 상품은 업계 최고'라는 관점이다.

사실 이는 일종의 심리적 암시다. '우리 제품은 이미 최고'이므로 문제는 분명 외부에 있다고 암시하는 것이다. 질문자는 '왜'라는 의문을 통해 자신에게 진통제를 주입했다. '우리 제품은 최고'라는 진통제의 효과는

266

꽤 좋다. 하지만 이 진통제는 '소비자가 제품을 구매하지 않는다'는 실제 병증을 근본적으로 치료하지 못한다. 사실은 회사 제품이 별로일 수 있고, 적어도 질문자가 생각하는 만큼 '최고'가 아닐 수도 있다.

'왜＋관점' 구문의 주입식 효과를 이해하면 두 번째 질문은 쉽게 해결할 수 있다.

Q2. 어째서 요즘 시장에는 우수한 직원이 많지 않을까요?

정말 요즘 시장에는 우수한 직원이 많지 않을까? 만일 그렇다면 수만 명에 달하는 스마트폰 제조업체 화웨이 연구개발팀 직원은 어디서 온 것일까? 회사가 우수한 직원들을 감당할 만큼의 충분한 보수를 지급하지 못했다는 문제가 있진 않았을까?

더 무서운 건 세 번째 질문이다.

Q3. 왜 속임수를 쓰는 회사만 돈을 벌고, 성실하게 운영하는 회사는 힘들까요?

이 질문에는 두 가지의 '왜＋관점'이 담겨 있다. 하나는 '왜'＋'성실하게 사업하면 이렇게 힘들다'이다. 질문자가 '성실하게 사업하면 힘들다'는 관점을 자신의 머릿속에 주입하자마자 '왜'의 답이 도출된다. 즉, '속임수를 쓰는 회사만 돈을 번다'이다. 또 다른 하나는 자기합리화를 위해 주입된 '왜＋관점'이다. '왜'＋'속임수를 쓰는 회사만 돈을 번다'이다.

두 가지의 관점을 자신에게 주입한 후 질문자는 대처법에 대한 전략을 세우게 된다. 나도 속임수를 써야겠다! 질문자가 생각하기엔 그것이 돈을 버는 논리였다. 그러나 사실 그의 사업이 어렵고 돈을 못 버는 까닭은 소비자들에게 별로 가치 없는 일을 하고 있기 때문이다.

오늘도 감정에 북받친 나머지 많은 사람이 인터넷에 이런 글을 남긴다. "나는 정말 잘했는데 왜 모든 일이 어그러졌을까?" 어쩌면 그들은 '모든 일'이란 개념을 오해했을지도 모른다. 그저 그들이 잘못한 일이 상당했을 뿐이다.

# 토론에서 이기는 법

난 1994년에 대학에 들어갔다. 그 바로 전년도인 1993년, 싱가포르에서 열린 제1회 국제 대학 토론 대회에서 중국 대표로 참가한 푸단대학교가 우승을 차지했다. 당시 장창젠蔣昌建은 최우수 변론상을 받았고, 순식간에 온 나라가 그 이야기로 들썩였다.

몇 년 후, 전국 각지 대학에서 유행처럼 토론 대회가 열렸다. 내가 다니던 난징대학교도 예외는 아니었다. 나는 1, 2학년 때 수많은 토론 대회에 참가했고, 교내에서 '최우수 변론상'을 받았다. 따라서 토론에 관해 어느 정도의 훈련을 받았고, 실전 경험도 있었다.

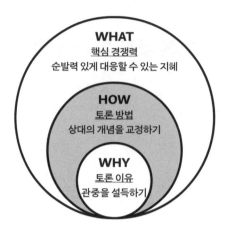

## 1. 토론의 목적

토론의 목적은 토론 상대를 설득하기 위함이 아니다. 관중을 설득하기 위해서다.

규칙상 상대 토론자는 지더라도 설득될 수 없다. 따라서 상대를 설득하려고 하지 마라. 상대의 발언을 소재로 활용할 뿐, 공격 대상으로 삼으면 안 된다. 당신의 목적은 정보를 가지고 관중을 설득하는 데 있다. 관중을 설득하지 못한다 할지라도 영향은 미칠 수 있어야 한다. 또 관중 모두에게 영향을 줄 수 없더라도 일부에게는 줘야 한다. 나아가 관중의 관점에 영향을 주지 못하더라도 당신에 대한 그들의 태도에 영향을 줄 수 있어야 한다.

토론의 목적은 관중의 관점이 아닌, 관중의 태도를 바꾸는 데 있다. 태도가 달라지면 그들 스스로 관점을 달리할 수 있다. 억지로 쑤셔 넣는 관점을 받아들일 사람은 없다. 그것이 아무리 옳은 것이라고 해도 억지로 강요되면 거부감만 든다. 사람들은 안전하고 편안하며 신뢰할 수 있는 분위기에서만 원하는 관점을 스스로 취한다. 당신은 관중이 자발적으로 당신의 관점을 받아들일 수 있는 분위기를 조성하면 된다.

## 2. 토론의 핵심

토론의 '보이지 않는 비밀'은 서로 다른 의견을 주장하는 양측 토론자들이 정면충돌하지 않는다는 점이다. 그들은 그저 계속해서 자신의 관점을 전달할 뿐이다. 그러기 위해서는 상대의 개념을 슬며시 바꿔 쓰는 토론 기법을 익혀야 한다. 개념을 재정의 혹은 상대의 개념을 교정하는 기법이다.

토론 상대가 '인간의 본성은 선하다'라고 주장할 때, 그는 사심 없이 낯선 사람을 도와주고 심지어 자신의 목숨까지 희생하는 사람들의 사례를 들 것이다. 철저히 계산된 행동이 아니라 본능적인 행동이었기에 인간의 본성이 선하다는 근거가 될 수 있다고 말한다.

자, 이제 당신은 어떻게 반응할 것인가? 상대방의 사고 흐름을 그대로 따라가면 당신은 질 수밖에 없다. 이럴 땐 '상대의 개념을 교정'해야 한다.

재빨리 머리를 굴려보자. 상대가 선을 어떻게 '정의'했던가? 마음에서 우러나와 본능적으로 돕는 것이라고 했다. 과연 이것이 진짜 선일까? 이 사람은 10만 명의 목숨이 오가는 전쟁터의 사령관일 수 있다. 그런데 만일 그가 한 사람을 살리기 위해 10만 명을 희생시켰다고 해보자. 류츠신劉慈欣의 SF 소설 『삼체』에 등장하는 유약한 검객은 '선'을 위해 전 인류 수십억 명을 죽인다. 이것을 선이라 할 수 있을까? 아니다. 선의 옷을 뒤집어 쓴 '악'이다.

토론 상대는 당신과 옳고 그름을 따지려는 게 아니다. 교묘하게 '선'을 재정의해 당신이 틀렸다고 주장하려는 것이다. 그러니 당신은 상대의 주장을 계속해서 다시 정의해야 한다. 재정의를 통해 자신을 드러내는 과정이 관중에게 영향을 미친다.

## 3. 토론의 핵심 경쟁력

토론의 핵심 경쟁력은 '논리에 기반한 순발력'이다. 한번은 유명한 방송 진행자이자 저명한 강연가인 뤄전위羅振宇가 나에게 이런 말을 한 적이 있다.

> 제가 강연을 아무리 잘해도 막상 토론 프로그램에서 마둥馬東* 옆에 앉아 있을 땐 한마디도 할 수가 없더군요.

---

\* 중국의 유명 방송인.

강연 고수라고 다 토론을 잘하진 않는다. 강연의 핵심 경쟁력은 두 시간짜리 이야기를 일목요연하게 구성하는 능력이다. 예를 들면, 요즘 유행하는 밈Meme으로 강연의 포문을 열며 이야기를 전개한다. 이어 유머러스한 발언으로 분위기를 띄운 다음, 멋진 명언으로 감정을 고조시킨다. 강연을 잘하는 사람은 연출자와 마찬가지로 자신에게 주어진 2시간을 능수능란하게 쥐락펴락한다.

하지만 토론은 다르다. 토론은 한 라운드가 10초 이내로 구성된다. 구성안을 짜는 동안 몇 라운드가 끝날 테니, 대화에 끼어들지도 못 한다.

10초라는 짧은 시간 동안 상대의 논점이 무엇인지 파악하기보다는 상대의 논리 구조에 집중해야 한다. 한 사람의 논점은 주로 논거(논리의 근거)와 논증(옳고 그름을 근거로 밝힘)으로 구성된다. 즉, '논거+논증=논점'이다. 토론 능력이 뛰어난 사람은 촌철살인으로 일반인들을 쉽게 제압한다. 그들은 상대의 논거 대신 상대의 논증에만 관심을 기울인다.

일례로, A가 "어제 거하게 먹었더니 오늘 기분이 좋네"라고 말했다. 그러자 B가 "거하게 먹었다면서 왜 이렇게 표정이 안 좋아? 그다지 거한 게 아니었나 보네. C야, 너는 맛있는 거 먹었어?"라고 말한다. A는 어떻게 대응해야 할지 몰라 당황하게 된다.

일반인들은 크게 신경 쓰지 않을 '거하게 먹었다'에서 '기분이 좋다'에 이르는 논증은 토론의 고수와 만나면 단 세 마디 만에 박살 난다. 토론을 잘하기 위해서는 '논리에 기반한 순발력'이 필요하다.

대부분이 대화는 익숙하지만, 타인과 맞붙으며 논쟁하는 경험은 거의

하지 않는다. 학식이 부족해서 토론이 서툰 게 아니다. 그저 일과 생활 속에서 다양한 언어적 갈등을 경험하지 못해 훈련되지 않았을 뿐이다. 토론 기술을 익히려면 토론의 목적, 핵심, 핵심 경쟁력을 기억하길 바란다. 토론의 진행 여부와 상관없이 진리는 언제나 어디엔가 있다. 하지만 토론을 통해 진리를 발견할 수 있는 시야를 키울 수 있다.

# 우수한 사람의 문제 해결법

우리는 성장 과정에서 예기치 못한 문제를 맞닥뜨린다. 그런 일은 예고 없이 찾아든다. 좋던 실적이 갑자기 곤두박질칠 수도 있고, 제품 불량률이 확 올라갈 수 있으며, 컴플레인이 많아질 수도 있다.

누가 뛰어난지, 뛰어나지 않은지 판단하기 위해서는 문제를 해결하는 방법을 보면 된다. 갑작스러운 위기에 처했을 때 보통 사람과 우수한 사람은 다르게 대응한다. 보통 사람은 사물의 현상만 본다. 하지만 우수한 사람은 현상을 통해 사물의 본질을 꿰뚫는다.

## 경험은 믿을 만한 것이 못 된다

제2차 세계 대전 당시, 전범국에 맞선 연합군은 막대한 폭격기 손실을 입었다. 간신히 생환한 일부 비행기의 날개에는 탄환 자국이 가득했다. 연합군은 상황이 여의치 않음을 고려해 비행기에 강철판을 덧대 조종사의 생명을 보호하고 전투력을 높이기로 했다. 문제는 어느 부위에 강철판을 덧댈지였다. 경험으로 짐작해 보면 탄환 자국이 가득한 날개에 강철판을 덧대야 했다. 따라서 지휘부는 날개에 강철판을 보강하기로 결정했다. 이때 연합군의 고문을 맡고 있던 한 통계학자가 다음과 같이 말했다.

"사령관님, 폭격기의 날개에 탄환 자국이 가득했음에도 생환할 수 있었던 건 그 부분이 견고하기 때문입니다. 조종석과 꼬리에 탄환 자국이 없다는 건, 이 위치가 피격되면 비행기가 생환할 수 없다는 뜻입니다."

사령관은 깜짝 놀라 급히 전장으로 군대를 파견해 추락한 비행기의 잔해를 조사했다. 과연 통계학자의 말대로 피격돼 추락한 비행기 모두 조종석이나 꼬리에서 탄환 자국이 발견됐다. 생환한 비행기의 조종사는 피격됐음에도 추락하지 않은 이유를 몰랐을 것이고, 격추된 비행기의 조종사는 그 이유를 알았을 것이다. 하지만 돌아오지 못한 자는 말이 없다.

보통 사람이라면 생환한 비행기의 '경험'에 의존해 비행기 날개에 강철판을 덧대기로 결정한다. 하지만 우수한 사람은 현상을 통해 본질을 꿰뚫고, 격추된 비행기의 조종석이나 꼬리가 피격됐음을 파악한다. '경험'에 대한 의존은 때로는 믿을 만한 것이 못 된다.

이를 '생존자 편향의 오류'라고 한다. 통계 샘플에는 한계가 있다. 문제를 분석하고 성공적인 사례를 찾을 시, 전체를 고려한다면 생존자 편향의 오류를 줄일 수 있다.

그렇다면 '성공 사례'는 믿을 만할까? 기업을 예로 들어보자. 많은 기업의 경영자가 내부의 문제에 직면했을 때 습관적으로 다른 기업, 특히 업계의 선두 기업 사례를 찾아 공부한다. 선두 기업이 문제를 해결한 방법이 무엇이든 옳다고 생각하고 배울 가치가 있다고 여긴다. 성찰 끝에 해결 방법을 도출하고 깨우침을 얻기도 한다. 하지만 '성공 사례'라고 늘 정답은 아니다.

10여 년 전, 내가 MS에서 일했을 당시 여러 회사로부터 MS의 소프트웨어 개발 경험을 공유해 달라는 요청을 받았다. 그때 공유했던 주요 내용 중 하나가 소프트웨어 하나를 개발할 때 두 종류의 테스트를 준비한다는 것이었다. 많은 사람이 나에게 "이 이야기를 듣고 깨침을 얻었다"며, "MS가 대기업이 된 데에는 테스트를 두 종류로 하는 소프트웨어 개발 방식이 있었기 때문"이라고 말했다.

당시 나에게 이런 질문을 하는 사람도 있었다. "MS 직원들은 어느 브랜드의 치약을 씁니까?" 그 질문을 받고 순간 나는 멍해졌다. 비즈니스와 관련해 이야기를 나누는 자리에서 치약에 관한 질문을 받을 줄은 상상도 못 했다. 그럼에도 최대한 예의 바르게 대답했다. "다른 사람들이 어떤 치약을 쓰는지는 모르겠지만, 저는 달리 치약을 씁니다." 나는 질문자가 내 대답에 큰 깨달음을 얻었다는 표정을 짓는 걸 볼 수 있었다. 마치 'MS 직원은 달리 치약을 쓰는구나! 어쩐지 대단하더라'라고 말하는 듯했다.

농담이 아니라 실제로 있었던 일이다. 웃기지 않는가? 치약과 성공 사이에 대체 어떤 인과 관계가 있단 말인가? 하지만 많은 사람이 MS는 너무나 대단한 곳이고, 그 회사가 하는 일은 모두 다 옳다고 여긴다. 또한 MS에서 일하는 직원들은 모두 '와!' 하고 탄성이 나올 만한 존재이고, 그들이 하는 모든 이야기가 자세히 들여다보고 연구할 만한 가치가 있다고 믿는다.

그로부터 약 10년쯤 지난 후, 나는 또 한 번 '소프트웨어 하나를 개발할 때 두 종류의 테스트를 준비'하는 방법에 대해 다른 사람과 이야기 나눌 기회가 생겼다. 그 무렵 MS는 논쟁의 여지없이 하향세였다. 그래서 많은 사람이 MS를 무시하기 시작했다. 사람들은 MS의 시대는 이미 갔다고, MS에 관한 것은 뭐든 틀렸다고 이야기했다. "소프트웨어 하나를 개발하는 데 테스트를 두 종류나 준비한다고? 심각한 자원 낭비에다가 개발 속도까지 너무 비효율적이잖아!"

이런 사례들은 꽤 흔하다. 우리는 문제에 대한 해결책을 찾을 때, 다른 사람의 성공적 경험을 맹신하는 경향이 있다. 물론 성공적 사례를 아는 것은 중요하다. 하지만 그가 당신에게 알려준 방법이 진짜 그를 성공으로 이끌었을까? 과연 우리에게도 그 방법이 통할까? 그 방법을 정답으로 판단해도 될까? 꼭 그렇지만은 않다.

## 가설-검증-결론-조정

예기치 못한 문제나 어려움에 맞닥뜨렸을 때 '가설-검증-결론-조정' 방법을 실행해 보기를 권한다. 문제와 마주했을 때 ① 과감하게 가설을 세우고 ② 검증을 통해 ③ 결론을 도출한 다음 ④ 결론에 따라 최종적으로 조정을 가한다.

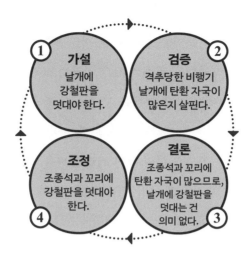

앞서 언급한 제2차 세계 대전 비행기 사례에도 적용할 수 있다. '비행기의 어떤 부분에 강철판을 덧대야만 격추를 피할 수 있는가'에 관한 문제를 해결하기 위해 이 방법론을 활용해 보자.

'가설-검증-결론-조정' 방법론을 통해 비행기의 어떤 부분에 강철판을 덧대야 하는지 알 수 있다. 이런 방법론의 본질은 최선을 다해 가설을 확실히 검증한 다음 결론을 도출해 최종적으로 조정을 가하는 데 있다.

## 사실에 입각해 논의를 전개한다

이 방법론을 사용하기 위해서는 '입장'에 좌지우지되면 안 된다. '사실'

에 입각해 논의를 전개해야 한다. 토론 시, 토론자는 사람이 아닌 일의 본질에 포커스를 맞춰야 한다. 예를 들어보겠다.

제품 판매율 부진의 문제를 놓고 각 부서의 책임자들이 원인을 찾기 위해 모였다. 제품 개발팀은 판매 루트와 마케팅이 잘못됐다고 하고, 영업팀은 광고가 별로여서 제품 자체를 모르는 사람이 많다고 하고, 시장 마케팅팀은 예산이 부족한 데다 제품에 문제가 있어 컴플레인을 해결하는 데 모든 에너지를 쏟고 있다며 품질 관리팀 탓을 하고, 품질 관리팀은 생산팀이 작업 가이드라인에 따라 엄격하게 작업하지 못한 까닭이라고 한다. 각 부서의 책임자들이 서로에게 책임을 전가하는 방식은 많은 회사에서 자주 연출되는 장면이다.

서로에게 책임을 떠넘기기만 하면, 아무리 회의를 오래 해도 문제에 대한 결론이나 해결책을 도출해 낼 수 없다. 그런데 이들이 회의를 하는 근본적인 이유는 제품을 잘 팔기 위해서다. 왜 안 팔리는지에 대한 문제를 해결하기 위해서가 아니다. 또 문제에 대한 책임을 추궁해 어떤 부서에서 그 책임을 져야 하는지 결정하기 위해서도 아니다. 진짜 문제를 해결하기 위해선 일의 본질에 집중하며 당면한 과제를 명확하게 분석해야 한다.

'판매 부진'을 가설로 세웠다면, 모든 영업 사원의 판매 실적이 부진한지 일부 영업 사원의 실적이 부진한지를 검증해야 한다. 만일 절반에 가까운 영업 사원의 실적이 괜찮다면 새로 출시된 제품 자체의 문제가 아니다. 제품의 판매 방법, 화술 등 영업 사원들에 대한 교육이 제대로 진행되지 않은 까닭일 수 있다.

이렇게 하나하나 가설을 검증해 나가며 일의 본질에 집중해야 한다. 자신과 타인의 이익과 입장에 휘둘려서는 안 된다. 정답은 언제나 '팩트'에 있다.

# 본질을 빠르게 파악하는 법

　비즈니스 자문을 할 때는 현상을 통해 본질을 꿰뚫어보는 통찰력이 필요하다. 친구들이 종종 이런 질문을 한다. "어떻게 해야 너처럼 본질을 빨리 파악할 수 있을까?" 이는 한두 마디로 대답할 수 있는 성질의 질문이 아니다.

　내가 MS에서 일할 당시, MS는 직원들에게 점심과 저녁을 제공했다. 그런데 모두가 야근을 하진 않으니 저녁을 먹는 사람보다 점심을 먹는 사람이 많았다. 당연히 점심 공급 업체의 이윤이 더 클 수밖에 없었는데, 간혹 점심의 질이 저녁보다 더 떨어졌다. 그 이유는 무엇일까? 공급 업체가 식자재를 줄여 부실한 식단을 내놓은 게 문제의 본질일까? 그렇다면 사람을 보내 식단을 업데이트하거나 주방장을 주기적으로 바꿔달라고 요청하면 문제가 해결되지 않을까? 그러나 이 방법들은 소용이 없다. 개선을 위해서는 추가 비용이 더 들 수밖에 없는 데다가 공급 업체는 이윤 추구를 위해 앞에서는 규정을 따르는 척, 뒤로는 호박씨를 까고 있었다.

문제를 해결하기 위해 MS는 한 가지 제도를 도입했다. 공급 업체 두 곳을 선정해 한쪽은 점심을 제공하고 다른 한쪽은 저녁을 제공하도록 한 것이다. 그리고 3개월마다 직원들에게 만족도 조사를 실시해서 점심과 저녁 중 어느 쪽이 더 좋았는지 물었다. 만약 저녁이 더 좋았다고 답한 사람이 많으면 점심과 저녁의 공급 업체를 서로 바꿨다. 이후에도 6개월 연속 점심이 더 낫다는 조사가 나왔을 경우에는 저녁 공급 업체를 아예 교체했다.

이 제도가 시행된 이후 '우리는 잘하고 있어요' '식단 교체 비용이 너무 많이 들어요' 식의 반응을 보이던 공급 업체는 바로 태세를 전환해 전보다 훨씬 더 나은 서비스를 제공하기 시작했다. 당연히 직원들의 만족도는 크게 높아졌다.

문제의 본질을 꿰뚫으면 해결책을 생각할 수 있다. 문제의 본질은 공급 업체나 식자재 부족이 아니었다. MS와 공급 업체 간의 관계가 문제였다. 이런 문제가 발생하면 공급 업체에 더 나은 서비스를 제공하라고 요청한 다음, 제대로 개선되지 않으면 업체를 바꾸는 것이 일반적이다. 하지만 MS에 식사를 공급하는 업체는 단 한 군데였고, 그 업체는 위기감을 느끼지 못해 MS의 독촉에도 안하무인으로 행동했다. 이후 또 다른 공급 업체의 등장으로 경쟁 상대가 생기자 기존의 공급 업체는 퇴출될 수도 있다는 위기감에 수단과 방법을 가리지 않고 서비스 개선에 나섰다.

본질을 통찰한 사람은 말로 이래라저래라 독촉하지 않고, 경쟁 메커니즘을 도입해 공급 업체가 더 나은 서비스를 제공하는지 감독한다. 이것이 바로 통찰력이다. 통찰력은 신이 특정한 누군가에게만 살짝 허락한 선물이 아니라, 모든 사람이 과학적인 방법을 통해 부단히 학습하고 갈고닦아야 하는 능력이다.


## 표상을 통한 시스템 통찰하기

평소 우리가 무언가를 관찰할 때는 대체로 표상만 관찰한다. 예컨대 기계식 손목시계를 관찰하면 시계판 먼저 보인다. 그 안에는 시침, 분침, 초침이 있고, 측면에는 크라운이 있다. 크라운을 돌려 태엽을 감으면 시계가 작동한다. 만일 시간이 맞지 않을 경우, 크라운을 뽑아 돌리면 분침과 시침이 따라 돌면서 시간을 맞출 수 있다. 기계식 손목시계가 작동하는 법칙을 관찰한 결과는 이렇다.

법칙이란 무엇인가? 당신이 어떤 사물에 자극을 가하면 그에 상응하는 행동이 발생하는데, 그것이 바로 법칙이다. 예를 들어 크라운을 뽑아 돌리는 것은 기계식 손목시계에 가해진 자극이다. 크라운을 돌리면 시계의 분침과 시침이 움직이는 것 또한 자극을 받은 시계로부터 발생한 행위다. 사물을 연구하고 관찰해 내려진 결론은 대체로 이런 법칙이다. 하지만 이런 법칙은 사실상 표상에 불과하다.

더 깊이 들어가 보자. 이런 법칙은 어떻게 만들어진 것일까? 왜 크라운을 뽑아 돌리면 시계가 움직일까? 그 동력은 어디서 올까? 왜 크라운을 뽑아 돌리면 분침과 시침이 따라 돌까? 이 질문들에 제대로 답할 수 있는

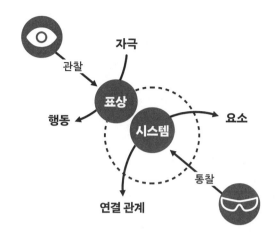

사람은 거의 없다.

모든 표상 뒤에는 제각기 '블랙박스'가 있다. 우리 눈으로 이 블랙박스를 확인할 수는 없지만 모든 법칙이 발생하는 원인은 바로 여기에 있다. 우리는 이런 블랙박스를 '시스템'이라고 부른다.

시스템이 정상적으로 작동한다면 우리는 규칙에 따라 일을 처리할 수 있다. 그러나 시스템에 문제가 생기면 규칙은 제대로 작동하지 않는다. 표상 뒤에 감춰진 시스템을 통찰하지 못한다면 문제의 근원을 찾을 수 없고, 나아가 해결책도 찾을 수 없다.

우리가 통찰력을 키워야 하는 이유는 표상 뒤에 숨겨진 블랙박스(시스템)를 이해하고 문제를 본질적으로 해결하기 위해서다.

## 시스템=요소×연결 관계

시스템은 연결된 요소들의 집합이다. 이 정의엔 두 가지 키워드 요소와 연결 관계가 담겨 있다.

시계판, 크라운, 시곗바늘 그리고 시계판 뒤에 숨은 수백 개의 부품, 톱니바퀴 등은 기계식 손목시계의 시스템을 이루는 '요소'다. 이 수백 개의 부품과 톱니바퀴가 어떻게 연결되고 맞물리느냐가 바로 그들 간의 '연결 관계'를 뜻한다.

통찰력은 표상을 통해 시스템이라는 '블랙박스' 안에 들어 있는 각 요소, 나아가 그들 간의 연결 관계를 꿰뚫는 능력이다. 그러나 우리는 주로 '요소'만 볼 뿐, '연결 관계'는 알아차리지 못한다. 해결책은 대체로 이 '연결 관계'에 숨어 있는데 말이다.

그런데 연결 관계를 어떻게 발견할 수 있을까? 하나의 시스템 안에 어떤 '요소'와 '연결 관계'가 있는지 알아둘 필요가 있다. 시스템을 구성하는 다섯 가지 모듈에는 변량, 인과 관계, 증강 회로, 조절 회로, 지연 효과가 있다. 이 중 변량은 '요소'이고, 인과 관계, 증강 회로, 조절 회로, 지연 효과는 네 가지의 '연결 관계'다.

그 어떤 복잡한 시스템일지라도 거의 모두가 레고 블록처럼 위와 같은 다섯 가지의 간단한 기본 모듈로 구성돼 있다. 이 점을 잘 이해한다면 복잡한 시스템도 다섯 가지 '블록' 조합으로 설명할 수 있다.

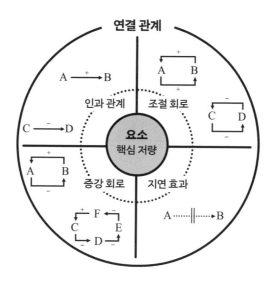

## 변량

시스템에서 변량은 변화의 '요소'다. 변량은 시간의 변화에 따라 달라질 수 있다. 체중이 늘거나 줄 때도 있고, 회사 재무 상태가 좋다가 나빠질 수도 있으며, 손님이 많다가도 적은 날이 있다.

시간이라는 축이 더해지면 변량은 저량Stock과 유량Flow이라는 두 가지 다른 상태로 나타난다. 욕조를 예로 들어보자. 욕조에서 '물'이라는 변량은 두 가지 상태를 보일 수 있다. 첫 번째는 저량으로, '특정 시점'에 욕조에 담겨 있는 물의 양이다. 두 번째는 유량으로, '일정 기간 동안' 욕조로 유입된 물의 양(유입량)과 욕조에서 나간 물의 양(유출량)이다.

그렇다면 저량과 유량의 개념을 어디에 활용할 수 있을까? 예를 들어, 사소한 문제로 여자 친구가 당신에게 이별을 통보했다. 당신은 답답하다.

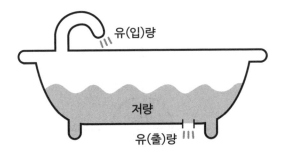

'이런 작은 일 때문에 헤어지는 게 말이 돼?' 그런데 여자 친구가 당신과 헤어지려는 이유가 정말 이 사소한 문제 때문일까? 당연히 아니다. 상대가 당신과 헤어지려는 이유는 모종의 사건 때문이 아니라 불만 감정 때문이다.

불만 감정은 욕조 안의 물과 같아 일종의 '저량'이라고 할 수 있다. 두 사람을 싸우게 만들었던 소소한 문제는 욕조의 수도꼭지로, 불만 감정이 생기면 불만의 유입량을 늘린다. 이렇게 불만이 욕조 안에 계속해서 유입되면서 불만의 저량이 늘어난다.

당신이 처음 여자 친구를 화나게 만들었을 때, 그녀가 당신에게 헤어지자고 했는가? 아니다. 그 당시 욕조는 텅 비어 있었다. 당신은 '음, 얘가 별로 개의치 않네'라고 생각했겠지만, 그보다는 욕조가 텅 빈 상태였으므로 참았던 것이다. 당신의 여자 친구는 계속해서 화를 참다가 마지막 불만이 콸콸 쏟아짐으로써 욕조는 가득 찬다. 이땐 당신이 아무리 사과를 해도 별 소용없다.

이별을 통보받은 상황에서도 당신이 여전히 '유입량'만 본다면, 여자 친구가 별것도 아닌 사소한 문제로 갑작스레 이별을 통보했다고 받아들일 것이다. 그러나 당신이 '저량'을 볼 수 있는 사람이라면, '유출량'을 이용해 불만의 저량을 감소시킬 수 있음을 안다. 평소에 종종 선물을 하거나, 기념일을 성심성의껏 챙기는 등의 방법으로 불만을 감소시켰을 것이다. 사람들은 이런 남자 친구를 가리켜 '스윗남'이라고 한다.

그런데 스윗남이 여자 친구에게 다정할 수 있었던 이유는 상남자 스타일의 다른 남성들보다 '유량(유입량/유출량)'을 통해 '저량'을 관리하는 데 능숙하기 때문이다.


### 인과 관계

변량과 변량의 두 가지 상태인 저량과 유량을 이해했으니, 이제 첫 번째 연결 관계인 인과 관계를 살펴볼 시간이다.

인과 관계는 매우 중요하다. 인과 관계가 없으면 아무리 많은 변량이 모여도 생명력 없는 모래 알갱이에 불과하므로 살아 숨 쉬는 시스템이라 할 수 없다. 인과 관계란, 변량 간의 연결 관계가 강화되거나 약화되는 것을 뜻한다.

인과 관계의 강화는 '네가 강하면 나도 강해져'의 경우로, 업무 시간과 피로도 간의 관계가 대표적이다. 업무 시간이 길어질수록 피로도가 높아지고, 피로도가 높은 탓에 업무 시간이 증가한다. 즉, 피로도가 강화된 인과 관계다.

인과 관계의 약화는 '네가 강하면 나는 약해져'의 경우로, 피로도와 업

강화된 인과 관계          약화된 인과 관계

무 효율 간의 관계를 예로 들 수 있다. 피로도가 높아질수록 업무 효율이 떨어지므로, 사람들은 피로도 상승이 업무 효율을 떨어뜨리는 한 가지 원인이라고 말한다. 즉, 업무 효율은 약화된 인과 관계다.

인과 관계는 중요하면서도 간단하다. 강화(+)과 약화(-)의 두 가지 상황만 있을 뿐, 다른 상황은 존재하지 않는다.

인과 관계를 통해 시스템의 모든 변량을 연결할 수 있다. 서로 관계성이 있어 보이는 두 가지 변량을 가지고 자문한다. 이 둘은 강화 관계일까, 약화 관계일까? 인과 관계는 겉으로는 간단해 보인다. 하지만 수많은 변량이 하나하나 연결돼 있으므로 시스템이 복잡하다. 인과 관계로 변량을 연결하면 통찰력의 기본기를 닦을 수 있으니 열심히 연습해야 한다.

### 증강 회로

모든 선분에 시작점과 끝점이 있듯, 에너지도 머리에서 꼬리로 전달되고 나면 끝이 난다. 만약 끝점과 시작점을 하나의 인과 관계로 연결한다면 폐쇄 루프(순환)가 그려진다. 이런 식으로 '회로'가 만들어진다.

회로에는 증강 회로, 조절 회로 두 종류가 있다.

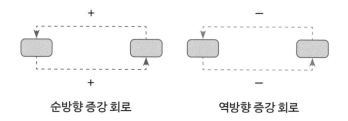

순방향 증강 회로          역방향 증강 회로

증강 회로란, 두 가지의 증강(강화) 또는 약화 인과 관계의 시작점과 끝점을 서로 연결해 하나의 회로를 만든 것을 말한다. 이 경우에는 '원인'이 '결과'를 증강시키고, '결과'도 '원인'을 증강시키기 때문에 '순방향 증강 회로'라고 한다. 반면 '원인'이 '결과'를 약화시키고, '결과'도 '원인'을 약화시킨다면 '역방향 증강 회로'가 된다.

지식이 많을수록 새로운 지식을 쌓을 수 있는 능력이 커진다. 새로운 지식을 쌓는 능력이 커질수록 더 많은 책을 읽게 돼 학식이 풍부해지며, 문장력을 키움으로써 새로운 지식을 더 잘 이해할 수 있게 된다. 이처럼 계속해서 증강이 이뤄지는 것이 순방향 증강 회로다.

또 한 가지 예를 들어보자. 당신의 신용이 좋을수록 당신과 협업하고 싶어 하는 사람들이 더 많아진다. 다른 사람이 당신과 협업하려는 의사가 강해질수록 당신의 신용은 더 올라갈 테고, 당신과 협업하려는 사람은 점점 더 늘어난다. 이 역시 순방향 증강 회로다.

텐센트의 모바일 메신저 위챗 또한 그 예로 들 수 있다. 사용자 수가 늘어날수록 가치는 더 높아지고, 가치가 높아질수록 사용자 수가 더 늘어난다. 꾸준한 증강 효과가 나타났으므로 텐센트 소셜 미디어는 순방향 증강 회로를 형성한 것이다.

몇 천 년 동안 증강 회로로 인해 큰 기복이 발생하는 현상을 두고, 사람들은 다양한 이름을 붙였다. 종교학자는 '마태 효과', 경제학자는 '승자독식', 금융 전문가는 '복리 효과', IT 기업은 '지수형 성장'이라고 부른다. 하지만 불꽃처럼 찬란한 현상 이면에는 동일한 '레고 블록'인 증강 회로가 숨어 있다.

우리가 일상이나 비즈니스에서 이룬 소소한 성공은 스마트한 지능과 재능에서 나온다. 하지만 큰 성공은 순방향 증강 회로에 의해서 가능하다.


## 조절 회로

원인이 결과를 증강시키고, 결과가 원인을 증강시키는 것을 증강 회로라고 한다면, 원인이 결과를 증강시키고 결과가 원인을 약화시키는 건 조절 회로다.

증강 회로가 세계를 극단으로 치닫게 한다면, 조절 회로는 세계에 균형을 찾아준다. 증강 회로가 있는 곳엔 반드시 조절 회로도 있어야 한다.

많은 사람이 창업을 할 때 '관리를 하지 않아도 되는 관리가 최상의 관리'임을 확신한다. 그래서 창업 초기에는 단계를 나누거나 프로세스를 정하지 않고, KPI(핵심 성과 지표) 또한 설정하지 않는다. 이 시기에는 회사 직원이 적으니 문제가 발생하더라도 자리에서 일어나 소리 한번 지르면 해결된다. 게다가 다들 업무 효율이 매우 높아 '상품이 왕'이라는 증강 회

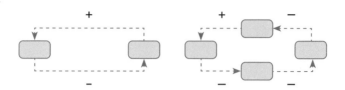

로에서 기하급수적 성장을 실현한다.

　회사는 순식간에 몇 백 명의 직원을 갖춘 규모로 성장한다. 이때는 '관리를 하지 않아도 되는 관리가 최상의 관리' 방침이 더는 통하지 않는다. 내부적으로 각종 문제가 끊임없이 불거지고, 제품 결함 건수는 갈수록 많아지며, 고객 민원도 나날이 늘어난다. 즉, 회사 규모가 커질수록 관리가 어려워진다. 관리가 어려워질수록 문제가 많아지므로 결국 비용 증가와 인력 유실로 이어진다. 회사 규모에 대한 제약이 점점 더 커진다.

　이때 '상품이 왕'이라는 증강 회로 역시 '관리 복잡도'라는 조절 회로를 만난다. 회사 실적은 정체되고, 다음 단계로 나아가기 힘들어진다. 이 문제를 해결하기 위해서는 단계, 프로세스, KPI 등을 활용해 관리의 효율을 높여야 한다. '관리 복잡도'라는 조절 회로를 끊어내 성장 잠재력을 확산시키는 방법이다.

　이 시점에서 창업자들은 대기업의 선배들이 왜 매번 '관리의 효율성'을 그렇게 따졌는지를 이해하게 된다. 이전에 '관리를 하지 않아도 되는 관리'를 할 수 있었던 이유는 회사의 규모가 작아 조절 회로가 들어올 수 없었기 때문이다. 조절 회로를 마주하게 된다면, 성장을 위해서 무작정 가속 페달을 밟아서는 안 된다. 브레이크를 살살 풀면서 움직여야 성장할 수 있다.

따라서 한 기업의 CEO가 해야 할 주된 업무는 바로 실적의 '증강 회로'를 밟고 문제의 '조절 회로'를 푸는 것이다. 증강 회로는 극단을 추구하지만, 조절 회로는 균형을 잡아준다. 비즈니스의 세계에서는 증강 회로가 있는 곳에 반드시 조절 회로가 있다. 증강 회로와 조절 회로, 이 쌍둥이 형제의 성격은 전혀 달라도 만물을 아름답게 만들기 위해 협력한다.

### 지연 효과

마지막으로 살펴볼 연결 관계는 지연 효과다. 인과 관계는 곧장 연결되지 않고, 회로 또한 순식간에 닫히지 않는다. 인과 관계와 회로가 형성되기까지는 어느 정도의 시간차가 발생한다. 이를 지연 효과라고 한다.

예를 들어 교통 체증에 처해 있는데 교통 방송에서 옆쪽 도로의 차량 흐름이 원활하다는 소식을 전한다. 방송을 듣고 재빨리 그 도로로 향했지만 막상 가보니 옆쪽 도로의 사정도 그리 다르지 않다. 교통 방송이 거짓 말한 것일까? 그렇지 않다. 방송을 듣고 옆쪽 도로로 이동하는 사이, 교통 상황이 바뀌어 옆쪽 도로 역시 혼잡해진 것이다. 교통 방송에서 송출한 정보가 옆쪽 도로의 차량 흐름에 변화를 부추겼기 때문인데, 이것이 바로 지연 효과다.

또 다른 예를 들어보자. 대학에 지원할 때 대입 컨설팅 업체로부터 "국제 금융 관련 전공이 뜨고 있다"는 조언을 듣고 국제금융학과에 지원했다. 그런데 대학을 졸업할 무렵에 가장 인기 있는 학과는 인공지능 분야였다. 국제금융학과의 졸업생들은 취업난을 겪고 있었다. 대입 컨설팅 업체가 당신을 속였을까? 그렇지 않다. 대학에 다니던 4년 동안 비즈니스 세계에 중대한 변화가 발생한 것이다.

지연 효과는 공간적 차원에 이미 매우 복잡한 시스템을 만들고, 여기에 시간적 차원의 복잡성을 더한다. 그 결과, 원인과 결과가 시공간적으로 제각기 떨어지면서 잘못된 판단을 하게 만든다. 따라서 세상의 모든 일들을 통찰하려면 반드시 지연 효과를 염두에 두고 그 모든 것에 시간의 축을 더해야 한다.

# 프로세스, 제도, 시스템

비즈니스 컨설턴트로 기업 회원 대상의 강의를 할 때 이런 질문을 자주 받는다. "기업 관리 수업에서 프로세스, 시스템, 메커니즘, 체계, 제도 등의 단어를 자주 말씀하시는데, 이 단어들은 각각 어떻게 다릅니까?" 이 단어들이 기업 관리에 자주 사용되는 것은 확실하다. 그 단어의 의미를 더 잘 이해하기 위해, 우선 다음의 이야기를 함께 살펴보자.

아주 먼 옛날, 산속에 절이 하나 있었다. 그 절에는 승려 몇 명이 거주하고 있었는데, 그들은 매일 죽 한 통을 함께 나눠 먹었다. 하지만 죽 분배는 매번 공평하지 않았다. 죽 분배를 맡은 승려의 그릇에만 죽의 양과 건더기가 넉넉했다.

승려들은 덕망 있는 승려에게 죽 분배를 맡기기로 했다. 그러나 결과는 역시나 마찬가지였고, 심지어 부정부패까지 발생했다. 누군가가 죽 분배를 맡은 승려에게 뇌물을 준 것이다. 역시 이 방법 또한 오래가지 못했다.

나중에 그들은 아예 순번을 정해 죽 분배를 맡기로 했다. 남을 믿을 바엔 자신을 믿는 게 나았으니 언뜻 공평한 방법처럼 보였다. 결과는 어땠을까? 각자 죽 분배를 맡은 날이 되면 자기 그릇에만 건더기가 넉넉했다. 본인이 죽 분배를 하지 않는 날에는 국물만 멀건 죽을 먹어야 했고, 양조차도 적었다.

한 승려가 이렇게 말했다. "우리 죽 분배 위원회와 관리 감독 위원회를 설립합시다. 죽 분배를 맡은 사람의 권리를 제한하는 거죠." 하지만 실제로 시행해 보니 이 방법도 여의치 않았다. 위원회에 속한 사람마다 의견이 달라 말다툼을 벌이느라 죽이 다 식도록 나눠주질 못했던 것이다.

이때 또 다른 승려가 제안했다. "역시나 돌아가며 죽을 분배하는 방법이 나은 것 같습니다. 하지만 이번에는 한 그릇을 떠주면 곧바로 가져가는 방식이 아니라, 먼저 죽을 그릇에 모두 나눈 다음 각자 한 그릇씩 들고 가게 하는 겁니다. 그리고 죽을 나눠준 사람은 맨 마지막에 가져가는 거죠."

기적이 발생했다. 이 방법을 실행한 후로 매일 죽이 공평하게 나눠지기 시작했다. 죽 분배를 맡은 승려가 불공평하게 죽을 나눠주면 자신만 배고프게 되니 애초에 죽을 공평하게 나눌 수밖에 없었다.

## 프로세스

프로세스는 순서대로 일을 완수하는 전체 과정이다. 프로세스는 선형으로, 서로 연관성이 있고 객관적이다.

코끼리를 냉장고에 집어넣는다면 프로세스는 어떻게 작동할까? 이렇게 작동한다. ① 냉장고 문을 연다. ② 코끼리를 냉장고에 집어넣는다. ③ 냉장고 문을 닫는다.

죽을 분배하는 위 사례에도 프로세스가 있다.

> ① 덕망 높은 승려가 죽을 분배한다.
> : 죽통을 자기 쪽으로 가져온다. → 죽을 모두에게 분배한다.
> ② 순번을 정해 죽을 분배한다.
> : 오늘 누가 순번인지 알아본다. → 순번을 맡은 사람이 죽을 모두에게 나눠준다.
> ③ 죽 분배 위원회가 죽을 분배한다.
> : 죽을 모두에게 분배한다. → 죽 분배 위원회가 죽을 공평하게 나눴는지 판단한다.
> ④ 돌아가며 죽을 나눠주되, 순번을 맡은 사람이 마지막으로 죽 그릇을 가져간다.
> : 오늘 순번이 누구인지 알아본다. → 죽 분배를 맡은 사람이 죽을 모든 그릇에 나눈다. → 각자 한 그릇씩 죽을 가져간다. → 순번을 맡은 사람은 맨 마지막 남은 그릇을 가져간다.

모든 일에는 저마다의 프로세스가 있다. 다른 점이 있다면, 어떤 프로세스는 외부에서 설계한 것이고 어떤 프로세스는 자발적으로 생겨났으며 또 어떤 프로세스는 최적화된 것이고 어떤 프로세스는 효율이 낮다는 정도다.

기업 경영 관리 과정에선 '프로세스 관리'나 '프로세스 최적화' 이야기가 자주 나온다. 한 가지 일을 지속적으로 최적화한다는 것은 13단계를 7단계로 축소한다는 의미다. 프로세스 관리와 프로세스 최적화의 본질은 일을 보다 효율적으로 완수하도록 변화를 이끈다는 점이다.


## 제도

제도는 어떤 일을 할 때의 행위 준칙이다. 따라서 권력 기관에서 발표한 규정 혹은 규약일 수 있다. 사내 지침서, 보안 유지 제도, 학생 행동 규범 등이 그 대표적인 예다. 제도는 일부러 제정하지 않으면 존재하지 않는다.

승려들이 죽을 분배하는 사례에서는 어떤 제도를 찾아볼 수 있을까?

제도는 일반적으로 문서의 형식으로 나타낼 때가 많다. 죽을 분배하는 사례에선 제도를 구체적으로 묘사하지 않았지만 추론해 볼 수는 있다. 덕망 높은 승려가 순조롭게 죽을 분배하는 것을 보장하기 위해, 어쩌면 덕망 높은 승려를 선택하는 방법에 관한 제도를 만들었을 수 있다. 순번제로 돌아가며 죽을 나눠주는 방식을 취한 경우에는 어떤 순서로 순번을 매길지에 관한 제도가 있을 수 있다. 또 죽 분배 위원회가 죽을 나눠줄 때는 어떻게 죽 분배 위원회를 뽑을지에 관한 제도를 마련했을 수 있다.

그렇다면 기업 내 제도에는 어떤 것들이 있을까? 요구 사항, 규칙, 사람들이 무엇을 할 수 있고 무엇은 할 수 없는지 알려주는 공지 사항 등이 있다. 예를 들어 많은 회사가 뇌물 공여 혹은 중개상이나 클라이언트로부터의 커미션 받기를 금하며 가족끼리는 동일 부서에서 일할 수 없도록 한다. 이것들은 모두 일종의 제도로서 강제성을 띤다.

기업이 제도를 제정하는 까닭은 단순히 회사의 성공을 위해서만이 아니다. 큰 사고가 발생할 수 있는 위험성을 미연에 방지하기 위해서다. 따라서 제도는 운전자를 보호하거나 교통사고를 방지하기 위한 도로의 신호등, 길가의 가드레일과 같다.

## 시스템

메커니즘과 시스템, 이 두 가지 개념은 기업 관리 면에서 매우 유사하다. 때론 하나의 개념이라고까지 설명할 수도 있다.

사람들은 대부분 한 기업을 평가할 때 기업이 출시한 제품이 무엇인지, 그것이 우리에게 어떤 쓸모가 있는지에 대해 생각한다. 기업이 제품을 어떻게 생산하는지는 염두에 두지 않는다. 시계를 볼 때는 시간만 볼 뿐, 시계 내부의 기어가 어떻게 작동하는지 보지 않는다. 이 또한 '블랙박스'의 영역이다.

하지만 사람들의 관심 밖에 있는 블랙박스가 바로 제품을 생산하는 시스템이다. 당신이 기업의 경영자라면, 반드시 제품의 블랙박스를 열고 각 부품 간의 관계를 연구해야 한다.

그렇다면 죽 분배 사례에는 어떤 시스템이 있을까? 덕망 높은 승려가 죽을 분배하는 시스템, 순번제로 돌아가며 죽을 분배하는 시스템, 죽 분배 위원회가 죽을 분배하는 시스템, 순번제로 죽을 분배하되 죽을 나눠준 사람이 맨 마지막으로 죽을 가져가는 시스템. 이 모든 것이 시스템이다. 그리고 이 시스템들은 죽 분배라는 일을 완수하기까지 관계의 총합이다. 따라서 시스템은 몇몇 부분의 상호 연계나 상호 작용이 만든 기능 전체를 가리킨다.

흔히 기업가에겐 전체를 아우르는 눈이 필요하다고들 한다. 전체를 아우르는 눈은 시스템의 관점에서 문제를 파악하는 능력이다. 통찰력을 갖췄을 때 미래에서 현재를 내려다보고, 높은 곳에서 전체를 아우를 수 있다.

죽 분배의 사례를 통해 프로세스, 시스템, 메커니즘, 규칙, 제도와 같은 단어의 뜻을 대략적으로 살펴봤다. 그렇다면 이 단어들 간의 차이점은 무엇일까?

제도는 규정이자 규약으로, 결과에 초점을 맞춘다. 프로세스는 타임 라인에 따라 어떤 일을 하는 과정으로, 과정에 초점을 맞춘다. 그러나 시스템은 내부의 각 요소나 변량 간의 상호 관계 혹은 상호 작용 전체로, 각 요소 간의 관계에 초점을 맞춘다.

프로세스든 제도든 시스템이든, 모두 문제 해결에 활용할 수 있다. 평범한 사람은 결과를 바꾸고, 우수한 사람은 원인을 바꾸며, 탁월한 사람은 모형을 바꾼다. 제도를 바꾼다는 것은 결과를 바꾸는 것이고, 프로세스를 바꾸는 것은 원인을 바꾸는 것이다. 시스템을 바꿨을 때에만 모형을 바꿀 수 있다.

죽 분배 사례에서 최종 해결책은 무엇이었는가? 순번제로 돌아가며 죽을 분배하되, 당번이 맨 나중에 죽 그릇을 가져가는 것이었다. 이는 프로세스를 바꾼 결과라고 생각할 수 있다. 그러나 본질적으로는 앞선 세 가지 프로세스 중 사람과 죽, 그릇 간의 관계를 바꾼 것이다.

앞선 세 가지 프로세스에서 죽을 나눠주는 사람이 누구의 그릇에 죽을 담느냐가 누구의 죽이 많은지 적은지를 결정짓는다. 하지만 순번제로 돌아가며 죽을 분배하되 당번이 마지막 그릇을 가져가는 시스템에선 사람과 죽의 관계가 분리된다. 죽 분배자의 첫 스텝은 사람에게 죽을 나눠주는 것이 아니라 한 통의 죽을 각각의 그릇에 나눠주는 것이다. 이때 누가 어떤 죽 그릇을 가져가게 될지는 아무도 모른다. 죽을 분배한 사람이 마지막 그릇을 가져가기 때문에, 그 사람은 분명 온갖 수단을 다 강구해 모든 그릇에 죽을 똑같이 분배할 것이다. 이는 시스템을 바꾼 것이자, 모형을 바꾼 것이다.

프로세스를 바꾸고 제도를 바꾸는 것이 관리라면, 시스템을 바꾸고 모형을 바꾸는 것은 거버넌스라고 할 수 있다. 거버넌스는 공동의 목표를 달성하기 위해 모든 이해 당사자가 책임감을 가지고 투명한 의사 결정을 하게 하는 장치를 말한다. 탁월한 사람은 거버넌스를 통해 조직을 관리

한다.

제2차 세계 대전 당시 미 공군의 낙하산 합격률은 99.9%였다. 즉, 1천 명의 낙하산병 중 한 명은 낙하산 결함으로 목숨을 잃었다. 군에서는 낙하산 제조 공장에 낙하산 합격률이 100%를 달성해야 한다고 말했다. 하지만 공장 책임자는 온갖 핑계를 대며 이미 최선을 다하고 있으므로 더는 개선의 여지가 없다고 답했다.

어떻게 하면 될까? 제도를 바꿔 엄격히 처벌하거나 프로세스를 바꿔 더 많은 테스트 인력을 투입하면 될까? 군은 검사 시스템을 바꿨다. 낙하산 제품을 인도받기 전, 무작위로 샘플 몇 개를 선택한 다음 공장 책임자에게 직접 낙하산 테스트를 하게 한 것이다. 이때부터 공군의 낙하산 합격률은 100%가 됐다.

영화 〈대부〉에는 이런 대사가 나온다.

0.5초 만에 본질을 꿰뚫어 본 사람과 평생 그것을 알아차리지 못한 사람에겐 전혀 다른 운명이 주어진다.

본질을 꿰뚫어 모형을 바꾸고 시스템을 바꾸는 능력을 지니길, 거버넌스의 방법으로 기업을 관리하는 탁월한 사람이 되길 바란다.

# 논리적 사고와 논리적 폐쇄 회로

어떤 사례에 대한 본인의 의견을 SNS에서 밝힐 때, 말도 안 되는 소리를 하는 사람이 꼭 있다. 사실 이들은 기본적으로 논리적 사고를 못 한다. 반대로 논리적 사고를 할 수 있는 사람이라면 진상을 파악하려는 호기심을 가진다. 이들은 어떤 현상을 겉으로만 판단하는 데 만족하지 않고, 계속해서 파고들어 근본적 원인을 찾는다. 진상을 파악하려는 논리적 사고는 어디에서나 발견된다. 내 경험을 토대로 이야기해 보겠다.

## 진상 파악은 어떻게 하는 걸까

한 친구가 단체 채팅 방에 적도 부근의 국가를 여행할 당시 촬영한 동영상을 올렸다. 거기에는 현지인이 했던 재밌는 실험이 담겨 있었다.

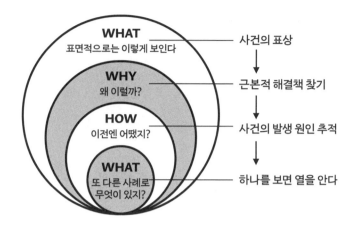

영상 속 현지인은 물이 담긴 대야를 적도의 북쪽 면에 놓았다. 그다음, 물 위에 작은 꽃 한 송이를 띄우고 꽃의 움직임이 멈추길 기다렸다가 대야 아래의 마개를 뽑았다. 그러자 물이 소용돌이를 치며 아래로 쏟아졌다. 이때 꽃이 회전하는 방향으로 물이 회전하는 방향을 알 수 있었다. 물은 반시계 방향으로 소용돌이쳤다.

대야를 적도의 남쪽 면에서 1~2m 떨어진 곳에 두고 똑같은 실험을 했다. 그랬더니 대야에 띄워놓은 꽃이 시계 방향으로 회전하는 것이었다. 가이드는 "지구가 서쪽에서 동쪽으로 자전하면서 지구 자전에 따른 전향력轉向力(편향력)이 작용하는데, 이 때문에 지구 적도를 중심으로 남쪽 면과 북쪽 면이 서로 다른 방향으로 회전한다"고 설명했다.

이 동영상을 본 친구들은 생생한 지리 수업을 들은 기분이라며 "세상 참 신비롭다!"는 감탄을 쏟아냈다. 하지만 나는 그 얘기를 쉽게 믿으면 안 된다는 반론을 제기했다.

"전에 나 역시 적도에서 이런 퍼포먼스를 두 번 봤어. 또 남극과 북극에 가서 일부러 이 실험을 해봤어. 지구 자전 전향력이 존재하는 건 사실이지만, 적도에서 고작 1~2m 떨어진 곳에서 이렇게 큰 차이가 날 정도로 강력하지는 않아. 남북극에서 실험을 했을 때도 물이 흐르는 방향은 때에 따라 달랐거든. 아마도 규모가 아주 큰 경우(해류)에나 이런 식으로 방향의 차이가 나타날 수 있을 거야. 하지만 규모가 작은 경우(대야에 담긴 물)엔 대야의 구조나 손을 휘젓는 행위 등 환경의 영향이 더 중요하게 작용해. 게다가 적도는 지축에 수직하잖아. 지축은 매년 조금씩 이동하기 때문에 적도의 위치 또한 그때그때 달라지지. 영상에 나오는 선은 진짜 적도 선이 아니라, 단순히 상징적 의미의 적도 선에 불과할 수도 있어."

난 문제를 파고들어 원인을 파악하기 위한 논리적 사고를 했을 뿐인데, '대단하다' '전문 지식이 늘어난 것 같다' 등의 반응이 돌아왔다.

과거에 나는 이 실험의 내용을 우연한 계기로 알게 됐다. 그리곤 실험의 사실 여부에 의문을 품었다. 내 안의 의혹을 해결하기 위해 남반구(남극, 호주 등)를 여행하며 물이 시계 방향으로 회전하는지 알아보는 실험을 해봤다. 결론적으로 물살의 방향은 그때그때 달랐다. '물살이 북반구에서는 반시계 방향, 남반구에서는 시계 방향으로 돈다'는 기존의 지식과 실제 결과가 달랐다.

여전한 의문을 품은 채로 나는 적도에 위치한 에콰도르의 수도 키토를 찾았다. 키토에서도 현지인이 하는 물살 실험을 볼 수 있었다. 북반구, 남반구를 표시해 둔 선을 기준으로 물살의 방향이 달라졌다. 대체 왜 현지인의 실험과 내 실험의 결과가 다른 건지 몹시 당황스러웠다.

그래서 나는 실험 동영상을 촬영한 후 관련 자료를 찾기 시작했다. 한 차례의 연구 끝에 자전 편향력은 확실히 존재함을 깨달았다. 지구 편향력은 지구가 서쪽에서 동쪽으로 자전하면서 생기는 일종의 관성력이다. 프랑스의 과학자이자 엔지니어인 코리올리Gustave Gaspard Coriolis가 발견해 '코리올리 힘'이라고 불리기도 한다. 이 편향력은 해류, 토네이도, 대기 구름층 등 많은 현상의 회전 방향에 실제로 영향을 주는 것으로 밝혀졌다.

편향력은 분명히 존재한다. 그러나 영향은 미미하다. 지구가 하루에 한 바퀴씩 천천히 돌다 보니, 자전 편향력의 영향력 또한 당연히 미미할 수밖에 없다. 때문에 편향력은 해류와 같은 대규모 물체의 움직임에만 눈에 띄는 영향을 줄 뿐, 대야 속 물의 흐름 같은 소규모의 물체에 영향을 주기 힘들다.

따라서 소규모 물살의 회전 방향이 그때그때 달라지는 것은 마개의 나선형 무늬, 하수도 방향, 마개를 잡아당길 때 손힘이 작용하는 방향 등 외부 요인에 영향을 받았을 가능성이 크다. 이러한 요인들이 편향력보다 훨씬 큰 영향을 미친다.

나는 실험 동영상을 한 번 더 자세히 살펴봤다. 그리고 매우 재미있는 사실을 알아차렸다. 실험을 하는 현지인에게서 아주 미세한 동작을 포착할 수 있었다. 현지인은 마개를 끝까지 잡아당길 때 물을 살짝 밀어 물이 흐르는 방향에 영향을 주고 있었다. 이게 바로 실험에 담긴 진실이었다. 물의 소용돌이는 인위적으로 만들어진 것이었다.

이 문제를 파고들면서 새로운 정보도 발견할 수 있었다. 실험이 이뤄진

적도 선이 실제 적도 선이 아니라는 사실이었다.

　적도는 지구의 자전축에 수직한 곳이다. 그런데 지구의 자전축은 고정돼 있지 않고, 해마다 조금씩 이동한다. 알려진 바에 따르면 100년(1900년에서 2000년까지) 동안 대략 15m를 이동했다. 그렇다면 지구의 자전축에 수직한 적도 역시 필연적으로 일정하게 움직여야 한다. 이렇게 이동하다 보면 실험하던 당시에 그려졌던 적도 선이 더는 진짜 적도 선이 아니게 된다. 따라서 물의 회전 방향 실험은 현지인들이 관광객들에게 재미를 주는 '선의'의 장난일 수 있다.

　문제를 파고들어 고민하는 과정은 '전문적'인 결론을 내릴 수 있게 돕는다.


　　① 지구 편향력은 존재한다.
　　② 지구 편향력은 대규모 물체의 운동에만 영향을 준다. 소규모 물
　　　체의 운동에는 오히려 환경의 영향이 더 크게 작용한다.
　　③ 관광지에서 그려놓은 '적도 선'은 진짜 적도 선이 아니다.


　문제를 파고들어 원인을 찾아가는 과정을 통하면 비로소 문제를 해결할 수 있다. 그렇다면 어떻게 문제를 파고들어 원인을 찾을 수 있을까?

　만약 당신이 적도에 위치한 도시에 가보면, 현지인들은 적도의 둘레가 약 40,074km라고 소개할 것이다. 이때 문제를 탐구해 원인을 찾는 논리적 사고를 한다면, '응? 적도 둘레가 어떻게 이 정도로 정확할 수 있지?'라는 의문을 품는다. 하지만 그저 신기하다고만 여길 뿐이라면 문제를 파

헤칠 기회를 포기한 것이다.

나라면 먼저 적도의 둘레를 나타내는 단위에 의문을 품을 것이다. '킬로미터(km)' 속 '미터(m)' 단위가 어떻게 정의됐을지에 대한 궁금증 먼저 해결하려 했을 것이다. 사실 '미터'라는 도량 단위가 처음부터 존재했던 건 아니다. 미터는 도량형의 통일이 필요하다는 주장에서 비롯됐다. 도량형 통일을 고민하던 파리과학아카데미는 파리 경도를 기준으로 북극에서 적도까지의 지표면을 측정했고, 이 길이의 1천만분의 1을 '미터'로 정의하기로 결정했다.

이 정의에 따르면 적도에서 북극점까지 거리는 1만 킬로미터로, 이는 지구 둘레의 4분의 1이다. 그렇다면 지구 둘레는 정확히 4만 킬로미터가 돼야 한다.

그렇다면 왜 정확하게 4만 킬로미터가 아닐까? 답은 간단하다. 지구가 표준 구체가 아니기 때문이다. 적도의 둘레는 북극점의 둘레보다 약간 더 길다.

이제 미터의 정의를 알았다. 그런데 이렇게 정의된 미터를 과연 믿을 수 있을까? 만약 지구에 약간의 변화가 발생해 이 거리가 길어지거나 짧아진다면 미터 역시 달라지지 않을까? 그렇다면 미터의 정의는 사실상 엄밀한 정의로 볼 수 없는 것 아닐까? 현재 사용되고 있는 미터도 이런 식으로 정의됐을까?

계속해서 공부를 해나가다 보면 '미터'가 처음엔 이렇게 정의됐다 하더라도, 나중에 사람들이 이 거리를 고정시켜야 한다고 판단해 우라늄과 금을 합성한 '미터원기'라는 이름의 기준 막대를 제작했음을 알 수 있다.

지구가 어떻게 변하든지 미터원기의 길이는 언제나 1m를 나타낸다. 그러나 미터원기 역시 외부 요인의 영향(외부 온도에 따른 팽창 및 수축)을 받는다. 또한 '미터'라는 단위는 미시적 세계에서 사용하기에 적절하다. 이 섬세한 변화에 대처하기 위한 방안을 모색하던 사람들은 보다 안정적인 원소인 크립톤Krypton*을 발견했다.

1960년, '크립톤-86(86Kr)' 원자에서 방출되는 주황색 빛의 파장의 165만 763.73배를 1m로 정의했다. 크립톤의 파장으로 측정할 경우, '미터'는 0.001$\mu m$(마이크로미터)까지 정확해진다. 이는 머리카락 직경의 10만 분의 1에 해당하는 것으로, 상당한 정확도를 자랑한다.

그러나 크립톤은 쉽게 구해지는 원소가 아니다. 그럼 어떻게 해야 할까? 이번에는 사람들이 빛을 생각해 냈다. 빛의 속도는 일정하기 때문이다. 사람들은 빛이 진공 상태에서 1초 동안 움직이는 거리를 산출한 다음, 이 거리의 2억 9979만 2458분의 1을 1m로 정의했다. 이때부터 '미터'는 '광초'의 부분 집합이 됐다.

꼬리에 꼬리를 물고 파고들다 보니, 어느새 '미터'의 정의와 역사까지 다 훑었다.

그렇다면 '논리적 사고'는 어떻게 할 수 있을까? 사실 논리적 사고를 위해서 조금 더 깊이 파고들 수 있다.

예를 들어 '척尺'이라는 측정 단위는 '미터'와 연관이 있다. 1m는 3척

---

* 주기율표의 제18족 원소 중 하나로, 공기 속에 극소량 들어 있는 무색무취의 불활성 기체 원소다. 원소 번호는 36, 원자량은 대략 83.80이며, 기호는 Kr이다.

과 길이가 같다. 그런데 그 이유에 대해서 생각해 본 적 있는가?

아주 오래전 중국이 '척'이란 단위를 사용하기 시작했을 때, 1척이 유럽에서 제정한 1m의 3분의 1과 상당히 유사한 건 과연 우연의 일치였을까? 분명 둘 중 하나가 다른 하나를 따라 했을 것이다. 그럼 어떤 것이 어떤 것을 따라 했을까? 그 부분을 함께 파고들어 보자.

대략 1930년쯤, 중국 국민정부<sup>**</sup>가 국제 표준에 맞게 도량형을 통일하면서 1척을 1m의 3분의 1로 정의했다. 그전까지 '척'의 길이는 시대에 따라 달랐다. 전한시대(한나라 전기)에는 약 0.231m였고, 송나라 때는 약 0.307m로 1m의 3분의 1쯤이었다. 국민정부는 가변적이던 1척의 기준을 0.303m로 정의했다.

적도에서 시작된 소규모 실험을 파고들다 보니, 다양한 발견을 통한 수많은 결론이 도출된다. 이것이 바로 문제를 파고드는 논리적 사고다. 지금까지 당연하게 여겨왔던 현상들에 의문을 품어보기를 바란다. 문제를 파헤치는 삽을 들고 호기심을 품고 흥미로운 세계를 파고들면, 당신만의 논리적 사고를 발굴할 수 있을 것이다.

## 네 개의 문장으로 기본적인 논리적 소양 기르기

그렇다면 어떻게 자신만의 논리적 사고를 발굴할 수 있을까? 여기 기

---

<sup>**</sup>  중국에서 1925년부터 1949년까지 중국국민당이 집권하던 정부.

본적인 논리적 소양을 기르는 데 도움이 될 만한 네 개의 문장이 있다.

### ① 있음을 증명하고 없음을 증명하지 않는다.

한 가지 사실이 '있음'을 증명하는 것은 예시를 들면 되므로 무척 간단하다. 예를 들어 까마귀나 흑조를 본 적이 있다면, 이는 그들이 존재함을 증명한다. 그렇지만 '세상의 까마귀는 모두 까맣다' 혹은 '백조는 모두 하얗다'를 증명해야 한다면 예를 드는 것만으로는 불충분하다. 1만 개의 예시를 들어도 흑조가 없다는 사실을 증명할 수 없다. 그저 당신이 흑조를 본 적이 없다는 사실만 증명할 뿐이다.

마찬가지로 당신이 서양 의학이 효과가 있다고 주장한다면, 그것은 당신이 의사가 많은 사람을 살리는 것을 직접 목도했기 때문에 증명 가능한 주장이다. 그렇지만 이 때문에 한의학은 효과가 없으며 사기라고 주장할 수는 없다. 사물 간의 관계에서 반드시 '흑백 논리'가 성립되기는 어려우며, 논란의 여지나 다양성이 존재하는 경우가 더 많다.

한 친구가 내게 "정말 양심껏 장사하면 돈을 벌 수 있을까?"라고 물었다. 나는 이렇게 대답했다. "아무래도 네 마음속에 잘못된 인과 관계가 있는 것 같아. 예를 들어 '양심껏 장사를 하면 돈을 못 번다'의 문제는 장사하는 사람의 마음이 선량해서가 아니라 비즈니스 머리가 없기 때문이야. 머리의 문제를 마음의 문제로 돌려선 안 되지."

따라서 '뻥치시네. 난 한 번도 본 적 없거든. 이런 건 절대 있을 수 없어'라고 함부로 말하지 말고, 다양한 가능성을 열어둬야 한다. 그래야 더 많은 기회를 얻을 수 있다.

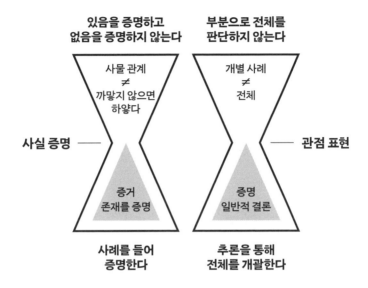

## ② 부분으로 전체를 판단하지 않는다.

당신은 매일 열심히 공부하느라 친구가 마작을 하자고 불러도 가지 않았다. 그러자 상대가 당신에게 이렇게 말한다. "공부가 무슨 소용이 있냐? A는 책 한 권 안 읽었어도 돈을 그렇게 많이 벌었대!" 이런 경우 당신은 뭐라고 답하겠는가? 이렇게 말할 수 있겠다. "걔가 돈이 정말 끝내주게 많긴 하지. 평생 공부해야 간신히 성공할까 말까인데 부럽다. 그렇다고 A의 행운이 나에게도 꼭 오란 법은 없잖아."

또한 당신이 제품과 조직에 관한 전략을 연구하고 있는데, 누군가가 당신에게 "전략이 연구할 거리가 있습니까? 전략이란 그저 성공한 사람들의 과거 행적을 요약하고 미화한 것에 불과해요. 내가 무슨 전략이 있어서 여기까지 왔겠습니까? 그냥 눈 딱 감고 미친 듯이 달려든 것, 그것이 바로 내 전략입니다"라고 말한다. 그럼 여기에는 어떻게 대답하겠는가? 이렇게 답할 수 있겠다. "대단하네요. 끝을 생각하며 시작해야 겨우 성공할 수 있다던데 훌륭하십니다. 하지만 그쪽이 그런 방식으로 성공하셨다고 다른 회사 또한 그대로 되라는 법은 없죠."

당신은 연전연패에도 도전을 거듭하고 있다. 모든 일을 열심히 잘했지만 여전히 실패의 도가니다. 이런 당신을 보며 "차라리 아무것도 하지 않는 게 낫겠어요. 조급해하지 말고 착실하게 안정된 직장을 찾는 게 어때요?"라고 충고한다. 그럼 어떻게 대응할 수 있을까? 이런 대답이 나올 수 있다. "제 상황이 답답하긴 합니다. 하지만 올바른 일을 반복했을 때 비로소 성공의 길이 열리는 법이죠. 지금은 운이 없더라도 내일은 성공할 확률이 실패할 확률보다 크다고 믿습니다."

진정한 고수는 남들이 보기에 미련해 보일 수 있지만, 올바른 일(성공할 확률이 높은 일)을 반복해서 수행한다.


다시 처음으로 돌아가 보자. 많은 사람이 대학에 다니고 이후에 과학자, 기업인 심지어 대통령이 된다. 그런데 어떻게 '내가 아는 몇 사람'의 단편적 사실만 가지고 '공부는 소용없다'는 전체를 아우를 수 있겠는가?

따라서 인터넷에서라도 '내가 아는 사람이 있는데, 매일 시간을 쪼개 열심히 공부해도 돈을 얼마 못 벌더라. 그러니 그런 식으로 공부하는 건 아무 소용없다'는 식으로 함부로 얘기해선 안 된다.

### ③ 사례를 들어 증명한다.

'있음'을 증명하는 것은 상대적으로 간단하다. 명확한 증거만 있으면 한 가지 사실이 존재함을 바로 증명할 수 있다. 예를 들어 이 세상에는 레이쥔(샤오미 CEO), 팀 쿡**Tim Cook**(애플 CEO), 배우 류더화劉德華처럼 똑똑하면서도 성실한 사람이 있다.

그러니 '난 있다고 믿어'라고 함부로 얘기하지 마라. '있다'고 생각한다면 사례를 들어 증명하라. 사례가 없으면 그건 가설일 뿐이다. 가설을 가지고 다른 사람이 반드시 당신의 관점을 인정하도록 억지로 설득하지 않아야 한다.

### ④ 추론을 통해 전체를 개괄한다.

전체를 개괄한다는 것은 일반적 결론을 도출한다는 뜻으로, 이는 증명 또는 추론을 통해서만 가능하다. 예를 들어 모든 상품은 교환에 사용되지만 봉건 지대*는 교환에 사용되지 않는다. 여기에서 봉건 지대는 상품이 아니라는 추론이 가능하다.

그러므로 '다들 공감하지 않나? 모두 이렇게 생각하던데'라고 함부로 단정하지 마라. 일반화해 말한다고 해서 당신의 결론이 진리가 되진 않는다. 차라리 논리적 사고로 주장을 증명하는 편이 낫다.

---

* 봉건 사회에서 영주가 토지를 빌려준 대가로 농노에게 강제로 받아내던 토지 사용료. 본문에서는 소유자로부터 상품을 렌탈해 사용하는 경우로 이해할 수 있다.

## 논리적 폐쇄 루프의 다섯 가지 차원

논리적 사고에도 수준 차이가 있다. 우리는 살면서 다양한 사람을 만난다. 어떤 사람은 잠깐의 대화로도 헤아릴 수 없는 깊이와 경외감을 선사한다. 반면 또 어떤 사람은 사람 자체가 나쁘지 않고 우수하며 내심 존경하는 마음이 들기도 하지만 뭔가 설명하기 힘든, 애매한 점이 있다고 느껴진다.

이런 느낌은 어디에서 나올까? 어떤 주제에 대해 이야기할 때 자신만의 논리적 '폐쇄 루프'를 어떤 차원으로 구축했는지를 판단하는 기준에서 비롯된다. 폐쇄 루프란, 시스템에서 피드백을 통해 결과를 수정 및 개선해 다시 입력하는 회로를 말한다. 크게 다섯 가지 차원으로 나눠 폐쇄 루프를 설명할 수 있다.

첫 번째 차원, 사고에 폐쇄 루프가 없고 논리적이지 않다. 당신이 A를 이야기하는데 그는 B를 말한다. 따라서 둘의 교집합은 영원히 존재하지 않는다.

두 번째 차원, 사고에 폐쇄 루프가 없으면서 논리적이다. 논리적 추론을 거쳐 어떤 관점을 도출해 내지만, 그 관점이 종종 오락가락해서 서로 상충될 때가 있다.

첫 번째 차원과 두 번째 차원의 단점은 뚜렷하다. 그렇다면 더 높은 차원의 논리적 사고방식엔 무엇이 있을까?

세 번째 차원, 사고에 폐쇄 루프가 있고 논리적이지만 폐쇄 루프의 차원이 비교적 낮다. 사고에 폐쇄 루프를 형성했지만 이 폐쇄 루프의 차원

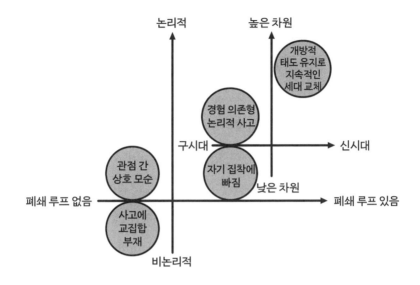

이 낮다면 정말 끔찍한 일이다. 모든 문제를 낮은 차원의 폐쇄 루프로만 설명하기 때문에 발전 가능성이 거의 없다. 이런 차원을 가진 사람은 자신과 다른 관점을 맞닥뜨리면 먼저 상대방에게 공감한 후, 빠르게 태세를 전환해 반박하는 방식을 선호한다. 그러나 막상 상대방이 그 일의 옳고 그름에 관해 물으면 반박하지 못한다. 자신이 당연히 '옳다'고 생각하기 때문이다. 그러나 그 관점은 공허하고 실제적이지 않다. 낮은 차원에서 토론을 하다 보면 논의가 확장되지 않으니 결코 상황을 발전시킬 수 없다. 하지만 정작 본인은 좁디좁은 논리의 완전성을 즐긴다. '내가 아는 게 전부'라고 생각한다면 결국 문제에 대한 논의도 헛된 것이 된다. 과거의 경험이 시야를 가리고 판단을 흐리게 하는 장애물이 된다. 과거의 경험에

안주하지 않고, 자신의 논리적 폐쇄 루프를 깨뜨려야 창호지처럼 얇은 차원을 뚫고 새로운 경지로 올라설 수 있다.

네 번째 차원, 사고에 폐쇄 루프가 있지만 논리적이면서 더 높은 차원의 논리적 폐쇄 루프를 구축하고 있다. 이 폐쇄 루프는 매우 투명하고 본질에 맞닿아 있다.

이 차원에 있는 사람의 언어에는 논리적 아름다움이 있고, 일거수일투족에서 인격적인 매력이 드러난다. 당신은 그의 과거 경험과 지식 구조에 탄복하며 그에게 배움을 얻길 바란다. 하지만 네 번째 차원의 논리적 폐쇄 루프에도 문제가 존재한다. 이 차원에 속한 사람은 새로운 사물에 대해 늘 의구심을 품고 배타적 태도를 취한다. 구시대의 구조에 변화가 발생하면 그의 폐쇄 루프에도 허점이 생기지만, 허점을 인정하지 않고 이전의 인지 체계로 이 허점을 메우길 원한다. 따라서 새로운 논리로 이 사람을 바라보면, 전에 특별히 우러러봤던 한 사람이 여전히 구시대의 논리로 신시대를 해석하고 있어서 매우 안타깝다는 생각이 들 것이다. 오래된 지도로 새로운 장소를 찾을 수는 없기 때문이다.

다섯 번째 차원, 사고에 폐쇄 루프가 있고 논리적 사고를 하면서 높은 차원의 논리적 폐쇄 루프를 형성해 항상 자신을 깨뜨리려는 개방적 마음가짐을 유지해 나간다. 이 차원에 있는 사람은 사고의 폐쇄 루프가 결코 닫히지 않는다. 나선형 구조의 사고를 하고 있어 아래로는 그 깊이를 헤아릴 수 없는 해저까지 무한히 내려갈 수 있고, 위로는 우주 가장 깊은 곳까지 무한히 뻗어나갈 수도 있다. 당신이 만약 누군가를 보고 무섭다는 생각이 들었다면, 그 사람이 바로 진정한 고수다. 이런 사람은 엄청난 양의 새로운 지식을 흡수하고, 어떤 어려움이 닥쳐도 다른 사람의 논리적 틀을 계속해서 학습함으로써 끊임없이 확장된다. 대량의 새로운 지식을 흡수한 다음에는 논리적 차원을 끊임없이 세대교체하고, 새로운 지식을 거듭해 복기하며, 지속적으로 구조 조정을 수행한다.

어려움이 있을 때마다 매번 벌떡 일어나는 사람은 사고 구조가 갓 태어난 신생아 같다. 그들은 들끓는 생명력과 무한한 희망을 안고 산다.

이런 사람이 현재에는 지식 구조와 지식의 양에서 당신에게 못 미치더라도, 절대로 그 사람을 과소평가하면 안 된다. 그 속에 거대한 잠재력이 웅크리고 있으니 미래를 함부로 재단할 수 없다.

# 복리적 사고

모든 사람에겐 자신만의 '인생 계산법'이 있다. 많은 사람에게 공평한 기회가 주어지더라도 각자의 인생 계산법에 따라 전혀 다른 선택을 한다.

복리 효과는 꾸준한 수익으로 장기 투자를 할 때 수익이 증대되는 효과다. 복리 효과를 이해하려면 사람들이 일반적으로 생각하는 '복리'에는 일반적인 오류가 존재함을 알아야 한다. 그에 대한 이해를 돕기 위해 두 가지 예를 들어보겠다.

① 한 사람이 매일 1%씩 발전하면, 1년 후 그 사람의 역량은 38배 높아진다. 반대로 매일 1%씩 퇴보하면, 1년 후 그의 모든 역량은 거의 소멸된다.

② 10%의 수익이 발생하는 고금리 예금이 있다. 일정 금액을 꾸준히 예금하다 1년이 지난 후에 원금과 이자를 다시 같은 상품에

투자한다. 이 과정을 7년간 반복하면 원금의 2배가 된다.

이 두 가지 예에는 숨겨진 공식이 있다. 공식을 풀어보면 복리 공식에는 원금, 수익률, 기수(기초 수) 등 세 가지 변량이 있고, 또 이에 대응되는 가장 보편적인 세 가지 오류가 있음을 알 수 있다.

① $1.01^{365} \approx 37.78$ or $(1 + 1\%)^{365} \approx 38$

$0.99^{365} \approx 0.03$

② $(1 + 10\%)^{7} \approx 2$*

## 기수 오류

사람들이 '복리'에 대해 가지는 가장 큰 오류는 '기수'를 제대로 계산하지 못하면서 비롯된다. '제대로' 계산하지 못했다는 말은 '매일 전일 대비 1%씩 발전한다'가 합리적이지 않다는 사실을 알아차리지 못했다는 것이다.

이렇게 말하는 사람이 있다. "나는 하루에 영단어를 5개씩 외울 수 있으니, 1년간 매일 빠짐없이 외우면 1,825개의 단어를 외울 수 있어." 하지만 이 계산에는 덧셈 계산(5+n+n…)을 하지 않고 승수 계산(5×365)을 해

---

\* ≈는 근사치를 나타내는 기호로, 거의 같거나 매우 비슷함을 나타낼 때 사용된다.

버렸다는 오류가 있다. 하루에 5개씩 영단어를 외운다면 순차적으로 일렬로 나아가는 선형적 성장이지, 지수적 성장이 아니다.

기수를 현실적으로 합리적인 계산을 한다면, 반드시 단위 기준을 '연 年'으로 삼아야 한다. '연'의 단위로 계산을 하면 365제곱 자체가 기본적으로 불가능함을 깨닫는다. 사람의 수명에는 한계가 있는데, 연의 복리를 365제곱한다면 열 세대가 지났을 때에야 비로소 그 결과 값을 나타낼 수 있다. 365제곱은 정말 아름다운 상상이지만, 안타깝게도 현실에는 존재하지 않는다.

먼저 비교적 일반적인 예를 들어보자. 수많은 은행의 1년 만기 예금의 금리는 약 1.5%다. 리스크 제로 금리와 마찬가지라고 볼 수 있다. A가 22세부터 1위안을 은행에 정기 예금으로 저축하고, 이자는 계속 원금에 포함시켰다고 가정해 보자. A는 그 돈을 은퇴하는 60세까지 은행에 뒀다. 복리 효과에 따라 38년 후 그가 처음 예금했던 1위안은 1.76위안이 된다. 그렇다. 잘못 본 게 아니다. 결국 38년 후 총 수익률은 76%에 불과하다.

이 결과를 알고 실망한 사람들이 많을 것이다. 기수를 지나치게 높이 평가했기 때문에 발생한 오류다. 그러나 현실을 직시해야 한다. 부의 복리 효과는 우리가 상상한 것만큼 엄청나게 크지 않다. 그냥 아무렇게나 해도 365제곱에 도달할 수 있다고 여겼겠지만, 실제로는 평생 동안 최대 38제곱이 가능할 뿐이다.

## 복리 효과 오류

다시 ②의 사례로 돌아가 보자.

> 10%의 수익이 발생하는 고금리 예금이 있다. 일정 금액을 꾸준히
> 예금하다 1년이 지난 후에 원금과 이자를 다시 같은 상품에 투자한다.
> 이 과정을 7년간 반복하면 원금의 2배가 된다.

이 사례에서는 매년 10%의 수익을 얻을 수 있고, 7년 후에는 복리 효과가 $(1+10\%)^7 \approx 2$에 달해 수익률이 약 100%가 된다는 가설을 세웠다. 7년 후에 2배라니, 상당히 괜찮다. 그렇다면 원금+이자 논리를 적용하지 않으면 어떻게 될까? 만약 원금만 은행에 두고 단리(원금에만 붙는 이자)로 계산하면, 7년 수익률은 $10\% \times 7 = 70\%$로 100%와 사실상 큰 차이가 없다.

따라서 이것은 이자가 이자를 낳은 덕분이 아니다. 7년 동안 거둔 대부분의 수익은 원금에 따른 이자일 뿐, 이자를 굴린 결과가 아니다.

복리를 금세 부자가 되는 지름길로 여기는 사람이 많다. 하지만 복리 효과는 벼락부자가 되는 길이 아니다. 오히려 장기적으로 투자해야 효과가 나타나는 개념이다. 충분히 오랜 시간을 들였을 때, 어쩌면 한평생, 나아가 몇 대에 걸쳐 시간을 투자했을 때 복리 효과를 볼 수 있다.

결론적으로 절대 다수의 입장에서 보자면, 복리 효과는 절대 단기간에 나타날 수 없다.

## 수익률 오류

탁월한 능력을 갖춘 펀드 매니저가 20~30년 내 수익률 30% 이상을 유지한다면, 이를 종합적으로 산출해 봤을 때 2,600배의 수익을 달성하게 된다. 대단하지 않은가? 복리 효과가 사람들의 마음을 사로잡는 지점은 바로 수익률에 있다. 이와 같은 고수익률이 바로 복리 효과의 핵심이다.

우리 모두 제2의 워런 버핏이 되기를 꿈꾼다. 또 그 일을 분명 해낼 수 있을 거라고 낙관한다. 사람들이 버핏에게 설득되는 이유는 복리 효과를 철저히 실현했기 때문이 아니라, 연간 30%의 수익률을 30년간 유지했기 때문이다. 그와 관련한 한 가지 에피소드가 있다.

2005년, 버핏은 당시 자신감이 하늘을 찌르던 금융 전문가들에게 내기를 제안했다. 내기의 내용을 이렇다. 버핏이 금융 전문가들에게 100만 달러를 제공한다. 그 돈으로 전문가들은 5개의 펀드를 선별한다. 10년간 5개 펀드의 총 수익률이 S&P 500 지수(미국의 대표적인 주가 지수)를 넘어서면 금융 전문가들이 이기고 버핏이 진다.

그 내기에 감히 응한 사람은 아무도 없었다. 그런데 2008년 미국의 프로 펀드 매니저이자 헤지펀드사인 프로테제 파트너스의 창립자인 테드 사이즈Ted Seides가 응하면서 내기가 성립됐다. 테드 사이즈는 고심 끝에 5개의 펀드를 골라 워런 버핏에게 도전장을 내밀었다. 결과가 궁금하지 않은가?

10년에 걸친 내기가 끝난 2018년, S&P 500 지수는 85.4% 올랐다. 반면 테드 사이즈가 엄선한 5개 펀드의 10년 총 수익률은 각각 8.7%,

28.3%, 62.8%, 2.9%, 7.5%였다. 그중 성적이 가장 좋은 펀드의 10년 총 수익률은 62.8%였다. 하지만 복리 공식으로 연간 수익률을 환산해 보면 이 역시 5%에 불과했다.

이제 명확히 알 수 있을 것이다. 오랜 기간 안정적인 고수익을 내기란, 하늘의 별 따기다. 복리 공식의 핵심인 '고수익률'은 대체로 존재하지 않는다. 대부분의 사람은 다른 사람들이 수익을 낼 때만 보고, 손실을 입는 경우는 보지 않았다. 또 단기 수익만 볼 뿐 장기 손실은 보지 못했다. 복리 효과를 얻기 위한 전제 조건인 '장기간' 동안의 '고수익률'은 사실상 불가능하다.

이 내기의 승자는 S&P 500 지수였다. 복리 공식으로 연간 수익률을 환산하면 6.36%에 불과했다. 6.36%라는 수익률 역시 2008년 미국 금융 위기 이후 10년 연속 이어진 경제 회복 움직임 덕분이었다. 만일 또 한 차례 금융 쓰나미(금융 기관들의 연쇄 도산 사태)를 겪게 된다면 6.36%라는 수익률조차 기대하기 힘들 것이다.


## 복리 효과를 대하는 올바른 태도

그렇다면 어떻게 해야 복리 효과를 제대로 이해할 수 있을까?

사람들은 복리 효과와 '경제적 자유'라는 단어를 연관 지어 생각한다. '경제적 자유'를 복리 효과와 결합해 공식으로 표현하면 다음과 같다.

$$원금(1+수익률)^{시간} - 욕망 = 경제적 자유$$

간단히 말해 이 공식은 비노동 수입이 소비 욕망보다 커 궁극적으로 경제적 자유에 도달함을 의미한다. 이 공식에 따라 우리는 다음과 같이 '경제적 자유'를 얻는 세 가지 방법론을 도출할 수 있다.

### ① 무욕(無慾)의 경제적 자유

불교에서는 욕망이 고통의 근원이라고 한다. 돈을 버는 속도가 욕망이 커지는 속도를 따라잡지 못하면 영원히 만족할 수 없다. 따라서 사람은 욕망을 누르고 공짜로 주어진 자원, 이를테면 햇빛, 공기, 가족과의 만남 등을 통해 즐거움과 만족감을 누리는 법을 배워야 한다. 무욕의 관점에서 보자면 밥을 먹기만 해도 경제적 자유를 얻는다.

$$원금(1+수익률)^{시간} - 욕망\downarrow = 경제적 자유$$

### ② 삼생삼세(三生三世)*식 경제적 자유

욕망을 누를 수 없다면 어떻게 해야 할까? 시간을 들여 바꾸면 된다. 시간을 들인다는 것은 곧 충분한 인내를 뜻한다. 이론상으로 각 시기의 수익에서 인플레이션(화폐 가치가 하락해 물가가 상승하는 경제 현상)을 제하

---

\* 중국의 유명 드라마 〈삼생삼세 십리도화〉에서 가져온 표현으로, 여기서 '삼생삼세'는 세 번의 삶을 뜻한다.

면, 돈을 오래 넣어둘수록 마지막에 얻는 수익이 커진다. 하지만 이 시간은 세 번의 삶처럼 길게 느껴질 것이다.

'가난은 3대를 가지 못한다'고들 말하는 이유가 바로 여기에 있다. 돈을 넣어둔 시간이 인간 수명의 한계를 깨뜨릴 수 있다면, 한 번의 인생을 기준으로 두지 않고 더 장기간 적립할 수 있다면, 분명 그럴싸한 부를 후대에 남겨줄 수 있을 것이다. 그러므로 당신의 자녀의 자녀의 자녀가 경제적 자유를 위해 노력하라!

누군가는 "복리 효과가 장기적이고 완만한 과정이라고 이해했는데, 그럼 3대에 걸쳐 투자를 해야 한단 말입니까? 제가 사는 동안에 그 열매를 누리지 못한단 말입니까?"라고 반문할 수 있다. 물론 가능하다. 하지만 그러기 위해서는 최대한 일찍 시작해야 한다. 그럼 얼마나 일찍 시작해야 할까? 여섯 살에 받은 세뱃돈 5천 위안부터 저축하기 시작해 76세까지 넣어두면 된다. 만약 70년 동안 평균 5%의 연간 수익률(이건 정말 투자계의 신과 같은 엄청난 수익률임을 기억하라)을 거둔다고 가정하면, 70년 후 당신의 수익률은 30.4배에 달할 것이다. 즉, 5천 위안이 15만 위안 이상으로 불어난다.

3대에 걸쳐 투자를 할 생각이 없다면 세뱃돈으로 연금을 마련하라. 매년 전년보다 더 많은 세뱃돈을 저축하면 퇴직한 후 그 돈으로 수년간 생활하는 데는 무리가 없을 것이다.

$$원금(1+수익률)^{시간\uparrow} - 욕망 = 경제적 자유$$

### ③ 첫 자본금식 경제적 자유

이제 큰 수익률엔 큰 리스크가 뒤따른다는 사실을 잘 알게 됐을 것이다. 따라서 장기간 낮은 리스크의 고수익을 기대하는 것은 바람직하지 않다.

당신이 용감하게 버핏의 내기에 응했던 테드 사이즈처럼 수십 년 동안 5%의 연간 수익률을 유지해 왔다고 가정해 보자. 이것도 정말 쉽지 않은 일이다. 테드 사이즈가 고른 다섯 개의 펀드 중 하나를 제외한 나머지 네 개의 펀드는 실적이 참혹했다. 그렇다면 어떻게 해야 경제적 자유를 실현할 수 있을까?

끝에서 처음으로, 퇴직 후 삶에서 현재로 되짚어 계획을 세워야 한다. 퇴직 후 병원, 해외여행 등 소비를 위해 매달 적어도 5만 위안이 필요하다고 가정해 보자. 그렇다면 매년 60만 위안의 순 현금 유입이 필요하다. 60만 위안은 원금이 아니라 5%의 수익률로, 투자한 결과에 따른 투자 수익이다. 그럼 60만 위안을 5%로 나누면 최소 1,200만 위안의 원금이 필요하다.

그렇다면 언제부터 저축을 시작해야 할까? 대학을 막 졸업한 직후엔 저축할 수 있는 돈이 별로 없다. 취업한 지 적어도 7~8년은 지나야 손익분기점에 도달할 수 있다. 나는 30세부터 저축을 시작했다.

저축에는 두 가지 방법이 있다. 하나는 최대한 아끼고 절약해 30세가 됐을 때 첫 자본금을 저축하고, 이후엔 따로 저축하지 않고 이자를 함께 굴리는 방법이다. 다른 하나는 매년 정기적으로 고정액을 저축해 30년 동안 입금하는 것이다.

그렇다면 첫 번째 질문이다. 30세에 얼마를 저축해야 5%의 연간 수익률로 30년간 이자를 굴려 1,200만 위안을 받을 수 있을까? 대략 300만 위안이다. 다음 두 번째 질문이다. 당신은 30세가 됐을 때 300만 위안을 어디서 구할 수 있을까?

경제적 자유를 실현하기 위해 가장 중요한 일은 돈을 벌 수 있는 역량을 키우는 것이다. 돈은 자본금이 있어야 벌 수 있으므로 복리에 의존해선 안 된다. 자본금이 없다면, 안정적이고 건강한 고수익을 만들기 위해 노력해야 한다. 고수익 투자 방법을 찾기는 어렵지 않지만, 그 뒤에 숨겨진 리스크를 알아차리긴 어려우니 주의가 필요하다. 그리고 기다려라. 시간이 증명해 줄 것이다. 세뱃돈을 모아 노후에 사용할 연금을 준비한다는 생각으로 인내심이 필요하며, 복리 효과에 기대서는 절대 벼락부자가 될 수 없음을 정확히 인지해야 한다.

경제적 자유를 실현하려 할 때, 첫 자본금은 복리 공식에서 가장 큰 비중을 차지한다. 세계 100대 부호 중 90명 이상이 본리 공식에 의존하지 않고 첫 자본금을 바탕으로 경제적 자유를 얻었다.

세계적 부호 빌 게이츠의 2017년 재산은 약 800억 달러였다. 그 800억은 MS 주식에서 비롯된 것이 아닌, 빌 게이츠가 투자해 얻은 재산이었다. 만약 빌 게이츠가 MS의 주식 대부분을 매도하지 않았다면 그의 재산은 800억이 아닌 2,900억이 됐을 것이다. 그러나 부를 창출한다는 것은 부에 의존해 직접 부를 만드는 게 아니라, 경제적 자유를 얻는 것이다. 빌 게이츠는 '경제적 자유'를 소유하고 있다.

$$\text{원금} \uparrow (1 + \text{수익률})^{\text{시간}} - \text{욕망} = \text{경제적 자유}$$

마지막으로 몇 가지 조언을 하고 싶다.

첫 번째, 가능한 한 빨리 충분한 원금을 마련해야 한다. 경제적 자유를 실현하기 위해 가장 중요한 일은 돈을 벌 수 있는 역량을 키우는 것이다. 돈은 자본금이 있어야 벌 수 있으므로 복리에 의존하면 안 된다. 자본금이 없다면 어디서 돈을 가져와 돈을 벌 수 있겠는가?

두 번째, 안정적이고 건강한 고수익을 만들기 위해 노력해야 한다. 고수익 투자 방법을 찾는 것 자체는 어렵지 않지만, 그 뒤에 숨겨진 리스크를 알아차리긴 어렵다. 당신은 다른 사람이 얼마의 이자를 받는지에 관심을 쏟지만, 다른 사람은 당신의 원금이 얼마인지에 관심을 쏟는다.

세 번째, 시간이 증명해 주기를 기다려야 한다. 세뱃돈을 모아 연금을 준비할 만큼 인내력이 있어야 한다. 복리 효과에 기대서는 절대로 벼락부자가 될 수 없음을 정확히 인지해야 한다.

네 번째, 자신의 탐욕과 욕망을 내려놔야 한다. 다른 사람이 차를 사면 나는 요트를 사야 하고, 다른 사람이 요트를 사면 나는 전용기를 사야 한다는 허황된 욕심을 부리지 마라. 욕망은 채우는 것이 아니라 내려놓는 것이다.

이 네 가지를 지킨다면 경제적 자유에 한 걸음 더 다가간 셈이다.

# 확률적 사고

눈앞에 빨간색과 파란색 두 개의 버튼이 있다. 빨간색 버튼을 누르면 100만 달러를 가져갈 수 있고, 파란색 버튼을 누르면 1억 달러를 가져가거나 아니면 빈손으로 돌아가야 한다. 당신이라면 무엇을 선택하겠는가? 빨간색 버튼을 누르면 바로 100만 달러를 받아 갈 수 있다. 한판 승부를 노려 파란색 버튼을 누를 수도 있다. 파란색 버튼을 눌러 1억 달러를 받는다면 인생의 소소한 목표까지 모두 실현할 수 있다. 하지만 파란색 버튼을 눌렀다가 절반의 확률로 빈손으로 돌아가게 된다면? 빨간색 버튼을 누르면 1억 달러에는 한참 못 미치지만, 100만 달러는 받을 수 있으니 이게 더 나은 선택 아닐까?

이것이 바로 '확실성 효과'다. '숲에 두 마리의 새가 있는 것보다 손에 한 마리의 새가 있는 것이 낫다'는 말이 있다. 대부분의 사람은 더 큰 수익을 달성하기 위해 리스크 감수하기를 원치 않는다. 그보다는 다소 적을

지라도 확실한 수익을 더 좋아한다. '확실성 효과'는 바로 이런 사람들의 인생 계산법이다.

하지만 사실 이 객관식 문제엔 정확한 답이 있다. 파란색 버튼에 해당하는 '기댓값'(50%×1억+50%×0 = 5천만 달러)이 훨씬 크고 보다 이성적 선택이다. '의사 결정 나무'*가 바로 당신의 인생 계산법인 것이다.

하지만 파란색 버튼을 누르는 것이 정확하고 이성적인 선택일지라도 많은 사람은 다음과 같은 걱정을 할 수 있다. "만일 절반의 가능성으로 인해 빈손으로 돌아가게 되면 어떡하지? 다른 방법이 없을까? 100만 달러보다는 더 큰 수익을 확실히 가져감으로써 내가 이길 확률을 높일 수 있는 그런 방법 말이야." 당연히 있다.

당신이 투자자 한 명을 찾아가 이 프로젝트를 기댓값(5천만 달러) 이하의 가격, 예를 들어 2천만 달러에 판다면 확실히 2천만 달러를 주머니에 챙길 수 있다. 반면, 투자자는 3천만 달러의 기대 이윤을 얻을 수 있다. 이것은 확률적 사고에 기반한 또 다른 인생 계산법이다.

각기 다른 인생 계산법에 따라 선택이 달라지고, 그 결과 전혀 다른 인생을 살게 된다. 그런데 확률적 사고는 성공한 사람들이 많이 사용해 온 기본적인 인생 계산법이다. 그렇다면 이 확률적 사고란 과연 무엇을 말하는 것일까?

MS GTEC(Global Technical Engineering Center) 20주년 행사에서 나는

---

* 어떤 대안이 선택되고, 어떤 불확실한 상황이 발생할 수 있는지에 대해 도출될 여러 결과와 상황을 나뭇가지 모양으로 도식화한 것. 지도 학습에 사용되는 나무(tree) 기반의 예측 알고리즘이다.

아톰 벤처스 창립자 펑이밍馬一名을 만나 이야기를 나눌 수 있었다. 그는 기업 가치가 10억 달러 이상이지만 창업한 지 10년 이하인 비상장 스타트업, 즉 수많은 유니콘 기업의 대표 주자들에게 성공적으로 투자한 투자자이기도 했다. 이야기를 나누던 중 펑이밍은 인상 깊은 관점을 제시했다.

창업을 성공적으로 이루기 위한 결정적 요소 중 하나가 운이라는 사실을 사람들이 분명하게 알 필요가 있습니다.

자칫 '정치적으로 옳지 않다'는 생각이 들 수 있다. 왜냐하면 대부분의 사람들은 '창업의 성공은 성실한 노력의 결과'라는 말을 더 듣고 싶어 하기 때문이다. 그가 말한 운이란 무엇인가? 바로 확률이다. 운은 확률이란 단어에 감정적 색채를 덧붙였을 뿐이다. 우리에게 유리한 확률을 가리켜 '운이 좋다'고 하고, 우리에게 불리한 확률을 가리켜 '재수 없다'고 말한다. '운이 좋아야 창업한다'는 말에서 감정적 색채를 지우면 창업의 성공에 확률이 매우 중요한 요소라는 뜻이 된다.

창업의 과정에서 온갖 노력을 기울이고 할 수 있는 모든 일을 다해도 95%는 운에 의해 이뤄진다. 맥이 빠지는 말이지만, 그래도 창업자는 이 법칙에서 벗어날 수 없다. 오히려 이 규칙을 이해했을 때 비로소 정확한 선택을 하고 확률적 사고를 갖출 수 있다.

하루하루 급속히 변화하는 시대를 살고 있는 지금, 확률적 사고는 매우 중요한 사고방식이다. 특히 창업 분야에서는 더더욱 그렇다. 확률적 사고는 성공한 사람들의 논리적 사고방식이다. '노력하기만 하면 성공한다'라고 생각하면 실패자의 사고방식이다.

창업을 하게 되면 창업 첫날부터 매일, 심지어 매시간 무수한 선택이 당신을 기다린다. 어떤 결정은 중대하지만, 어떤 결정은 소소하다. 본인의 생각에는 중대한 결정이지만 실제론 그렇지 않을 때도 있다. 다만 그 일이 크고 무겁게 느껴지는 것뿐이다.

내가 앞서 '생존자 편향'(p.276)을 통해 말했던 것처럼, 비행기 날개 피폭이 아주 심각함에도 당신이 무사히 돌아왔다고 가정해 보자. 당신은 무사 귀환했으니 스스로가 대단하다고 느낄 것이다. 총탄이 살짝 스쳤던 조종석과 꼬리 부분에 총탄이 제대로 명중했다면 사망에 이를 수도 있었다. 하지만 이는 생존한 당신의 관심을 끌지 못한다. 그저 비행기 날개가 피격된 후에도 본인이 잘 버텼기에 생환했다고 생각한다. 그러나 귀환에 성공할 수 있었던 실질적 원인은 역시 총탄이 '운 좋게' 조종사나 연료 탱크에 제대로 명중하지 않았기 때문이다.

왜 당신은 이런 확률의 문제 대신, 자신을 대단하다고 여길까? 우리가 내리는 결정들은 대체로 '불완전한 정보를 바탕으로 이뤄지기 때문'이다.

A를 선택하면 확실히 5위안을 벌 수 있고, B를 선택할 경우 돈을 벌 수 없다면 우리는 분명 A를 선택할 것이다. 이처럼 전체 정보를 파악한 뒤 내리는 결정을 '완전 정보에 따른 의사 결정'이라고 한다. 하지만 현실에서는 A를 선택하거나 B를 선택했을 때 구체적으로 얼마를 벌 수 있는지에 대한 정확한 데이터가 없다. A와 B 외에 다른 선택 사항이 있는지도

확실치 않다. 이런 불완전한 정보 아래에서 의사 결정이 이뤄지는 상황에서는 당신의 똑똑한 재능과 지혜와 노력에 의존하더라도 정확한 의사 결정을 내릴 수 없다.

당신이 아무리 똑똑해도, 아무리 노력해도 틀릴 수 있다. 가능성이나 실패의 확률은 정보의 불완전성에서 비롯된다. A를 선택하든 B를 선택하든 모두 50%의 확률로 틀릴 수 있다. 동전을 던져 어떤 면이 나올지 알아맞히는 것과 다름없다. 한발 더 나아가 당신의 추측이 틀렸다면 그걸로 끝이다. 스마트한 재능이나 지혜와는 아무런 상관이 없다. 단지 불완전 정보에서 온 '확률의 문제'다.

만약 당신이 다음 단계로 나아간다면 또 다른 새로운 의사 결정을 마주할 테고, 의사 결정 정보는 영원히 불완전할 것이다. 예를 들어 A를 선택하면 50%의 확률로 100위안을 벌고 B를 선택하면 30%의 확률로 50위안을 번다고 해보자. 당신은 둘 중 무엇을 선택할 것인가?

A를 선택하면 당신의 기대 수익은 50%×100 = 50위안이다. B를 선택하면 당신의 기대 수익은 30%×50 = 15위안이다. 따라서 A를 선택하는 게 올바른 의사 결정이다. 하지만 올바른 의사 결정을 할지라도 A를 선택하면 여전히 50%의 확률로 돈을 못 벌 수 있다. 즉, A를 선택하는 게 상대적으로 바른 의사 결정이지만 여전히 틀릴 가능성이 존재한다. 비록 이번 선택이 옳았더라도 다음 단계의 선택이 틀릴 수도 있다.

두 번의 의사 결정을 거치면 앞으로 더 나아갈 확률은 50%×50%로 25%다. 이런 식으로 의사 결정을 해나가다 보면 최대 확률을 어디까지 높일 수 있을까? 최종적으로 성공했을 때 95%는 운이라는 말은 전혀 과장이 아니다.

따라서 우리는 노력의 필요성을 믿으면서도 통제할 수 없는 영역인 확률이 창업에 중요한 영향을 미친다는 사실 또한 알아야 한다. 확률을 이해하고 인정한 다음, 확률의 리스크를 제거할 수 있는 일련의 방법을 찾아 궁극적으로 확률이 우리에게 미치는 영향을 낮춰야 한다.

그렇다면 어떻게 리스크를 제거할 수 있을까? 확률적으로 성공할 가능성이 높은 일을 찾는 것이다.

## 시대

시대에 따른 확률적 이점은 엄청나다. 시대에 순응하는 사람들이 큰 성공을 거둘 수 있다.

2018년 중국 최대 온라인 쇼핑 행사인 '쌍스이뺄十一' 기간 동안 알리바바 계열의 총매출은 1,682억 위안이었다. 이 수치는 몽골의 2년 GDP 총합에 맞먹는 엄청난 규모다. 더하여 알리바바는 온라인 거래 비중이 90%라는 수치도 함께 발표했다. 다시 말해, 90%의 사람들이 휴대전화를 통해 구매하고 있었다. 여기엔 어떤 확률이 숨어 있을까?

온라인 쇼핑몰 타오바오는 PC로 물건을 팔면서 회사 규모를 키웠다. 당시 사람들은 5인치 모니터는 상품의 특성을 충분히 보여주지 못한다며 12인치에서 보여주는 정보가 더 자세하다고 생각했다. 하지만 온라인 거래 비중이 90%에 달했다는 수치는 그때와 시대가 달라졌음을 보여준다.

이 변화를 깨닫고 받아들여야 한다. 시대의 흐름에 발맞춰 5인치 화면을 통해서도 상품의 특징을 충분히 자세하게 알 수 있어야 한다. 이렇게 시대에 맞게 변화해야만 시대에 따른 확률적 이점을 누릴 수 있다.

도메인 판매와 같은 일부 비즈니스 모델은 더 이상 트렌드하지 않다. 도메인은 PC 시절 웹브라우저를 통해 홈페이지에 접속하는 일종의 출입문이었다. 중국 뷰티 앱 개발사인 메이투의 차이원성蔡文勝 이사장은 바로 이 도메인 투자로 회사를 세웠다. 그러나 스마트폰이 활성화된 요즘 같은 모바일 시대엔 휴대전화의 출입문이 분산돼 있으니 예전처럼 도메인이 중요하지 않다. 도메인 사재기, 도메인 판매 등이 하나의 사업으로 자리 하곤 있지만, 시대가 가져다주는 이점은 사라지고 없다. 따라서 도메인으로 사업을 키워갈 수 있는 확률이 현저히 낮아졌다.

시대는 확률 리스크를 제거할 수 있는 첫 번째 요소다. 따라서 시대는 '천天의 자리'다.

## 전략

전략은 '백百의 자리'다.

내 친구 중 한 명은 29세에 MS를 그만둔 뒤, 전문적으로 주식 투자를 하고 있다. 하지만 그는 주식 투자를 할 때 주가 차트와 정보 수집에 의존 하지 않는다. 그는 수학을 정말 잘하는 데다 기본적으로 매우 똑똑했으므 로, 직접 수학적 모델을 만들어 주식 시장에서 매매 차익을 창출하고 자동 매매를 이뤘다.

10여 년 전, 그가 단 하루 만에 내가 1년 동안 번 것보다 많은 돈을 벌었던 기억이 난다. 나는 그에게 성공의 비결이 뭐냐고 물었다. 그는 "자신만의 독립적 전략을 세우고, 또 자신만의 모델을 계속 시행해 나가야 한다"고 대답했다.

예를 들어 당신이 하나의 수학 모델을 설정한다고 해보자. 그것으로 100번 거래를 하면 처음 세 번의 거래에선 돈을 벌고 네 번째에는 손실을 본다. 다섯 번째, 여섯 번째 거래에서도 또 손실이 난다. 이때 투자자의 심리 상태가 무엇보다 중요하다. 심리 상태가 좋지 않으면 자신이 만든 모델에 문제가 있다고 의심할 수 있다. 성공의 맛을 본 후로 거듭 실패를 겪을 때가 사람을 가장 시험에 들게 하는 시기다. 이때는 정보가 아니라 모델, 전략, 판단력에 의해 승리할 수 있다고 믿어야 한다. 손실이 나도 계속 추진해야 한다. 이것은 확률 게임이기 때문이다.

따라서 확률 리스크를 제거하는 전략을 세워야 한다. 과거 중국 기업은 리스크를 최소화하기 위해 '따라 하기'를 가장 중요한 전략으로 여겼다.

독일 제조업이 우리보다 잘한다. 일본 서비스업이 우리보다 낫다. 미국 하이테크 업계가 우리보다 뛰어나다. 그럼 우리도 따라 하자. 그들이 앞서가고 우리가 뒤에서 따라가는 것이다. 갈림길에서 어떤 사람은 좌회전, 어떤 사람은 우회전한다. 우회전하는 사람은 모두 실패했다. 그럼 우리는 그저 좌회전한 사람이 한 걸 그대로 따라 배우면 된다.

이것이 바로 따라 하기 전략이다. 만약 이미 우회전했다면, 당신이 제아무리 똑똑하고 최선을 다하고 경영을 잘 알고 있다고 한들 아무 소용이 없다. 당신은 이미 낭떠러지로 떨어졌기 때문이다. 따라 하기 전략은 다른 사람이 우리 대신 일정 부분의 실패 가능성을 제거해 준다.

또 다른 예를 들어보자. 인터넷에는 '네트워크 효과'라고 불리는 기본 논리가 있다. 네트워크 효과는 승자 독식으로 이어져 결국 '721'*구도를 형성한다. 이 시장에서는 빠른 물고기가 느린 물고기를 잡아먹듯 최대한 빨리 네트워크 효과를 만든 자가 승리한다. 이 전략을 '빠른 물고기 전략 Fast Fish Law'이라고 한다. 만약 인터넷 업계 창업을 준비하고 있다면, 빠른 물고기 전략이 가장 중요하다.

한때는 공동 구매 사이트의 춘추 전국 시대였지만, 소셜 커머스 사이트 메이퇀과 리뷰 플랫폼 다중뎬핑이 최종 승자가 됐다. 지금 공동 구매 시장에 뛰어든다 해도 더는 기회가 없다. 이제 그 누구도 이 분야에 투자하지 않는다. 택시 플랫폼 역시 경쟁이 치열했지만, 디디콰이디가 중국 시장을 평정하고 승자 독식을 실현함으로써 게임은 끝났다.

느린 게 곧 빠른 것이라고 믿는 사람들도 여전히 존재한다. 그들은 천천히 가다 보면 결국 빨라지는 순간이 온다고 생각한다. 일리 있는 주장이다. 하지만 이런 생각으로 인터넷 업계 창업에 뛰어들었다가는 스스로 죽음을 자초하는 꼴이 된다. 플랫폼 전략에서는 속도전이 필수이므로, 속

---

* 시장 1등이 70% 점유율을 차지하고 2등이 20%, 3등이 나머지 10%를 가져간다는 뜻으로, 인터넷 시장에서 자주 나타나는 법칙이다.

도가 처지면 아무리 경영 능력이 뛰어나도 실패를 피할 수 없다.

많은 사람이 인터넷 기업을 보며 이상하다는 생각을 한다. 예를 들어 메이퇀의 대표 왕싱王興은 사업 초기엔 직원 수가 몇 명인지조차 정확히 모를 정도로 혼돈 그 자체였음을 스스로 인정했다. 그랬던 그들이 어떻게 고속 성장 궤도에 오를 수 있었을까? 전략적 선택이 맞아떨어져 확률 리스크를 제거했기 때문이다. 이런 전략에서 '속도'는 '좋은 것'보다 중요하다.


## 거버넌스

거버넌스는 '십十의 자리'다.

거버넌스란, 이사회가 지분 제도나 파트너십 제도처럼 회사 전체 경영 단계에 구조화 설계를 할 수 있는 것을 말한다. 흔히 말하는 '구조가 잘못되면 전부가 흔들린다'는 거버넌스의 문제라고 볼 수 있다.

### ① 파트너로 함께 창업한 두 사람이 지분을 50:50으로 나눠 가질 경우

이 회사는 발전 가능성이 낮다. 창업 과정에서 수많은 의사 결정을 해야 하는데, 두 사람의 지분이 같다는 것은 둘 중 누구도 상대의 의견을 듣지 않겠다는 의미가 된다. 회사에 중추적 역할을 하는 리더가 없다면, 다들 제각기 중구난방으로 떠들다 결국 회사는 낭떠러지로 떨어져 산산조각이 난다.

## ② 창립자 한 명이 지분의 98%를 갖고, 다른 두 명이 1%씩 갖는 경우

투자자가 98%의 지분을 지닌 사람에게 묻는다. "왜 다른 사람들은 지분이 1%씩밖에 없나요?" 그러자 창립자가 "그들은 1%의 가치를 가졌기 때문"이라고 답했다. 그럼 투자자는 이렇게 말할 수 있다. "당신이라고 98%의 가치를 가진 것 같지는 않네요." 왜냐하면 그는 자신과 협업해 창업할 적당한 사람을 찾기 못했기 때문이다. 지분 1%를 지닌 파트너는 기본적으로 파트너라고 볼 수 없다. 요즘 같은 시대에 1인 플레이로는 결코 성공할 수 없다.

50:50이든 98:1:1이든, 구조가 잘못되면 실패할 확률이 크다. 발 한번 잘못 내디뎠다가 모든 노력이 허사가 될 수 있으니 주의해야 한다.

## 관리

관리는 '일一의 자리'다.

적합한 사람을 찾았는지, 적절한 상여금 제도를 갖췄는지, 프로세스를 잘 마련했는지, 직원의 인센티브 계획을 잘 수립했는지, 기업 문화 구축이나 팀 구성을 잘했는지, 충분한 소통이 이뤄졌는지, 타 부서와의 인사 이동 및 협력이 잘 이뤄졌는지 등은 모두 관리의 영역에 들어간다.

관리는 매우 중요한 것으로, 이를 통해 확률 리스크를 제거할 수 있다. 관리를 잘하지 못한다면 성공 확률 역시 낮아진다.

확률적 사고는 당신이 완벽하게 일을 처리해도 실패할 수 있다는 사실을 알려준다. 특히 오늘날 인터넷 업계가 그렇다. 이 업종의 성공 확률은 약 5% 남짓으로 매우 낮다. 하지만 이러한 확률을 정확히 인식한 뒤 어떻게 해야만 성공 확률을 높일 수 있을지 고민해 적용하면 낮은 확률에만 머물지 않게 된다.

천의 자리에서는 시대의 맥락을 파악해 성공 확률을 12% 높일 수 있다. 백의 자리에서는 바른 전략을 채택함으로써 5% 더 높일 수 있다. 십의 자리에서는 조직 구조를 잘 구성함으로써 2% 더 높일 수 있다. 마지막으로 일의 자리에서는 관리를 잘함으로써 1% 높일 수 있다. 이 모든 걸 종합적으로 계산하면 당신의 성공 확률은 20% 높아진다. 여기에 기존의 5%를 더하면 당신의 성공 확률은 25%가 된다.

성공 확률이 25%라면 희망이 더 커진다. 하지만 여전히 실패할 확률은 75%다. 어떻게 하면 좋을까? 이럴 땐 실패를 받아들이지 말고 다시 시도해 보길 바란다. 만일 네 번 연속 창업했고 매번 성공 확률이 25%였다면, 그중 한 번은 성공 확률이 높다.

확률적 사고는 성공을 꿈꾸는 사람들이 지녀야 할 밑바닥 논리다. 확률적 사고를 이해하고 활용함과 동시에 운을 키우고 함정을 피할 때, 창업자는 비로소 보다 멀리, 더 높은 성공의 길을 향해 나아갈 수 있다.

# 수학적 사고

우쥔吳軍 선생님은 내가 특별히 존경하는 분이다. 컴퓨터 엔지니어이자 자연 언어 처리 기술의 선구자였던 그는 구글의 스마트 검색 과학자, 전 텐센트 부사장을 역임했을 뿐만 아니라 실리콘 밸리에서 이름난 벤처 투자자, 베스트셀러 작가이기도 하다. 그는 어떤 분야에서든 보통 사람이라면 절대로 따라잡지 못할 수준의 성적을 내곤 했다.

우 선생님은 여섯 개 강의를 개설했는데, 그 주제는 '실리콘밸리에서 온 편지' '구글 방법론' '정보론 40강' '과학 기술사 개요 60강' '우쥔이 말하는 5G' '수학 상식 50강' 등이 있다. 정보론에서 과학 기술사에 이르기까지, 또한 5G 통신 기술에서 수학에 이르기까지 광범위한 분야를 섭렵하고 깊이 연구한 우 선생님을 보며 사람들은 감탄을 금치 못한다. 우 선생님의 뇌는 어떻게 이렇게 많은 내용을 담을 수 있었을까? 또 어떻게 그렇게 깊은 수준으로 이해할 수 있을까?

나는 우 선생님과의 대화에서 그 질문에 대한 답을 얻을 수 있었다.

"내가 강의한 내용들은 사실상 일을 하면서 쌓은 지식이네."

우 선생님은 미국의 존스홉킨스대학교에서 컴퓨터 공학 박사 학위를 받은 후 구글에서 스마트 검색 엔지니어로 활동했다. 그가 연구한 내용은 언어 식별과 자연 언어 처리로, 매우 방대하면서도 깊은 수준의 정보론, 정보 기술, 통신 기술, 수학 실력이 요구되는 분야였다. 그가 강의한 내용은 바로 이러한 지식들이 쌓인 결과다. 차이가 있다면, 강의를 할 때는 난해한 전문 지식을 보다 일반적인 방식으로 풀어냄으로써 강의를 듣는 사람들이 알아듣기 쉽도록 설명한다는 점이다.

우 선생님의 강의 중에는 '수학 상식 50강'이 있다. 수학은 많은 강사들이 강의를 하고 싶어 하지만 쉽게 엄두를 못 내는 주제다. 이유는 단순하다. 너무 어렵기 때문이다. 수학이라는 두 글자는 많은 사람에게 악몽과도 같아서, 수포자(수학을 포기하는 사람)가 적지 않다.

실제로 수학은 어렵다. 10여 년 동안 수학을 공부하고 나아가 취업을 한 뒤 일을 하고 있는 사람들도 수학을 어디다 쓸 수 있는지 모른다. 관련 전문 직종인 엔지니어를 제외하고 학생 때 배웠던 미적분, 확률, 선형 대수 등을 아직도 기억하고 있는 사람이 과연 몇이나 될까?

그렇다면 수학을 배워 도대체 어디다 쓸 수 있을까? 일반인들도 수학을 꼭 배워야 할까?

이에 대해 우 선생님은 그렇다고, 수학을 반드시 모든 사람이 배워야 한다고 말한다. 우리가 잘 모를 뿐, 수학은 너무나도 유용하기 때문이다.

수학을 배워야 하는 이유는 수학 문제를 풀거나 수학자가 되기 위해서가 아니다. 수학적 사고를 기르기 위해서다. 수학적 사고를 통해 우리는 더 높은 차원으로 시야를 넓힐 수 있고, 정확한 상식을 이해함으로써 먼 길을 돌아가지 않을 수 있다. 또 인생의 갈림길에 설 때마다 더 많은 선택지를 가질 수 있게 된다.

수학이 어렵다는 이유로 진입을 꺼릴 수 있다. 사실 수학은 문제를 풀려고 하면 어렵다. 수학 시험에서 100점을 맞는 것 역시 어렵다. 하지만 수학적 사고를 기르는 것은 어렵지 않다.

이제 다섯 가지 수학적 사고를 소개하고자 한다. 우쥔 선생님을 비롯해 나 역시 이 다섯 가지 수학적 사고를 통해 적지 않은 혜택을 누렸다.


## 1. 불확실성에서 확실성 찾기

첫 번째 수학적 사고는 확률에서 온 것으로, '불확실성에서 확실성을 찾기'다.

한 가지 일을 성공시킬 확률이 20%라고 가정해 보자. 그렇다면 이 일을 5번 반복 시행한다면 성공할 수 있을 거라고 생각하는 사람이 많다. 하지만 실제로는 그렇지 않다. 95%의 확률을 성공으로 정의한다면, 20%의 성공 확률을 지닌 일은 14번 반복해야 비로소 성공할 수 있다. 다시 말해 20%의 성공 확률을 14번 중복해야 95%의 확률에 도달하게 된다.

계산 과정은 다음과 같다. 수학 공식만 봐도 머리가 아픈 사람이라면 이 부분은 건너뛰어도 무방하다.

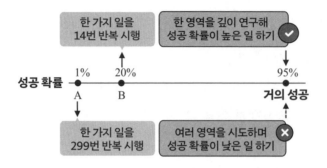

1회 실패할 확률: 1-20% = 80% = 0.8

n번 반복 시행 시 성공 못 할 확률: $80\%^n$ = 1-95% = 5% = 0.05

n번 반복 시행하면 적어도 1회 성공할 확률이 95%이므로, n번 반복 시행하고 매회 성공하지 못할 확률은 5%다.

$$n = \log_{0.8}{}^{0.05} \approx 13.42$$

따라서 14번 반복 시행해야 성공 확률이 95%가 된다. 만약 성공 확률 99%에 도달하고 싶다면 21번 반복 시행해야 한다. 성공 확률 100%에 도달하고 싶은가? 안타깝지만 이 세상에 100%의 성공 확률은 존재하지 않는다. 따라서 어떤 일을 성취하는 데에는 어느 정도의 운도 따라야 한다.

'정확한 일을 반복해서 해야 한다'는 말은 확률을 일반적으로 표현한 것이다. 여기서 '정확한 일'이란 성공 확률이 높은 일을 가리킨다. 그럼 '반복'이라는 말은 무슨 뜻일까? 실제로 확률을 배우고 나면 반복의 의미를 어느 정도 이해할 수 있게 된다.

비즈니스 세계에서 성공 확률 20%는 결코 작지 않다. 이 일을 14번 반복하다 보면 결국 성공 확률은 95%까지 상승한다. 이 점을 이해했다면, 한 번의 창업이 곧바로 성공으로 이어질 확률은 희박함을 알 수 있다. 따라서 자금을 조달할 때 한 번에 돈을 빌릴 계획을 세우지 말고, 여러 차례에 걸쳐 빌리는 게 좋다는 점을 염두해야 한다.

또 이렇게 생각하는 사람도 많다. '한 분야에서 성공할 확률이 1%라면 동시에 20개 분야를 섭렵하면 한 분야에서 20%의 성공 확률을 갖는 것과 마찬가지'라는 것이다. 95%의 확률을 성공 기준으로 정한다면, 성공 확률이 1%인 일을 298번 반복 시행해야 한다. 각 분야마다 그렇게 해야 하니 성공 확률은 더욱 낮아진다. 이 맥락에서 이런 질문이 나올 수도 있다. "만능이 돼서 20개 분야를 두루두루 섭렵하는 게 성공하기 더 쉬울까, 아니면 전문가로서 한 분야를 깊이 파고드는 게 더 성공하기 더 쉬울까?" 확률은 한 분야를 전문적으로 파고드는 게 성공할 가능성이 훨씬 크다고 말한다.

따라서 창업할 때 지나치게 많은 일을 하려고 하지 말고 하나에 집중해야 한다. 지나치게 많은 일을 하다 보면 본래 20%의 성공 확률도 1%로 낮아지니 성공 가능성이 더욱 줄어든다.

이 세계에서 100% 성공할 수 있는 일은 존재하지 않는다. 하지만 그 일을 계속 반복하다 보면 성공 확률이 점점 높아진다. 그러다 보면 결국 당신이 성공할 확률은 100%에 육박하게 된다. 이것이 바로 불확실성에서 확실성을 찾는 방법이자, 확률이 우리에게 가르쳐 준 가장 중요한 사고방식이다.

확률론을 배우는 이유는 계산 문제를 잘 풀기 위해서가 아니다. 가능성에 관한 사고방식을 이해하기 위해서다. 불확실성에서 확실성을 찾을 수 있다면, 인생에서 선택이 필요한 순간에 성공 확률이 높은 길을 선택할 수 있다.


## 2. 동태적 시각으로 문제를 바라보기


두 번째 수학적 사고는 미적분에서 온 것으로, '동태적 시각으로 문제를 바라보기'다.

미적분이라고 하면 복잡한 미분·적분 방정식이 떠올라 머리 아파하는 사람이 많다. 이 책에서는 그런 걱정을 할 필요 없다. 나는 방정식이 아니라 미적분식 사고방식에 대해 이야기할 계획이다. 미적분식 사고방식은 사실상 아주 간단하다. 간단하다 못해 아름답기까지 하다.

미적분은 뉴턴이 발명했다. 그는 왜 미적분을 발명했을까? 후대 사람들을 괴롭히기 위해서였을까? 당연히 그렇지 않다. 사실 뉴턴이 미적분을 발명하기 전까지 '속도'라는 변량에 대한 사람들의 이해도가 높지 않았다.

예를 들어, 일정 거리를 알고 이 거리를 완주하기까지의 시간을 안다면

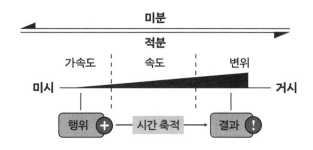

평균 속도를 구할 수 있다. 하지만 매 순간의 속도는 알 수 없다. 그래서 뉴턴은 미분을 발명해 '무한소'의 개념을 이용하여 순간의 규칙을 이해할 수 있도록 했다. 적분은 미분과 정반대되는 개념으로, 순간 변량의 축적 효과를 반영한다.

그렇다면 미적분이란 무엇일까?

간단한 예를 들어보자. 정지 상태로 움직이지 않는 한 물체가 있다. 그 물체를 한 번 밀면 순식간에 가속도가 생긴다. 그러나 가속도가 생겼다고 해서 바로 속도가 나는 건 아니다. 일정 시간 가속도가 쌓인 후에야 비로소 속도가 생긴다. 또한 속도가 생겼다고 바로 변위(위치의 변화량)가 달라지지도 않는다. 일정 시간 속도가 쌓인 후에야 변위가 달라진다.

거시적으로 우리가 보는 건 변위다. 미시적으론 가속도가 생기고 쌓이기까지, 가속도가 쌓여 속도가 되기까지, 속도가 쌓여 변위가 달라지기까지 모든 과정을 본다. 이것이 적분이다.

미적분을 이해하면 문제를 보는 정적인 시야가 동적인 상태로 바뀐다.

가속도가 쌓이면 속도가 달라지고, 속도가 쌓이면 변위가 달라진다. 사람도 마찬가지다. 만약 당신이 오늘 저녁에 열심히 공부했다고 하자. 몇 시간 열심히 했다고 곧바로 시험에 합격할 수는 없다. 당신의 노력이 일정 기간 축적됐을 때에야 비로소 능력이 된다. 그 능력이 일정 기간 축적됐을 때 비로소 실적이 된다. 한 번 실적을 냈다고 해서 바로 좋은 평가가 따라오지도 않는다. 실적이 일정 기간 축적됐을 때 비로소 나의 평판이 된다.

노력을 통해 능력이 생기고 실적을 낸 다음 좋은 평판을 얻기까지는 하나의 과정으로, 적분 효과가 나타난다. 하지만 많은 사람이 노력한 첫날부터 "오늘 내가 이렇게 노력했는데 왜 날 좋게 평가하지 않지?"라고 불평한다. 자신의 평판을 드높이고 싶다면 적분 효과처럼 점진적인 과정이 필요하다.

반대로 생각해 보자. 어떤 사람이 계속 일을 잘해오다 언제부턴가 나태해지기 시작했다. 이때 그가 기울인 노력의 정도는 줄어들었지만, 그렇다고 그의 능력이 바로 감소하진 않는다. 3~4개월쯤 지나면 능력 감소가 천천히 나타나고, 그 사람 역시 전처럼 일이 뜻대로 되지 않는다는 사실을 깨닫는다. 또 3~4개월이 더 지나면 떨어진 그의 실적이 점점 윗선의 성에 안 차게 될 것이다. 어느 순간 '일이 잘 안 풀리네'와 같은 느낌을 받게 될 텐데, 본인에게 '노력의 감소→능력의 감소→실적의 감소→좋은 평판의 감소'라는 적분 효과가 나타났다는 사실을 알지 못한다. 노력을 하지 않았을 때부터 예정된 결과다.

사람들은 자신의 노력이 바로 인정받기를 바란다. 문제가 생겼을 때 지난 몇 개월간의 나태함에 대해선 생각하지 않는다. 이것이 바로 사고의 오류에 빠지고 마는 이유다.

미적분식 사고방식을 이해하면 동적 시각으로 문제를 볼 수 있다. 그럼 노력이 장시간 이어져야 인정받을 수 있다는 사실을 천천히 체감하게 된다. 균형 잡힌 마음 자세를 유지한다면 이 사실을 망각하고 마는 오류를 피할 수 있다.

우 선생님은 가난한 소년을 기만하지 말라는 뜻의 '막기소년궁莫欺少年窮'이란 말을 자주 했다. 이 말엔 본질적으로 미적분식 사고방식이 담겨 있다. 소년이 비록 현재는 가난하고 가진 게 별로 없더라도, 그의 성장 속도(수학적 용어로 표현하자면 도함수)가 빠르다면 5년, 10년 뒤에 그는 내실을 매우 두텁게 다질 수 있을 것이다.

또 우 선생님은 청년들에게 "첫 월급에 개의치 말라"고 조언했다. 이 말 역시 미적분식 사고방식을 보여준다. 처음에 얼마를 받는지는 별로 중요하지 않다. 중요한 건 증가 속도다.

미적분식 사고방식은 본질적으로 동적 시각에서 문제를 바라본다. 결과는 장기간에 걸쳐 축적된 효과가 드러난 것이다. 따라서 문제가 생겼을 때는 그 순간에만 집중하지 말고 거시적에서 출발해 미시적으로 계속 추적해(미분해) 나가야 한다. 이렇게 해야만 비로소 문제의 근본 원인을 찾을 수 있다.

## 3. 공리적 체계

세 번째 수학적 사고는 기하학에서 온 것으로, '공리적 체계'다.

공리적 체계란 무엇일까? 예를 들어 기하학(공간의 수리적 성질을 연구하는 수학)의 한 분과인 유클리드Euclidean 기하학에는 다섯 가지 기본적인 공리가 존재한다.

① 임의의 두 점은 직선으로 연결할 수 있다.

② 임의의 선분은 직선으로 무한히 연장할 수 있다.

③ 하나의 점을 중심으로 임의의 선분을 반지름으로 하는 원을 그릴 수 있다.

④ 모든 직각은 서로 같다.

⑤ 두 직선이 다른 한 직선과 교차하고 교차하는 내각의 합이 두 직각(180도)보다 작을 때, 두 직선을 연장하면 궁극적으로 교차한다.

공리는 공인된 자명한 명제다. 유클리드 기하학에서 다룬 모든 정리(또는 명제)는 이 다섯 가지 공리를 출발점으로 삼아 순수한 논리적 추론 방법을 통해 유도된 것이다. 예를 들면 '각 선의 각도는 모두 180도다' '삼각형 내각의 합은 180도다' '직선 밖의 한 점을 지나면서 이 직선에 평행한 직선은 단 하나밖에 없다' 등과 같은 것들이 기하학의 방대한 공리적 체계를 구성한다.

**공리적 체계**

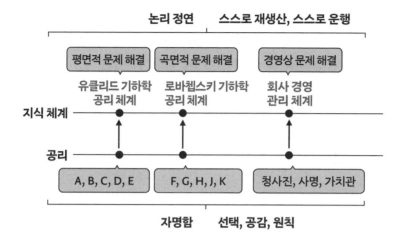

공리라는 뿌리로 공리 체계라는 큰 나무가 생긴다.

기하학의 또 다른 분과인 로바쳅스키Lobachevsky 기하학에는 다른 공리 체계가 존재한다.

로바쳅스키 기하학의 공리에서 출발하면 다음과 같은 정리를 유도할 수 있다. '삼각형 내각의 합은 180도보다 작다' '직선 바깥을 지나는 한 점은 적어도 두 개의 직선과 이미 알고 있는 직선과 평행하다'. 이는 유클리드 기하학과 완전히 다르다(로바쳅스키 기하학은 상식을 뒤집는 것처럼 보이지만, 주로 곡면에서의 기하 문제를 해결하므로 유클리드 기하학과 상충하지 않는다).

공리가 서로 다르기 때문에 유도된 정리 역시 다르다. 그러니 같은 기하학이라도 로바쳅스키 기하학의 공리 체계와 유클리드 기하학의 공리 체계가 완전히 다를 수밖에 없다. 기하학에서는 일단 다른 공리를 제정하고 나면 완전히 다른 지식 체계가 세워진다. 이것이 바로 '공리 체계' 사고다. 공리 체계 사고는 우리의 일상생활에 매우 중요하다.

수많은 기업이 있지만 기업마다 보유하고 있는 청사진, 사명, 가치관, 기업 유전자, 문화가 다르다. 이 차이가 기업과 기업 사이의 행위와 의사 결정에 간극을 만든다. 한 기업의 청사진, 사명, 가치관은 해당 기업의 공리에 비견된다. 공리는 이 기업의 여러 행위가 어느 방향으로 발전할지를 결정한다. 제도, 업무 프로세스, 의사 결정 행위 등은 청사진, 사명, 가치관이라는 공리에서 자라난 정리다. 이러한 정리가 이 기업의 공리 체계를 구성한다.

단, 이 체계는 반드시 일관성을 지녀야 한다. 공리를 통해 모든 정리를 유도할 수 있다. 기업이 향후 어떤 방향으로 발전하든 어떤 상황에 맞닥뜨리든, 공리가 존재하기만 한다면 문제를 해결할 수 있는 새로운 법칙(정리)을 연역적으로 추론할 수 있다. 한 기업에 공리 체계가 완비되면 사장이 와서 따로 결정을 내리면 안 되는 이유다. 구축된 체계의 일관성이 깨지면 공리 체계로 힘을 못 쓴다.

만일 매일 사장이 모든 결정을 내리고, '기업의 제도, 업무 프로세스, 의사 결정 행위'가 '기업의 청사진, 사명, 가치관'에 부합하지 않는다면? 이는 회사의 공리가 완비되지 않았거나 유도 과정에 문제가 있다는 뜻이다. 이런 경우엔 기업의 공리 체계를 보수해 한 단계씩 쌓아 올려야 한다.

내가 회사에서 한 일은 책임·권리·이익 설정, 가치관 수호, 안정적인 콘텐츠 생산이다. 책임·권리·이익의 법칙엔 최대 가치를 창출한 사람이 최대의 수익을 올린다는 공리가 있다. 모든 제도적 안배는 제한된 지적 능력을 가지고 공리에 근거해 유도한 정리들이다. 어떤 제도(정리)가 유일한 공리에 위배된다면, 그것은 분명 내 지능이 부족한 탓이다. 그럴 경우 나는 내 지능에 미안하다고 사과한 다음 제도적 장치(정리)를 확고히 수정할 것이다. 만일 사장이 수정하길 거부하거나 공리 체계를 흔들면 조금도 주저하지 말고 떠나라. 그런 사장이라면 여러분이 함께 갈 가치가 없는 사람이다. 우리는 동일한 공리 체계를 갖고 있기 때문에 서로 성취하는 것이다.

공리는 옳고 그름이 없을뿐더러 증명 대상이 아니다. 공리는 일종의 선택이자 공감이며 기본 원칙이다. 공리를 달리 제정하면 전혀 다른 공리 체계가 세워지고, 또 전혀 다른 결과가 도출된다.


## 4. 수학적 방향성

네 번째 수학적 사고는 대수에서 온 것으로, '수학적 방향성'이다.

대수를 배울 때 가장 먼저 0과 양의 정수(0, 1, 2, 3, 4, 5, …)가 포함된 자연수에서 시작한다. 그다음 음의 정수와 자연수를 포함한 정수(…, -3, -2, -1, 0, 1, 2, 3, …)를 배운다. 이후 정수와 분수가 포함된 유리수를 배운다.

우리는 분수를 배우기 전까지 숫자를 뿔뿔이 흩어져 있는 각각의 점으로 생각한다. 그러나 분수를 배우면서 숫자는 연속성을 띤다. 살면서 어떤 일이 생겼을 때 처음엔 옳고 그름, 크고 작음을 먼저 본다. 이후 세계가 그렇게 간단하지 않음을 조금씩 알게 되면서 흑과 백이 아닌 회색 지대를 볼 수 있게 된다.

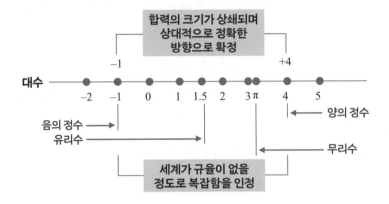

유리수를 배우면 무리수를 배운다. 무리수는 π(파이) 같은 불순환 소수를 말하는데, 유리수와 달리 어떤 규칙성을 찾을 수 없다. 유리수가 회색 지대를 알려줬다면 무리수는 세상엔 규칙이 없을 정도로 복잡한 일도 있음을 알려준다. 이 복잡성이 오히려 π는 π이고, √(루트)는 √라는 존재를 객관적으로 인정하고 이 세계의 복잡성을 이해하도록 권고한다.

수학에는 숫자의 크기 외에도 중요한 속성이 하나 더 있다. 바로 방향이다. 수는 본래 방향을 가진다. 이 점을 인식하면 우리 삶에 효용이 생긴다.

예를 들어보자. 당신이 상자 하나를 동쪽으로 밀었는데, 이때 가해진 힘이 30N(뉴턴)이었다. 잠시 후 한 사람이 왔고, 그는 굳이 당신에게 맞서 상자를 서쪽으로 당겼다. 그런데 힘이 당신보다 세지 않았으므로 당길 때 20N의 힘만 가해졌다. 결과는 어떻게 됐을까? 이 상자는 당신이 밀었던 방향인 동쪽으로 이동했다. 그러나 10N의 힘만 남았으므로 상자의 이동

속도가 느려졌다.

기업에서 일을 할 때도 마찬가지다. 역량이 뛰어난 두 사람이 협력해 한 방향으로 역량을 발휘하면 힘이 합쳐지면서 최상의 결과가 나온다. 하지만 두 사람이 각기 다른 방향으로 힘을 쓰면 1인분의 몫도 다하지 못하는 결과가 초래된다.

같은 일을 하면서도 서로 다른 방향을 추구할 때가 있다. 어느 방향이 옳은지는 알 수 없다. 다만 어떤 방향이 상대적으로 옳은지를 고려해야 한다. 이럴 땐 모두에게 각자가 원하는 방향의 일을 해보도록 하면 된다. 방향이 제각기 다르므로 서로 자기 쪽으로 잡아당기면서 힘을 뺄 수도 있다. 하지만 그 과정을 거쳐 궁극에는 상대적으로 옳은 방향으로 일이 진행될 것이다.


## 5. 최적화와 상생 국면

다섯 번째 수학적 사고는 게임 이론에서 비롯된 '최적화와 상생 국면'이다.

게임 이론이란 무엇인가? 우리는 매일 크고 작은 의사 결정을 한다. 오늘 커피를 마실지 아니면 차를 마실지 결정하는 것 역시 하나의 의사 결정이다. 이와 같은 의사 결정은 자기 자신에게만 연관이 있을 뿐 다른 사람에게는 영향을 주지 않는다. 하지만 살다 보면 다른 사람에게 영향을 끼치는 의사 결정을 해야 할 때가 생긴다. 게임 이론은 타인에게 영향력

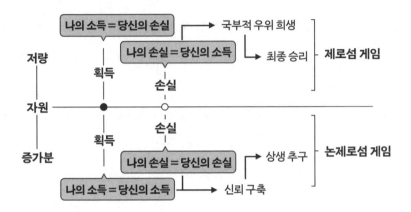

을 행사하는 의사 결정 논리를 말한다.

게임 이론의 예로는 바둑을 들기 좋다. 바둑에서는 한 수 놓을 때마다 나의 소득은 상대의 손실이 되고, 나의 손실은 상대의 소득이 된다. 이것은 바로 게임 이론의 전형인 제로섬 게임Zero-sum Game이다. 제로섬 게임이란, 한쪽의 이익과 다른 쪽의 손실을 더하면 결국 제로가 되는 것을 말한다. 제로섬 게임에서 당신은 계속 깨어 있어야 한다. 부분이 아닌 전체를 보고 최상의 결과를 만들기 위해서다.

또 바둑은 매 수마다 상대의 바둑돌을 최대한 따내는 게임이 아니다. 전체 국면에서 상대의 돌을 가장 많이 따내기 위해 수를 놓을 때마다 진을 치며 책략을 고민하고, 때론 십 보 전진을 위해 일 보 후퇴하기도 한다. 즉, 나무가 아닌 숲을 보고 누가 몇 수 앞을 얼마나 더 내다보느냐가 바둑의 승패를 결정한다.

회사 경영도 바둑 경기와 유사하다. 하는 일마다 순풍에 돛 단 듯 잘되기를 바라면 안 된다. 최상의 결과를 얻기 위해 때로는 타협이 필요하다.

제로섬 게임 외에도 논제로섬 게임이 있다. 논제로섬 게임은 제로섬 게임과 달리, 한쪽의 이익과 다른 쪽의 손실을 합쳐도 제로가 되지 않는 것을 말한다. 논제로섬 게임에서는 상생을 추구하는데, 이를 위한 전제 조건은 신뢰 구축이다. 하지만 신뢰 구축은 실제로 매우 어려운 일이다.

시장에 100만 대의 냉장고 수요가 있다고 가정해 보자. 한 업체가 이 수요를 알아채고 즉시 냉장고 100만 대 생산 결정을 내렸다. 두 번째 업체도 이 수요를 발견하고 바로 100만 대 생산을 결정했다. 또 세 번째 업체도 바로 100만 대를 생산하기로 했다. 그 결과, 업체마다 100만 대씩 냉장고를 생산하니 공급이 수요를 크게 웃돌아 대부분의 업체가 큰 손실을 입었다.

만약 이때 업체 모두가 신뢰를 구축한다면, 즉 10개의 업체가 각각 냉장고를 10만 대씩 생산하기로 상의한다면 수요를 만족시키면서도 각 업체 모두 돈을 벌어 상생을 실현할 수 있다. 하지만 한 업체가 약속을 어기고 30만 대를 생산하면, 모든 업체가 그 업체로 인한 손실을 입는다.

신뢰는 구축하기 어렵지만 비즈니스 세계에서는 매우 중요한 존재다. 그렇다면 어떻게 신뢰를 구축할 수 있을까? 여기서 두 가지를 제안하고자 한다.

첫 번째, 신뢰를 구축할 파트너를 찾는다. 주변에 상생할 수 없는 부류의 사람이 있다면 반드시 멀리해야 한다.

두 번째, 당신이 신뢰할 만한 사람이라는 신호를 적극적으로 보낸다.

당신이 신뢰할 만한 사람임을 알려야 당신이 신뢰를 구축하고 상생하고 싶은 인재가 당신을 발견할 수 있다.

불확실성에서 확실성을 찾기, 동태적 시각에서 문제를 보기, 공리 체계, 수학적 방향성, 최적화와 상생 국면과 같은 다섯 가지 수학적 사고를 잘 이해함으로써 업무나 일상생활에 활용할 수 있기를 바란다. 어려운 수학 문제를 풀어야 하거나 필요한 모든 공식을 외울 필요는 없다. 수학 시험에서 만점을 맞을 필요는 더더욱 없다. 하지만 적어도 자신만의 수학적 사고를 훈련할 필요는 있다. 수학적 사고를 훈련하다 보면 규율에 맞는 사고방식을 갖출 수 있다.

# 시스템적 사고

한번은 오랜 친구를 만날 기회가 있었다. 그는 IT 업계가 가장 승승장구하던 시절, 인력 자원 아웃소싱 업에 종사해 성공을 거뒀다. 그렇지만 그는 일찍이 '천백십일의 자리'(p.331 「확률적 사고」 참고) 중에서 '천의 자리'가 시대의 변화라는 걸 인지하지 못했음을 안타까워했다. 사람을 대량으로 고용했던 그는 일찍이 중국의 인건비가 오르고 있음을 인지했다. 하지만 사업이 잘됐던 탓인지 아니면 실제로 너무 바빠서였는지, 인지한 사실을 바탕으로 시대를 판단하지 못했다.

문제가 터지자 그는 늘 그랬듯 '일의 자리'인 관리 측면에서 원인을 찾았다. 그는 관리 효율을 높임으로써 인건비 상승이 가져올 타격을 줄이기 위해 많은 방안을 생각했다. 하지만 이런 방법은 이미 가라앉고 있는 배 안의 물을 국자로 퍼내는 것과 마찬가지다. 시간이 흘러서야 '일의 자리'의 노력으로는 '천의 자리' 차원의 변화를 가져올 수 없음을 깨달았다. 하지만 그땐 이미 늦었다. 그는 최적의 전환 시기를 놓치고 말았다.

이 세상의 모든 일은 규율에 따라 움직인다. 즉, '시스템'이라고 불리는 방식으로 존재한다. 시대라는 거대한 계통 속에서 전체를 아우르는 시스템적 관점을 갖추지 못하면, 기회를 놓칠 가능성이 크다.

무슨 일이든 순리대로 이뤄져야 한다. '일의 자리'인 '관리' 차원에서 '천의 자리'인 '시대'를 대응하는 건 거의 불가능한 일이다. 중국 사모펀드의 대부로 불리는 쉬샤오핑徐小平은 이렇게 말했다.

업종을 선택한 다음에 회사를 선택해야 합니다. 그렇지 않으면 당신은 호화롭기 그지없는 타이타닉호의 1등석에서 결국 침몰하게 될 겁니다.

관계와 관계의 배후에 존재하는 규율을 이해한다면 복잡한 체계 속에서 현재를 이해할 수 있다.

## 비즈니스 모델=이해 당사자의 거래 구조

'시스템적 사고'를 이해하려면 비즈니스 모델을 이해해야 한다. 비즈니스 모델은 이해 당사자의 거래 구조를 말한다.

식당을 개업할 때 직장인들을 대상으로 점심 장사를 하려면 어떻게 해야 할까? 우선 빌딩에서 최대한 가까운 곳에 점포를 임대한다. 길가에 위치하면 더할 나위 없다. 정오가 되면 직장인들이 점심 식사를 위해 건물을 나선다. 하지만 점심시간은 제한적이기 때문에 멀리 가기는 힘들다. 따라서 건물에서 가까울수록, 길가에 인접한 식당일수록 장사가 잘된다.

오피스 빌딩 주변의 인기 식당 사장에게 장사의 비결을 물으면 대부분 이렇게 대답할 것이다. "비책이랄 게 있나요. 성심성의껏 손님의 입장에서 생각하고 가장 맛있고 가성비 높은 반찬을 내놓는 거죠."

여기서 '성심성의껏 손님의 입장에서 생각한다'는 고객 마인드, '가장 맛있고 가성비 높은 반찬을 내놓는다'는 제품 마인드이다. 이 말이 옳다고 생각하는가? 당연히 옳다. 하지만 그렇다고 무조건 옳은 건 아니다.

식당 사장이 이 말을 할 당시엔 아마도 자기 자신이 생소한 비즈니스 모델을 실제로 실천하고 있음을 알지 못했을 수 있다.

## 거래 구조의 변화를 파악 못 하면 완벽한 제품 마인드도 헛것이다

앞서 말한 비즈니스 모델 중 오피스 빌딩 주변 식당과 손님과의 거래 구조는 임대료로 유동량을 샀다고 할 수 있다. 안정된 시대라면 '손님의 입장에서 가장 맛있고 가성비 높은 반찬을 내놓는다'는 말에 태클을 걸지 않을 것이다. 하지만 지금과 같은 변혁의 시대에 이런 생각은 위험하다.

오늘날에는 배달 앱이 수없이 출시되고 있다. 배달 플랫폼의 활성화로 인해 사무실에서 근무하는 직장인들이 식사를 위해 밖으로 나올 필요가 없어졌다. 이런 상황에서 여전히 고객 마인드(성심성의껏 손님의 입장에서 생각한다)에 제품 마인드(가장 맛있고 가성비 높은 반찬을 내놓는다)만 탑재한다면, 손님은 점점 더 줄어든다.

## 시스템적 사고를 통해야만 표상을 넘어 본질을 파악할 수 있다

손님은 왜 점점 줄어들까? 직장인을 대상으로 한 점심 장사라는 시스템의 거래 구조가 달라졌기 때문이다. 시스템적 사고를 하는 사람은 '이해 당사자의 거래 구조'를 이해할 수 있다.

사무실에서 근무하는 직장인들이 배달 플랫폼으로 점심을 주문하는 수가 점점 늘어난다면 굳이 사무실에서 최대한 가까운 곳 혹은 길가에 식당을 낼 필요가 없다. 이젠 손님이 직접 식당으로 오지 않고 가게의 음식을 손님에게 배달해 주는 시대다. 그렇다면 오피스 빌딩 반경 3km 이내의 최대한 저렴한 곳을 임대하면 된다. 골목 깊숙한 곳이라도 상관없다.

오피스 빌딩에서 3km 떨어진 골목 깊숙한 곳에 점포를 임대하면 오피스 빌딩에서 300m 떨어진 목 좋은 가게보다 임대료가 훨씬 저렴하다. 이 경우 동일한 품질의 음식을 다른 식당보다 더 저렴하게 제공할 수 있다. 또는 같은 가격에 닭다리, 계란 반찬 또는 과일 샐러드를 추가로 제공할 수도 있다. 이렇게 되면 경쟁력이 더 높아진다.

배달 주문이 늘어나고 오프라인 비중이 줄어드는 걸 알아차리면 식당 전체를 아예 큰 주방으로 바꿀 수도 있다. 전체 면적의 약 20%가 주방이고 80%가 홀이었던 식당의 형태를 바꾸면 된다. 홀을 아예 없애면 임대

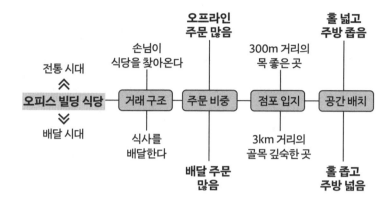

료를 80% 줄여 고객에게 더 큰 혜택을 제공하거나 음식의 품질을 업그레이드할 수 있다. 또는 주방을 넓혀 '생산 역량'을 크게 확대시킴으로써 급증하는 주문량을 맞출 수도 있다.

반면 빌딩 주변에 위치한 임대료 비싼 식당은 장사가 갈수록 안 되니 사장이 '고객 마인드가 부족했어' '제품 마인드 역시 부족했어' 하며 자신의 삶을 반성하기에 이른다. 그래서 사장은 서빙하는 직원에게 손님이 오면 더 진심 어린 미소를 지어라, 주방장에게 요리를 더 맛있게 만들라고 요청하고, 심지어 식당 인테리어를 더 예스럽고 고급스럽게 바꾸기도 한다. 하지만 방향이 틀렸으니 아무리 노력해도 헛수고다. 잘못된 코스를 질주하는 격이므로, 노력하면 할수록 추락 속도만 빨라진다.

시스템적 사고를 할 때만 표상을 넘어 본질을 볼 수 있다. 식당, 제품, 고객, 입지 등의 요소가 시스템화된 거래 구조에서 어떻게 변화하는지를 알아채는 사람만이 자신이 현재 처한 상황을 제때 알고 곤경에서 벗어날 수 있다. 즉, 시스템적 사고는 생명을 살리는 큰 지혜다.

고객 마인드, 제품 마인드를 지닌 창업자는 많다. 하지만 시스템적 사고가 결여돼 '이해 당사자의 거래 구조'를 이해하지 못하는 경우도 적지 않다. 그러다 보니 시대적 변화 속에서 설 자리를 잃는다. 그들은 "대체 내가 뭘 잘못했는지 모르겠어. 왜 실패한 걸까?"라며 탄식한다. 실패의 요인은 그들이 노력하지 않아서 아니다. 다만, 잘못된 방향으로 노력했을 수도 있음을 명심해야 한다.


이 세계의 모든 사물은 규칙에 따라 작동하며 일종의 시스템적 방식에 따라 존재한다. 요소는 시스템 속에서 눈으로 볼 수 있는 것이다. 관계는 시스템 속에서 눈으로 볼 수 없지만 요소 간 서로 작용하는 규칙이다. 요소를 보고, 요소 간 관계를 보고, 더 나아가 이러한 관계 배후의 규칙을 볼 수 있어야 한다.

많은 기업가가 점포의 입지 조건이 매우 중요하다는 사실을 잘 알고 있다. 위치가 왜 그렇게 중요할까? 입지 조건이 좋을수록 유동량이 많기 때문이다. 따라서 유동량은 사실상 위치와 점포, 이 두 가지 요소 간의 관계이자, 관계 배후의 규칙이다. 이 점을 이해한다면 규칙을 통해 전체 시스템을 연역적으로 추론함으로써 '어느 곳이 유동량이 많고 어느 곳의 위치가 좋은지'를 파악할 수 있다. 이러다 보면 초기의 PC 전자 상거래, 이후의 모바일 전자 상거래, 위챗 상거래 웨이상, 커뮤니티 경제에서 지금의 인플루언서, 모바일 라이브 방송, 미래의 가상 현실(VR)에 이르기까지 모든 것을 이해할 수 있다.

관계와 관계 배후의 규칙을 이해한다면 복잡한 시스템 속에서 현재를 이해할 수 있다. 또한 미래 역시 어느 정도 예측이 가능하다. 모든 전략은 미래의 관점으로 현재를 바라보는 것에서 나온다.

| 옮긴이 | **최지희**

고려대학교 중어중문학과와 이화여자대학교 통번역대학원 한중 통역학과를 졸업했다.
NH증권, 21세기 한중교류협회, 금융연수원, KDI 정책대학원 등에서 강의했으며 다양한
기업체와 정부기관에서 동시통역 및 번역을 진행했다. 최근에는 출판번역 에이전시 유
엔제이에서 영어와 중국어 도서 전문 번역가로 활동하고 있다. 옮긴 책으로는『나는 짧
게 일하고 길게 번다』,『너 자신의 이유로 살라』,『네이비씰 승리의 리더십』,『무역의 힘』,
『하버드 경제학』,『금의 귀환』,『화폐의 몰락』,『마윈, 내가 본 미래』,『중국의 미래』,『중국
세계경제를 인터뷰하다』,『경제, 디테일하게 사유하기』,『자유헌정론』,『하이에크는 어떻
게 세상을 움직였나』,『당신의 지적 초조함을 이해합니다』,『어린왕자의 눈』,『하늘 언덕』,
『문제아 페이얼』 등이 있다.

# 근본력

**초판 1쇄 인쇄** 2024년 3월 5일
**초판 1쇄 발행** 2024년 3월 15일

**지은이** 류룬
**옮긴이** 최지희
**펴낸이** 유정연

**이사** 김귀분
**책임편집** 정유진 **기획편집** 신성식 조현주 유리슬아 서옥수 황서연 **디자인** 안수진 기경란
**마케팅** 반지영 박중혁 하유정 **제작** 임정호 **경영지원** 박소영

**펴낸곳** 흐름출판(주) **출판등록** 제313-2003-199호(2003년 5월 28일)
**주소** 서울시 마포구 월드컵북로5길 48-9(서교동)
**전화** (02)325-4944 **팩스** (02)325-4945 **이메일** book@hbooks.co.kr
**홈페이지** http://www.hbooks.co.kr **블로그** blog.naver.com/nextwave7
**출력·인쇄·제본** 삼광프린팅(주) **용지** 월드페이퍼(주) **후가공** (주)이지앤비(특허 제10-1081185호)

ISBN 978-89-6596-620-3 03190